DEATH

イェール大学で23年連続の人気講義

「死」とは何か

［日本縮約版］

イェール大学教授 シェリー・ケーガン 著
柴田裕之 訳

文響社

open yale courses
oyc.yale.edu

どのような生き方をするべきか？

“誰もがやがて死ぬ”ことがわかっている以上、

この問いについては慎重に考えなければなりません。

どんな目的を設定するか、

どのようにその目的の達成を目指すか、

念には念を入れて決めることです。

もし、死が本当に“一巻の終わり”ならば、

私たちは目を大きく見開いて、その事実に直面すべきでしょう。

――自分が何者で、めいめいが与えられた“わずかな時間”を

どう使っているかを意識しながら。

イェール大学教授

シェリー・ケーガン

DEATH

by Shelly Kagan

Originally published by Yale University Press

Japanese translation published by arrangement with

Yale Representation Limited

through The English Agency(Japan) Ltd.

目次

第4講

死はなぜ悪いのか

第7講

私たちが死ぬまでに考えておくべき、「死」にまつわる6つの問題

第8講
死に直面しながら生きる

「死」とは何か　イェール大学で23年連続の人気講義〔日本縮約版〕

第1講

「死」について考える

これは「死」についての本——私がイェール大学で行なっている講義をまとめた書である。これから考察するさまざまなテーマは、哲学的な思考を踏まえており、他の本が取り上げる死についての話とは一線を画すると、私自身は考えている。

したがって、死についての本なら当然語るはずだとみなさんが思う事柄、語ってほしいと期待する事柄が本当に書かれているとは限らない。だからまず、本書で検討しないテーマについて、少し述べておきたい。そうすれば、これがみなさんの探し求めていた本でなかった場合には、すぐにそうと気づいてもらえるだろう。

検討しないと言うときに私の頭にあるのは、主に、「死の本質」あるいは「死という現象にまつわる心理学的な疑問や社会学的な疑問」だ。

一般に、死に関する本ではおそらく、死にゆくプロセスや自分が死ぬという事実を甘んじて受け容れるに至るプロセスが詳しく語られるだろう。だが、本書ではそういう話はしない。

また、死別したり死者を悼《いた》んだりするプロセスについてもまったく語らない。そして、葬儀業界について論じることもないし、私たちが死にゆく人に対して取りがちな態度の問題点や、死にゆく人を他者の目に触れさせぬようにしようとする傾向を話題にすることもない。これはみな、申し分なく重要なテーマだが、今述べたとおり、本書で取り上げるものではない。

では、いったい何を語るのか？　本書では、死の本質について考え始めたときに湧き起こってくる哲学的な疑問の数々を検討することになる。たとえば、「私たちは死んだらどうなるのか」といった疑問だ。とはいえ、じつはその疑問に立ち向かうためには、真っ先に次のような疑問について考える必要がある。

私たちは何者なのか？

人間とはどのような存在なのか？

そしてとくに重要なのが、私たちには魂があるのか、という疑問だ。

冒頭で早々に説明しておいたほうが良いだろうが、本書では「魂」という言葉を哲学的な意味合いで使い、理詰めで考えていく。私が「魂」と言うとき、それは身体とは別個の、非物質的なものを指す。だから今後、次のような疑問を投げかけることになる。

私たちには、身体が死滅した後も生き続ける非物質的な魂があるか？

そして、もし魂がないのなら、それは死の本質に関してどのような意味を持つのか？

人間は死んだらどうなるのか？

本書では、次の疑問にも取り組むことになる。

私が死後も存在し続けるためには、何が必要なのか？　いや、この問いは、もっと一般的に考えなければならないだろう。
いったいぜんたい、存在し続けるとはどういうことなのか？
たとえば、私が明日まで生き延びるとは、何を意味するのか？

私が問いたいことを、手短に説明すればこうなる。明日の午後のある時点で、誰かがここで私のコンピューターの前に座り、この本の執筆に取り組んでいるだろう。私は、それが私だと間違いなく思っている（し、そうであってほしい！　と願ってもいる）。

だが、明日ここに座ってキーボードを叩いているその人が、今日ここで文章を入力している人と完全に同一の人間であるとは、厳密にはどういうことなのか？　それは、時の流れの中における人格の同一性《アイデンティティ》の本質にまつわる疑問だ。死と存続、そして、私が死後も引き続いて存在する可能性についてしっかりと考えるのであれば、まず人格の同一性の本質そのものについて、はっきりさせなければならないことは、明白そのものだろう。

この種の疑問（魂の存在や、死の本質、死後も存在し続ける可能性にまつわる疑問）について触れた後は、価値に関する疑問に目を転じる。

死が本当に一巻の終わりならば、死は現に悪いものなのだろうか？

もちろん大方の人は、死は悪いものであると、端《はな》から思い込みがちだ。だが、どうして死が悪いものでありうるのかについては、哲学的な難問が伴う。

ここでその難問の一つを紹介し、それがどのようなものか、手早く感じをつかんでもらおう。仮に、私は死後、存在しなくなるとしよう。その場合、じっくり考えてみると、死が私にとってどうして悪いものでありうるか、わからなくなってしまう。なにしろ、死んでしまった私にとって、死が悪いものであることなどありえないように思えるからだ。

　存在してさえいないものにとって悪い、ということが、どうしてありうるだろう？　さらに言えば、死んだ私にとって死が悪いものでありえないのなら、死んでからに限らず、私にとって死がどうして悪いものでありえようか？　つまるところ、まだ生きている今の私にとって、死が悪いものでありうるとは、とうてい思えないのだから！


　いや、心配しないでほしい。私はなにも、死は悪いものではないと考えるようにみなさんを説得しようなどとは思っていないから。だが、やがてわかるように、死に関して何が悪いのかを見極め、どうして死が悪いものでありうるのかを理解するには、じつはいくらか手間がかかる（死が悪いものであると思える理由が一つだけなのかどうかも、考えてみる価値がある）。

　さて、もし死が本当に悪いものなら、不死は良いものなのだろうかという疑問が浮かんでくるだろう。それについても、いずれ考えることにする。

　そして、さらに一般的には、次のように問う必要がある。

　私の生き方は、やがて死ぬという事実にどのような影響を受けてしかるべきなのか？　必ず死ぬという運命に対して、私はどのような態度を取るべきなのか？　たとえば、死を恐れるべきなのか？　やがて死ぬという事実に絶望するべきなのか？

　最後に、自殺にまつわる疑問に目を向ける。命は貴重で価値あるものだから、自殺はけっして理にかなわないと、私たちの多くは考えている。なにしろ自殺とは、たった一度しか与えられない命を捨てる行為だからだ。

というわけで、自殺の合理性と道徳性（あるいは、不合理性と不道徳性だろうか）を検討することで本書は終わる。

以上がこれから取り組むことだ。これに関連した哲学の専門用語に馴染みのある人ならば、おおまかに言って、本書の前半は形而上学《けいじじょうがく》、後半は価値論と見ることができる（訳注：紙幅の都合上、日本版は、前半の形而上学部分のほとんどを割愛している。詳細は24ページの「日本の読者のみなさんへ」を参照）。

「生と死の本質」とは？

ところで、哲学書、それもとくに本書のような入門書の書き方は二通りあると思う。

一つ目のアプローチは、賛否両方の考え方をただ紹介し、自分はなるべく中立の立場を守るというもの。自分の態度をあからさまには打ち出さず、自分がどちらの考え方を受け容れているかを明かすことを避ける。それが第一のアプローチだ。

だが、それとはまったく異なるアプローチを採ることもできる。そして、ここで断っておくべきだろうが、本書で私はこの第二のアプローチを採用する。このアプローチでは、書き手は自分が受け容れている見方を読者に現に語り、その見方に賛成する意見を述べ、最善を尽くしてそれを擁護《ようご》する。私がこれからすることはそちらに近い。

私は特定の思考の筋道を立て、その正当性を主張していく。つまり、これから考察するさまざまな問題について私には自分なりの見方があり、本書では、そうした見方が正しいことをみなさんに納得してもらうよう試みるつもりなのだ。

〈死についての一般的な見解〉

死についての私の見方がどのようなものかを素早くつかんでもらうために、最初に、世間で言われている一般的な解釈を説明しよう。

まず、私たちには魂がある。つまり、私たちは単なる身体ではない。ただの肉と骨の塊ではない。私たちの一部、ことによると本質的な部分は、物理的な存在以上のもので、それは霊的で非物質的な部分だ。私たちのほとんどが、何らかの非物質的な魂が存在すると信じていることは確実だ。

そして、非物質的な魂が存在するのだから、この一般的な見方をたどっていけば、私たちは死後も生き続けられる可能性があることになる。いや、その可能性が高いことになる。死は身体の消滅ではあっても、魂は非物質的なので、死後も存在し続けられる。

むろん、死についてはわかりようのないことが多くある。死は究極の謎だ。だが、魂の存在を信じていようといまいと、みなさんは少なくとも魂があってほしいと願っているだろう。魂があれば、死後も存在し続ける可能性がおおいに出てくるからだ。なにしろ、死は悪いものであるばかりか、身の毛がよだつようなものでもあるため、私たちは永遠に生き続けることを望んでいるのだ。不死は素晴らしいものだろう。

もし魂が存在せず、死が本当の終わりを意味するなら、それは圧倒的に悪いものであり、死の見込みには恐れと絶望を抱いて向き合うというのが、わかりきった反応、適切な反応、普遍的な反応になる。

最後に、死は身の毛がよだつほど恐ろしく、生はあまりに素晴らしいとすれば、自分の命を投げ捨てるのが理にかなうはずがない。このように、自殺は一方では常に不合理であり、他方では常に不道徳でもある。

死の本質についての一般的な見方（と私が考えているもの）をまとめると、以上のようになる。見ればわかるように、この一般的な見方には、論理的にまったく別個の主張が含まれている。したがって、論理的に言えば、そのうちの一部を信じるものの全部は信じないということがありうる。ところが、じつに多くの人がそのすべてを信じているし、おそらく、みなさんもそのうちの少なくとも一部は信じている可能性が高いのではないか。

〈死についてのシェリー先生の見解〉

さて、これから私が本書で何をするかと言えば、それはそうした見方は最初から最後までほぼ完全に間違っていると主張することだ。

私は魂が存在しないことをみなさんに納得してもらおうとする。

不死は良いものではないことを納得してもらおうと試みる。

そして、死を恐れるのは、じつは死に対する適切な反応ではないことや、死は特別謎めいてはいないこと、自殺は特定の状況下では合理的にも道徳的にも正当化しうるかもしれないことも。

繰り返すが、私は一般に思われていることは最初から最後までほぼ完全に間違っていると考えるので、それをみなさんに納得してもらおうとする。少なくとも、それが私の目標であり、狙いだ。だとすれば驚くまでもないが、本書を読み終えるころには、これらの点についてみなさんが私に賛同してくれていることを願っている。何と言おうと、私は自分がこれから擁護する見方が正しいと考えているから、それが正しいとみなさんも信じるようになってもらえればと心から願っている。

だが本当は、肝心なのはみなさんがけっきょく私に同意してくれることではないとも言っておくべきだろう。大切なのは、みなさんが自ら考えることだ。突き詰めれば、私がやろうとしているうちで最も重要なのは、死をしっかりと凝視し、私たちのほとんどがけっしてしないような形で死と向き合い、死について考えるよう促すことだ。

もしみなさんが本書の終わりに来たときに、あれやこれやの点で私に同意していなくても、かまいはしない。私はそれで満足だ。いや、正直に言えば、完全に満足ではないだろうが、少なくとも、おおむね満足だろう――みなさんがさまざまな問題に関して賛否両論を徹底的に検討してくれたのであれば。

キリスト教、仏教……あらゆる宗教に頼らず「死」を語れるか

いよいよ始める前に、あといくつか述べておく必要がある。

第一に、すでに説明したとおり、これは哲学の本だ。つまり、基本的には、死に関して知りうることや理解しうることについて、論理的思考力を使って非常に注意深く考えることに徹する。本書では合理的な見地から死について考えてみようとする。

だから、ある種類の証拠やある種類の論拠は本書では使わないことははっきりさせておく必要がある。それはすなわち、宗教的な権威には訴えないということだ。

もちろん、みなさんはすでに死後の生を信じているかもしれない。自分が死んでからも生き続け

ると信じているかもしれない。不死を信じているかもしれない。そして、所属する教会にそう教わっているから、当然これらをすべて信じているのかもしれない。それはそれで結構だ。私はここでみなさんを説得して宗教的信念を捨てさせたり、みなさんの信仰に異を唱えたりするつもりはないし、それは私の目的でもない。

だが本書を通じて、啓示であれ、聖書の権威であれ、その他何であれ、そのような宗教的論拠に訴えることはないと明言しておきたい。

もしみなさんが、本書を大がかりな仮定的陳述と考えたいなら、そうしてもらってかまわない。だが、私たちが非宗教的な観点から死の本質について考えなければならないとしたら、どのような結論に至るだろうか？　何であれ神に啓示された権威によって与えられるかもしれない答えではなく、自分の論理的思考力のみを頼りにしたなら、どのような結論に行き着くだろう？

仮にみなさんがたまたま神の啓示を信じていたとしたら、それについての検討は別の機会に譲ろう。ここではその手の議論はいっさい行なわない。

初めて考える人にも、死と隣り合わせに生きる人にも役立つ入門書

最後に、これは哲学の入門書なのだが、それがどういう意味かを説明しておく必要がある。それはつまり、読者に哲学に関する背景知識があるという前提に立っていないということだ。

だからといって、気軽に読める本であるというわけではない。それどころか、かなり難しい内容も含まれている。一度読んだだけでは意味のつかみにくい部分もあるかもしれない。じつのところ、もし時間があれば、読み返すとわかりやすくなることが多い箇所もある。

もちろん、みなさんが読み返してくれることを本気で期待しているわけではないが、それでもそれを肝に銘じておいてほしい。哲学は読むのが難しいことがあるものだ。

これまた強調しておくべきだろうが、本書は別の意味でも入門書だ。すなわち、これから検討するテーマのそれぞれについて、語れることがさらにあるということだ。本書で考察するテーマは一つ残らず、はるかに詳しく論じることができるだろう。ここで考えるものに加えて、さらなる論点は必ずあるものだ。そして、そうした議論の多くは、たちまち極端に込み入ってくる。そのため、この種の本では複雑過ぎて論じられない。これから検討するどのテーマにも、それが当てはまる。

だから何であれ、本書で私が述べたことがこのテーマに関する決定的な見解だなどと思い込まないでほしい。むしろ、それは導入の言葉に近い。だがもちろん、導入の言葉というのは、この上ない出発点となりうるものだ。

日本の読者のみなさんへ

私はみなさんが読み終えたばかりの先の講で、本書の前半では形而上学的な問題、すなわち魂の存在や死の本質、死後も存在し続けることにまつわる疑問について考えると書いた。そして、本書の後半でようやく価値の問題に目を向けるとも述べた。価値の問題というのは、死はなぜ、どのように悪いのか、死を恐れるべきなのか、仮に死なずに済むとすればそれは望ましいことなのか、はたして自殺が許されるときがあるのか、といったものだ。本書のもともとの完全版では、まさにそうなっている。

だが、今みなさんが読んでいる版（この日本語訳）は縮約版で、前半のほとんどを飛ばして、さっさと後半に進む（編集部注：本書の縮約箇所は弊社ウェブサイト（bunkyosha.com/books/9784866510774/article/1）にて、無料公開しております）。

つまり、形而上学的な詳しい考察のほとんどを省き、倫理と価値にかかわる問題――死の悪い点や、人生の価値と不死についてのさまざまな見方、必ず死ぬという運命を認めたときに私たちはどのように生き方を変えるべきか、にまつわる疑問――に的を絞るということだ。

とはいえ、驚くまでもないが、こうした価値の問題の考察は、前半の形而上学の考察の間に私が主張した結論のいくつかを前提としている。さらに、省略した講で論じた考えや立場に再び触れることもある。だからこの断り書きで、それらの考えの一部を手早く説明し、この後に続く考察の手引きとなる、死についての主な前提を明確にしておきたい。

心(魂)と身体は切り離せるか

この縮約版に含まれていない講で私はさまざまなものを区別したが、そのうちで最も重要なのは、「二元論」の見方と「物理主義」の見方の区別だ。

二元論者によれば、人間は身体(生物学者が研究できる物体)と、何か別のもの、すなわち心との組み合わせであるという。身体はもちろん、お馴染みのもので、肉と血、骨と筋肉の塊だ。だが、二元論者によれば、心は何か別物、何か物質的でないものであり、断じて有形物ではない(原子からはできていない)のだそうだ。そして、心とは魂だ。あるいは魂に収まっている。あるいは、魂を拠《よ》り所《どころ》としている。

さて、本書全体を通して、私が魂について語るときにはいつも、この種の形而上学的な見方を念頭に置いている。それは、私たちの意識や思考、感情、欲望、記憶などはみな、何か非物質的なもの、何か身体とは異なり、まったく有形物ではなく、完全に違う種類のものに基づいている、あるいは依拠しているという見方だ。

私たちには二つの主要な部分、すなわち物質的な身体と非物質的な魂がある――この見方は当然ながら「二元論」と呼ばれるものにほかならない。

それに対して物理主義者によれば、魂は存在せず、身体があるだけだという。もちろんこれは、物理主義者が人には心があるのを否定するということではない。なぜなら、さまざまな精神的活動

——考えたり、感じたり、意思疎通をしたり、望んだり、記憶したりすること——ができるのは、明白そのものだからだ。

だが物理主義者に言わせると、これは私たちに何か特別な非物質的な部分（すなわち魂）があるからではないのだそうだ。正しくは、人間の身体は考えたり、感じたり、意思疎通をしたりできる、というだけのことだ。

心について語るのは（物理主義者の意見では）、正常できちんと機能している人間の身体が持っている、この多岐に及ぶ見事な精神的活動を行なう能力について語る一つの方法にほかならない。つまり、身体にできることの一つとして微笑みについて語るのと同様に、心について、すなわち思考や感情などについても、身体の持つ能力の一つとして語れる、ということだ。

ようするに物理主義者は、人格を持った人間であるとは、これらのさまざまな事柄（恋に落ちる、詩を書く、将来の計画を立てる、微積分の問題を解く、など）ができる身体を持っているだけのことにすぎないと考えている。物理主義者にとって、人間とはただの身体、手の込んだ有形物にすぎない。

もちろん、私たちはどこにでもあるような月並みな有形物ではない。人間とは驚くべき物体であり、人格を持った人間は他の物体にはできない、ありとあらゆる種類の機能を果たすことができるのだ（その機能を本書では「P機能（人格《パーソン》機能）」と呼ぶ）。だがそれにもかかわらず、私たちは有形物にすぎない。事実上、ただの機械なのだ。

私は本書でこの考え方を、ときどき次のように言い表す。「物理主義者によると、人間とは、これらのさまざまな特別の形で機能する能力を持ったただの身体、あらゆるP機能を果たすことのできるただの身体となる」と。

二元論と物理主義という、これら二つのかなり異なる形而上学的な見方のどちらを選ぶかが非常に重要なのは明らかだ。どちらが正しいのか？

身体が存在することはすでに誰もが信じているのだから、私たちが問うべきなのは、魂が存在することも信じるべきなのか、となる。つまり、身体に加えて、非物質的な心もまた存在すると信じるに足る理由があるのか？

この縮約版では省いた最初のほうの講のいくつかで、私は非物質的な魂の存在を立証しようと試みるさまざまな主張を検討した。だが、それらの主張をここで詳しく説明するつもりも、要約するつもりもない。それらの主張には説得力がないというのが私自身の見方であることを報告するにとどめる。

私の見る限り、それらを念入りに検討することにはたしかに価値がある（魂という概念はけっして馬鹿げたものではないし、軽はずみに退けるべきではないから）。とはいえ、そうした主張は魂の存在を信じるのにふさわしい理由を提供することに成功していないのだ。

だから私は、物理主義の立場が最も妥当に思えると結論する。実際、人はP機能を果たせるただの身体にすぎないことを私たちは受け容れるべきだ。

人は自分の身体の死後も存在し続けるという、その考えはまったくもってお門違《かどちが》い、あるいはありえないということを、この結論が意味していると思うのは自然だろう。なにしろ、もし人が特別な形で機能している特別な種類の身体にすぎないのなら、身体が死んだときにその人も消滅して当然ではないか？

「今の自分」と「明日の自分」は本当に「同じ人」?——3つの答え

だがじつは、事はもう少し複雑だ。なぜなら今度は、この瞬間から次の瞬間へと人が生き続けるとはどういうことなのかと問わなくてはならないからだ。

もし私が来週まで生き続けるなら(ぜひそうなることを望んでいる!)、ある人が来週にも存在していて、その人は今日ここでこの言葉を書いているのと形の上ではまさに同じ人ということになる。だが、そう言えるためには何が必要なのか?

ある人(来週存在する人)が、今日ここで生きている人と同じ人と言えるようにする「形而上の接着剤」は何か?(哲学者はこれを「人格の同一性の問題」と呼ぶ。)

この疑問に対しては、さまざまな答えが出されてきた。二元論者はたいてい、答えは、今ここにいる人とまさに同じ魂をその人が来週も持っているかどうか次第だと考える。「魂を追え!」と彼らなら言うかもしれない。もしそれが同じ魂なら、それは同じ人だ。もし違うなら、同じ人ではない。私はこれを、人格の同一性の「魂説」と呼ぶ。

死後も存在し続ける可能性に向けて、魂説が少なくとも扉を開いてくれるのを見て取ることは易しい。なにしろ二元論者によれば、人は特定の身体と特定の魂の組み合わせなのだから。人が生きている間は、これら二つのどちらも、もう一方と意思疎通をすることができる(たとえば、魂は身体にどう動くかを命じることができる)。だが、身体と魂は別個のものなので、身体が死んでもとにかく魂は存在し続け、身体の死後も生き残ることは少なくとも考えうる。そして、もし魂説が正しければ、私の魂が依然として存在している限り、私も相変わらず存在している(「魂を追え!」というわけだ)。このように、人格の同一性の魂説を受け容れる二元論者は、私たちが自分の死後(厳密には、自分の身体の死後)も存在し続ける可能性を提供してくれる。

だが当然ながら、もし私たちが物理主義者なら(そして、本書のここから先はずっと、私はひたすら物理主義が本当に正しいという前提に立つ)、誰かが死後も存在しているかどうかを決めるのに、魂に訴えることはできない。追うべき魂などないのだから!

では、物理主義者は人格の同一性のどのような説を受け容れるべきなのか?

物理主義者が提案するべき見方として最も当然に思えるのは、「身体説」だ。この見方によれば、誰かと同一の人間であるためのカギは、その人とまさに同じ身体を持つことだという。だから、今ここに座ってこの言葉を書いている身体とまったく同じ身体を持つ人が誰か来週も存在すれば、私は来週まで生き続けることになる。将来、誰かが私であるかどうかを判断するには、私たちは「身体を追う」べきだ(もちろん、身体の原子が一つ残らず同じでなくてはならないということではない。身体は原子を絶えず得たり失ったりしているのだから! だが、全体として同じ血と肉の塊でなくてはならない)。

じつは、身体説のおそらく最善のバージョンだと私が考えているものに基づくと、その未来の人物が私であるためには、私の全身を持っていなくても良いことになる。本当に決定的な疑問は、誰かが私の脳を持っているかどうか、だ。誰かが私の脚や腕を持っているかどうか、さらには私の胴を持っているかどうかさえ、関係ない。肝心なのは、誰かが私の脳を持っているかどうか、だ(「脳を追え!」)。もし誰かが私の脳を持っていれば、身体説のこのバージョンによれば、それは私であることになる。

もし物理主義者が（脳に的を絞ったバージョンであれ、そうではないバージョンであれ）身体説を受け容れれば、私が死後も存在し続ける見込みは薄い。なにしろ物理主義者によれば、人間とは、私が説明してきたような特別な形で機能する能力を持った身体以外の何物でもないからだ。だから身体は、死ぬとき、つまり壊れるとき、P機能を果たす能力を失う。いったん身体が消滅してしまえば、「追う」べき身体はまったく残っていない。したがって、もし物理主義者が人格の同一性の身体説を受け容れれば、死は本当に一巻の終わりであるように見える（とはいえ、身体の復活——仮にそんなことが起こるとすればの話だが——が、死者が生き返る一つの方法となるかについては、いくつか興味深い疑問がある）。

多くの物理主義者が人格の同一性の身体説を受け容れているものの、面白いことに、身体説の代わりに物理主義者が受け容れうる、まったく異なる見方が一つある。ひょっとすると、人格の同一性のカギは、同じ身体を持っているかどうかではなく、あるいは、同じ脳を持っているかどうかでさえなく、同じ信念や欲望、記憶、目標などを持っているかどうかなのかもしれない。もし私たちが、この信念や欲望、記憶などの集合という意味で「人格」という言葉を使うなら、その見方を「人格説」と呼ぶことができる。

この見方によれば、来週存在する人は、私のものと同じ人格、つまり、同じ信念や欲望や記憶などを持っていれば、私ということになる（この場合にも、私が今持っている記憶や信念を一つ残らず持っていることは必要不可欠ではない。人は四六時中、信念や記憶を得たり失ったりしているのだから！　だがそれは全体として同じ、時とともにゆっくりと発展していく、信念や記憶などの集合でなくてはいけない）。

幸い、人格説は二元論者でさえ受け容れられる。けっきょく、仮に魂というものが存在するとしても、将来存在する誰かが私であるかどうかを決める決定的な問題は、その人が私の魂を持っているかどうかではなく、私の人格（同じ信念や欲望など）を持っているかどうかだからだ。同様に、人格説は物理主義者にも受け容れられる。特定の人格を持った人が誰か存在することの基盤は、特定の形で機能する身体が存在することだとしても（私は間違いなくそう信じている）、将来存在する人が私かどうかを決める本質的な疑問は、じつは、その人が私の人格を持っているかどうかの問題であって、私の身体そのものを持っているかどうかの問題ではないことがありうるからだ。

もちろん通常は、同じ身体を持っていれば、同じ人格を持っていることにもなる。誰かが私の人格を持つのは、その人が私の身体を持っている場合に限られる。だが、少なくとも原理上は、身体と人格が分離することを想像できる。

ひょっとしたら将来、身体がすっかり古びて死にかかっているときに、私の信念や記憶などを、新しい代替の身体と脳に「アップロード」することが可能になるかもしれない。アップロードの後、新しい代替の身体が私の信念や欲望や感情を持った状態で目覚めたとき、それは私なのだろうか？身体説を受け容れている人は、ノーと言わざるをえないだろう。それは違う身体だから、違う人（自分は私だと誤って考えている人！）なのだ。だが、人格説によれば、それは本当に私だということになる。なぜなら肝心なのは、前提に基づけば、その人が私の人格を持っていることだからだ（「人格を追え！」）。

それならば、原理上は物理主義者でさえ、私が自分の肉体の死後も存在し続ける可能性を信じられるかもしれない――もし彼らが人格説も受け容れれば。ところがあいにく、こうしたことが将来、科学技術のおかげで可能になるとしても、それに類することが今起こると考える理由はない。

だから私たちが物理主義者でも（私はそうであるべきだと考えているのだが）、身体説を受け容れようが人格説を受け容れようが、私の身体が消滅したときには、私は最期を迎える。少なくとも原理上は、物理主義者さえもが、特定の条件の下では人は自分の肉体の死後も存在し続ける可能性があることを認めうるかもしれない。だがじつは、物事の現状を考えると、死こそがすべての終わりということになる。

人生の意義とは？

私が触れておかなければならない厄介な問題がもう一つある。そもそも、なぜ生き続けることが私たちにとって大切なのか？

今日から明日へ、今年から来年へと生き続けるかどうかは、私たちにとってたしかに重要だ。だが、それはなぜか？　生き続けることについて考えているときに、私が望むもの、私にとって大事なのは、将来に私が存在することであるというのが自然な考え方だ。

だが、この自然な考え方は単純過ぎるかもしれない。単に存在しているだけでは、自分にとって肝心なものが手に入ることが自動的に保証されないかもしれないからだ（もっと過激なことを言えば、将来まで生き続けることは、私にとって肝心なものを手に入れるのに必要でさえないかもしれない。つまり、生き続けるにあたって、私にとって肝心なものは、まったく生き続けなくても手に入れられるものかもしれないのだ！）。

たとえば、こういうことだ。私はたまたま身体説を受け容れている。将来、誰かが私の身体を持っていたら、その人は形の上では私とまったく同じ人間だと思う。私はその未来の時点まで生き続けたことになる。

だが私が、今とその未来の時点との間に、元に戻せない完全な記憶喪失を経験し、人格が脳から跡形もなく消し去られ、未来の私の人格が今の私の人格と何の共通点も持たない、つまり、記憶も、個人的な欲望も、信念も、感情も、まったく共有していないというのなら、

「生き続けたところで、何の意味がある？」

と言うことだろう。たしかに私は生き続けたことになるが、そのような未来は、生き続けることから私が得たいと思っているものを与えてはくれない。生き続けることに関して、私にとって本当に大切なものを与えてくれないのだ。

けっきょく私が望んでいるのは、将来も存在し続けるということだけではなく、将来の私が、今の私が持っているものととてもよく似た人格を持っているということでもあるからだ。私はその人に、私のようであってもらいたい！

この点を説明するために、別の例を挙げよう。私が九〇〇年以上生き、けっして記憶喪失にならないと想像してほしい。ただし、これほど長く生きるのだから、自分の信念や欲望、目標、記憶はゆっくり変化し、ついに私は、たった六〇か一〇〇か二〇〇の「若造」だったころのことをすっかり忘れてしまう。私の人格が普通のゆっくりした形で変わり、成長している（新しい信念や欲望や記憶を徐々に獲得したり、古いものをゆっくり失ったりしている）限り、人格の同一性の人格説を採ったときでさえも、その人は九六九歳になっても相変わらず本当に私であることを、これは意味

する――たとえ、自分がかつて哲学の教授だったことを覚えていなかったり、子どもたちのことを大切に思っていなかったりしたとしても（私はこれを聖書に出てくる最高齢の人物にちなんで、「メトシェラのケース」と呼ぶ）。この場合にも私は言いたい。私は生き続けるが、生き続けることから得たいと思っているものを得られない、と。

私にとって大切なのは、私が存在し続けることだけでも、ゆっくりと変化するこの人格の行き着く所に誰かが存在していることだけでもない。そう、私は、自分が今持っているのと同じ人格を持った人に、将来も存在していてもらいたいのだ。今の私の目標や記憶などと似たものを持った人に。ただ生き続けるだけでは、生き続けるにあたって肝心なものが私に与えられることは自動的に保証されはしない。

もちろん、実際にこれほど長生きする人はいない。だから少なくとも実生活では、生き続ければ、人は自分が望むものを与えられる。だが、たとえそうだとしてもなお、このようなケースについて考えれば、生き続けることに関して何が自分にとって究極的に大切かを判断する助けになりうる。

「生きていない」し「死んでいない」はありうるか

奇妙な話だが、実際にはまったく生き続けていないのにもかかわらず、肝心のものを自分が手に入れるケースさえありうると、私は思っている。

古い（今の）身体が死にかけているときに、新しい代替の身体に今の私の人格がアップロードされるケースをもう一度考えてほしい。私は人格の同一性の身体説を受け容れているので、目覚めた人（新しい脳に私の古い人格をアップロードされた、新しい代替の身体）は、じつは断じて私ではない！　だから私はアップロードの後まで生き続けない。ところが、それにもかかわらず、仮にこういうことが本当に起こったとしたら、私は肝心なものを持っていることになる。私は生き続けていないのに、生き続けるにあたって望んでいたものが手に入るのだ！

だが、先ほど述べたとおり、これはただの理論上の可能性にすぎない。実際には当然、私たちが死ぬときに、そんなことは起こらない。それどころか、身体が死んだら、それこそ本当に一巻の終わりだ。いつの日か私の身体は壊れ、適切に機能しなくなり、それでおしまいとなる。それが私の終わりであり、私の人格の終わりでもある。死がすべての終わりなのだ。

いずれにしても、それが本書のここから先、みなさんがいよいよ読もうとしている部分で私が拠って立つ前提だ。

私は、死が終わりであることを前提とする。私の身体だけではなく、私にとっても。

そして今、こう尋ねる立場にたどり着いた。もしそれが本当に正しいのなら、つまり、もし死がまさしく終わりなら、この事実を私たちはどう受け止めるべきなのか？

死の本質について、いったいどう考えるべきなのか？

死は本当に悪いのか？

永遠に生きるほうが良いのか？

死を恐れるのは適切か？

避けようのない最後が待っていることを知っているのなら、その知識に照らしていったいどう生きるべきか？

これから、こうした疑問に目を向けることにしよう。

第2講

死の本質

物理主義者によれば、人間とは正常に機能している身体にすぎないという。考え、感じ、意思疎通することが可能で、愛したり計画を立てたりでき、理性と自己意識を持っている身体なのだ。これまで私が使ってきた言葉で表せば、「P機能（人格《パーソン》機能）を果たしている」身体ということになる。もしこの考え方を受け容れるとしたら、死そのものについては何と言うべきなのか？　物理主義者の説に従ったとき、死ぬとはどういうことになるのか？　今度はこの疑問に目を向けてみたい。そして、この疑問に迫るには、それと密接に関連した疑問について考えてみると良い。すなわち、人間はいつ死ぬのかという疑問だ。

基本的な答えは、単純そのものに見える。少なくとも、おおまかな話、物理主義者はこう言うべきだろう。人間は、身体がP機能を果たしている間は生きている、だから、その機能を果たさなくなったときに死ぬ——身体が壊れ始め、きちんと機能しなくなったときには、と。実際それは、物理主義の観点に立った場合にはおおよそ正しい答えだと私には思える。だが、これから見ていくように、もう少し厳密に考える必要がある。

そのためには手始めに、こう問わなければならない。死の瞬間を定義するにあたっては、どの機能が決定的に重要なのか？

私が死んだのはいったいいつ？

きちんと機能している人間の身体について考えてほしい――たとえば、みなさんの。みなさんの身体は、現在じつにさまざまな機能を実行している。単に食物を消化したり、身体をあちこちに移動させたり、心臓を拍動させたり、肺を広げたり縮めたりといった機能もある。それらを「身体《ボディ》機能」、略して「B機能」と呼ぼう。もちろん、それ以外にももっと高次のさまざまな認知機能があり、それを私は「P機能」と呼んできた。さて、おおざっぱに言って、身体の機能が停止したときに人間は死ぬ。だが、機能と言っても、どの機能のことだろう？　B機能か、P機能か、はたまたその両方か？

この疑問に対する答えははっきりしない。なぜなら、普通はむろん、P機能はB機能と同時に停止するからだ。SFの世界を別とすれば、P機能はB機能あってこそのものだ。だから私たちは普通、どのタイプの機能が死の瞬間を定義するために注目するべき種類の機能かなどと自問する必要はない。私たちは両方の機能を、ほぼ同時に失うのだ。

それが図2・1に示した状況で、そこには私の身体が存在し始めた時点（左端）から存在し終わる時点（右端）までの経過を、おおまかに描いてある。

この身体の履歴はA、B、Cの主要三段階に分けられる。AとBという最初の二段階では、私の

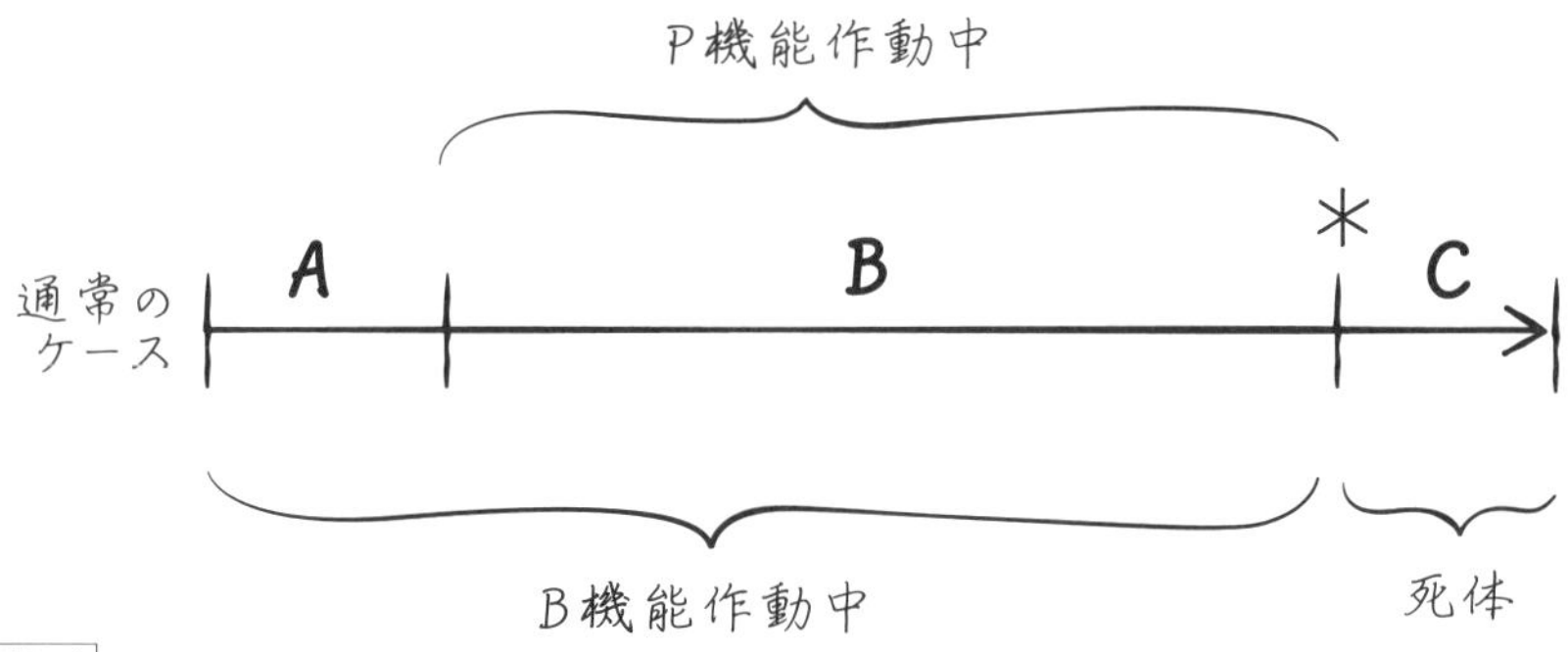

図2・1

身体は順調に機能している。少なくとも、B機能（消化、呼吸、動きなど）は完璧に作動している。

とはいえ、当初、A段階ではそれしかできなかった。これまでP機能と呼んできた、もっと高次の認知プロセスを実行することは不可能だった。最初のうちは、意思疎通をしたり、理性や創造性を発揮したり、自己意識を持ったりできるほど、脳は発達していないのだ。だからまだP機能は持っていない。

B段階に入って初めてP機能が作動し始める。やがて、最後のC段階では、私の身体はもうP機能もB機能も果たせなくなる。もう何の機能も果たしていない。それはただの死体だ（言うまでもないが、もっときめの細かい分け方もできる。だが、ここではこれで十分だろう）。

というわけで、これが通常のケースだ。身体が誕生し、しばらくA段階ではB機能は果たせても、P機能は果たせない。だが、やがてB機能とP機能の両方が作動する。それがB段階だ。

そして、かなり長い時間が過ぎてから、両方とも停止する。私は交通事故に遭うかもしれないし、心臓麻痺を起こすかもしれないし、癌《がん》で死ぬかもしれない。正確な原因は何であれ、私の身体はもうB機能もP機能も果たせない。もちろん、私の身体はまだ存在してはいる――少なくとも、しばらくは。だが、それは死体だ。それがC段階にあたる。

さて、私はいつ死んだのか？

B段階の最後、つまり身体が機能しなくなったときというのが自然な答えに思える。だから、その時点を表すために図には「＊」を書き込んでおいた。ここで考えているのは通常のケースなので、B機能もP機能も同時に停止するから、私の死は「＊」で示した瞬間に訪れたということで議論の余地はないだろう。その時点で私は死ぬのだ。

「身体の死」VS.「認知機能の喪失や脳の死」……人が本当に死ぬのはどっち？

だが、依然としてこう問うことはできる。どちらの機能の喪失のほうが決定的だったのか？ P機能の喪失か、それともB機能の喪失か？ 私の死の瞬間をはっきりさせるには、どちらのほうが重要なのか？ 通常のケースについて考えていても答えは出ない。なぜなら、B機能とP機能は同時に停止するのだから。だが、異常なケースを考えたとしたらどうなるだろう？

想像してほしい。私が恐ろしい病気にかかり、P機能として一まとめにしている高次の認知プロセスにいずれいっさい携われなくなるとしよう。ところが、ここが肝心なのだが、そのときからしばらくの間（数か月、あるいは数年）、私の身体は相変わらずB機能をいつもどおりこなせる。もちろん、最終的にはB機能も果たせなくなる。だが今考えているケースでは、P機能がB機能よりもずっと前に停止する。それを示したのが図2・2だ。

今回は、私は自分の身体の履歴を四段階に分けた。やはりA段階では身体はB機能を果たせるが、P機能はまだ果たせず、B段階では両方の機能を果たすことができ、C段階ではどちらの機能も果たせない。だが、今度はDという新しい段階がそこに加わった。これは、P機能は失われたものの、身体は依然としてB機能には従事している期間だ（見てのとおり、各段階はもう完全なアルファベット順ではなくなってしまったが、Dを途中に入れたのは、他の段階の名前を元のままにしておくためだ）。

このケースではP機能とB機能の喪失はばらばらに起こる。B機能はD段階の終わりに、P機能はB段階の終わりに、それぞれ停止する。そこまではっきりしている。

だが、死はいつ訪れるのか？　私はいつ死ぬのか？

真剣に考えてみる価値のある可能性が二つあるようなので、両方に「＊」で印をつけておいた。死は、P機能が停止したときか、B機能が停止したときの、どちらかで訪れる。そして、なんとも興味深いのだが、どちらのほうが妥当と思えるかは、身体説と人格説のどちらを受け容れるか次第かもしれない。

仮に、人格説を受け容れるとしよう。その場合、誰かが私であるためには、その人は私が持っているのと同じ、少しずつ変化する人格を持っている必要がある。そして、それはもちろん、私が存在するためには、私の人格も存在していなくてはならないことを意味する。

この見方に従うと、C段階では「私は存在しない」ことが明白そのものになる。なにしろ、C段階には私の人格は跡形もないのだから。自分がシェリー・ケーガンだと考える人は誰もいない。私

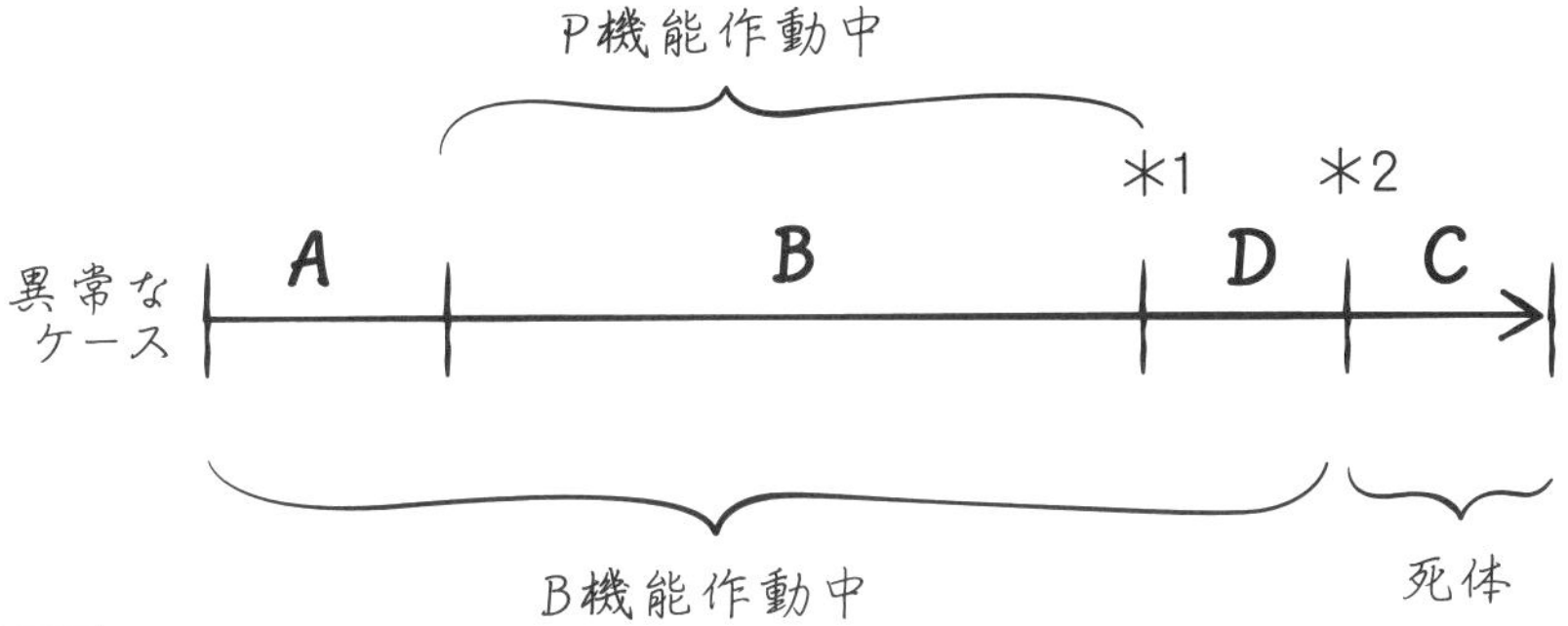

図2・2

の記憶、信念、欲望、目標を持っている人は誰もいない。それならば明らかに、人格説の観点に立てば私はC段階では存在しない。

もちろん、おおざっぱに言えば、私はただの死体だと言える。だが、これは誤解を招きかねない。私は死体として相変わらず存在していると示唆することになるからだ。ところが、厳密に言うと、それは断じて真実ではない。死体は私のただの名残にすぎないと言うほうが正確だろう。C段階では、私はもう存在しない。

だが、D段階はどうなのか？　ここでは、少なくとも私の身体は相変わらず機能している。いや、より正確に言うなら、B機能を実行している。それにもかかわらず、私の人格は消滅してしまった。私の信念や記憶、欲望、恐れ、野心などに関しては、何も存在していない。だが人格説によれば、特定の時点で私が存在するためには、その時点で私の人格を有するものが何か存在していなければならないことになる。それなのにD段階には、そんなものは存在しない。だから私はD段階でも存在しない。

ようするに、私の人格はB段階の最後に消滅してしまったのだから、人格説を受け容れる人は、私もB段階の最後に死んだと言わざるをえないようだ。

私の死の瞬間は「＊1」の時点であり、それは私の身体がP機能を果たす能力を失ったときだ。これは明白なことだと言える。

「存在しないのに生きている人間」という矛盾

だが、一つ厄介な問題がある。私が存在するかどうかを問う代わりに、私が生きているかどうかを問うたとしよう。するとD段階は少しばかり怪しくなる。

おそらく私たちはみな、D段階では私の身体が依然として生きていることに同意しているだろう。なにしろ、私の身体はB機能をきちんとこなしているのだから。

だが、私はどうだろう？　私は生きているのか？　そうだとはとても思えない。もし生きていたとしたら、私たちはこう言っていることになる。私は存在しないが、生きている、と。

これはなんとも無茶な話に思える。もし存在すらしていないなら、どうして生きてなどいられるだろう？　どうやら、D段階では私は生きていないと言わざるをえなくなるらしい。私は存在していないだけではなく、生きてもいない、と。

それなのに、私は生きていないにもかかわらず、私の身体は生きている。だから、人格説の支持者は、私が生きていることと、私の身体が生きていることとを区別する必要がある。

通常のケース（図2・1）では、私が死んだのとまさに同じ時点で、私の身体も死ぬ。二つの死は同時に起こる。だが、異常なケース（図2・2）では、二つの死が別々になる。私の身体の死は「＊2」で訪れ、私の死は「＊1」で訪れる。

少なくとも、人格説を受け容れるとしたらそれが私たちの言うべきことだ。だが、人格説の代わりに身体説を受け容れたらどうだろう？　ここでいよいよ話が面白くなってくる。

身体説によれば、特定の時点で私が存在するためには、その時点で私の身体を持った人が誰か存在していなければならないことになる。ただし、その人は私の人格を備えている必要はない。私の身体を持っているだけで事足りる（「身体を追え！」というわけだ）。だから、C段階を考えてほしい。かつての私で唯一残っているのが死体だ。

だが、死体とは何か？　それは身体だ。そして実際、私の死体は私の身体にほかならない。私の死体が依然として存在している以上、私の身体も依然として存在していることになる。そして、身体説に従えば、それは私が依然として存在することを意味する。もちろん私は死んでいるのだが、それでも存在している（身体説の支持者は、なぜ私がC段階で死んでいることに同意するのか？　彼らは人格説の支持者とは違い、私が生きていることと私の身体が生きていることを区別する必要がない。私の身体はC段階では生きていないので、身体説の支持者が私も生きてはいないと断言しても、それは理にかなっている）。

本書の冒頭で掲げた疑問について考えてほしい。人間は死後も生き延びられるのか？　死んだ後も依然として存在するのか？

身体説によれば、嬉しい答えと悲しい答えがあるという。人間は死後も存在するというのが嬉しい答えで、そのとき人間は死体になっているというのが悲しい答えだ。これは悪い冗談のように聞こえるかもしれないが、もし身体説が正しいのなら、これはまったく冗談ではない。文字どおりの真実なのだ（注1）。

私は死んだ後も、少なくともしばらくは存在し続ける。もちろん、やがて私の身体は腐敗し、原子に分解され、ばらばらになる。その時点で私の身体はもう存在せず、私ももう存在しなくなる。だがC段階では、少なくともしばらくは、身体説の支持者は、

「ええ、シェリー・ケーガンは相変わらず存在しています。彼は存在していますが、生きてはいません」

と言うべきだ。

これは以前私が主張していた点、すなわち、決定的な問題は、死後も存在し続けるか否かではないという点を補強してくれる。大事なのは、死後も存在し続けることで何を得たいか、だ。そして、私が死後も存在し続けることで得たいものの一つは、生きていることだ。

身体説によれば、C段階で私が依然として存在していることに議論の余地はないのだろう。だが、私は生きてはいない。というわけで、私は大切なものを欠いている。思うに、身体説の支持者はそう言うべきなのだ（一方、人格説に基づけば当然、かつての私の名残が死体だけになったときには私は存在してさえいない）。

「人間」であるのは、私たちの人生の「ほんの一期間」!?

それでは、身体説の支持者は図2・2のD段階について何と言うべきなのか？　同じようなことだろう。ここでもむろん私は存在する。私の身体が存在しているからだ。

そのうえ、D段階ではC段階と違って、私は生きている。私の身体が生きているからだ。ところ

が、悲しいかな、私はやはり人格を持った人間ではない。私の身体はP機能を果たせない。

だから、依然として私は大切なものを欠いている。存在するだけでは十分ではなく、生きているだけでもやはり十分ではない。私は人格を持った人間として生きていたいのだ。そして、それはB段階でしか達成できない。

ようするに身体説によれば、「＊2」の瞬間、すなわち、私の身体がもう生きていなくなった瞬間に私は死ぬ。だが、「＊1」の瞬間、すなわちもう人間ではなくなった瞬間に、私は大切なものを失う。

「もう人間ではなくなった瞬間」。これはまた奇妙で、かなり驚くべき言い回しだ。

想像するに、私たちのほとんどは、人間であるとは、まったく存在しなくなるまでやめようのないことだと考えているのではないか？　人間であるとは、哲学的な言い回しを使えば、私の本質的属性の一つであり、それは私が存在するためには絶対に欠かせない属性だ。だが、身体説を受け容れれば、人間であるとは私の本質的属性ではないと言わざるをえなくなるらしい。私は人間であることをやめてなお、存在し続けられるというわけだ。

むろん私は現に人間なのだが、身体説によれば、それは私については常に事実であるわけではないという。私が死体になったときには、もう人間ではなくなるが、私は依然として存在する。そして、もし私が異常なケースに陥ったら、つまり、身体は消化したり、血液を循環させたり、呼吸したりし続けているのに、もう思考や推論などができなくなったら、その場合にも、私は存在する、それればかりか生きている、だが人間ではない、と言わざるをえなくなる。

それならば、この見方をとれば、人間であるとは、人が一定期間「する」のが可能で、それからするのをやめ、それでも存在しなくなったりせず済むこととなる。子どもだったり、教授だったりするのと同じことだ。しばらくその状態にあって、それから存在しなくなったりせずにその状態ではなくなることができるものは、いくつもある。

たとえば、私はかつて子どもだったが、もう子どもではない。それでも私は存在している。子どもであるというのは、私が経てきた、ただの一段階だった。それならば、身体説の立場からは、人間であるのも同様に、私（つまり私の身体）が経ることのできるただの一段階になる。人間であるのは、私の身体がしばらくできることだ。

A段階の間はそうはしていなかった。C段階では確実にそうしていないだろう。そして、たまたま私が異常なケースに陥ったら、そのときにはD段階でもそうはしないだろう。

人間であるのは、私が本質的に置かれている状態ではない。むしろ私は自分の存在期間の一部でだけ、いや、じつは、生きている期間の一部でだけ人間なのだ。少なくとも、身体説に言わせればそうなる（それに対して、人格説にとっては、人間であることは現に私の本質的属性の一つらしい。私は人格を持った人間として存在していない限り、断じて存在しえない）。

ちなみに、ここで気づいてほしいのだが、もしこの種の立場を採用したら、これまでの数講（この縮約版では割愛）で私たちが考えてきた一連の問題に貼られた標準的な哲学のレッテルには、いくぶん誤解を招く面があったことになる。

私たちは人格の同一性《アイデンティティ》の本質について頭を悩ませてきた。つまり、誰かが私であるとはどういうことかという問題だ。だが、「人格の同一性」というまさにこのレッテルは、何であれ私であるものは人格を持った人間であるという前提を自らの中に組み込んでいるらしい（だから、当を得た疑問は、ある人格を持った人間が私と同一の人格を持った人間であるかどうかにすぎない）ことに留意してほしい。

だが今やこの前提（この標準的なレッテルに直接組み込まれた前提）は、おそらく間違っていることが判明した。身体説では、何かがまったく人格を持った人間ではなくても依然として私でありうる。だとしたら、ひょっとすると哲学者はけっきょく、私たちのテーマを人格の同一性の問題と呼ぶべきではなく、単に同一性の問題と呼ぶべきなのかもしれない（人格の同一性について行なった本書の考察の最初のほうも、まさに同じように誤解を招くものだったかもしれない。たとえば私は、自分と同一の人格を持った人間が誰かしら未来にいるかぎり、私は存在し続けると言った。ところが、今や見て取れるように、それは、私がただ存在し続けるために実際に求められる以上のことなのかもしれない）。

人生の終わりについて投げかけてきたさまざまな疑問に加えて、当然ながら、人生の始まりに関しても同様の疑問がある。とくにA段階についてはどう言うべきなのか？　身体はB機能を実行しているが、脳はまだP機能を果たせる段階には達していない。この段階で私は存在するのか、しないのか？

身体説を受け容れるなら、おそらく、A段階では私は存在すると言うべきなのだろう。明らかに私はA段階ではまだ人格を持った人間ではないが、それは関係ない。すでに見たように、身体説によれば、人格を持った人間がいなくても私は存在しうることになっているからだ。

一方、人格説を受け容れれば、A段階では私はまだ存在していないと言うべきだ。私の身体は存在しているとはいえ、時間とともに少しずつ変化する人格は、まだ出現していないためだ。ここにさえ、さらに厄介な問題があるが（たとえば、私の身体は正確にはいつ存在し始めるのか？）、人生の始まりは厳密には本書のテーマではないので、これらのじつに魅惑的な難問は、置き去りにせざるをえない。

代わりに、D段階についてもう少し考えてみよう。P機能を果たすという私の身体の能力が消滅しても、B機能を果たす能力が健在だったと想像してほしい。病院のベッドに私の身体が横たわっている。心臓は拍動し、肺は呼吸し、胃腸は食物を消化することができるが、その身体は考えたり、推論したり、意思疎通をしたり、愛したり、物事を認識したりすることは二度とできない。

「心臓移植」と「殺人」の確かで不確かな境界線

次に、心臓移植を必要としている人がいると想像してほしい。組織適合性検査の結果、私は臓器提供者《ドナー》としてふさわしいことがわかった。そこで今度は、私の身体から心臓を摘出するのが道徳的に許されるかどうかを知る必要が出てきた。

もちろん通常のケースでは、誰かの身体から心臓を摘出するのが道徳的に許されるかどうかを考えるときには、「ドナーの候補はまだ生きているか？」さえ問えば良い。なにしろその人は、もし生きていて心臓を摘出されれば、死んでしまう。摘出した人は、その人を殺したことになる。そして、そのような行為が道徳的に禁じられていることは言うまでもない。人には生きる権利があり、それには当然、（数ある権利のうちでもとくに）殺されない権利も含まれるように思える。

だが、異常なケースについて考えると、じつは事はそれほど単純ではないのがわかる。

たとえば、仮に人格説を受け容れたとしよう。すると、すでに見たように、D段階については、私はもう生きてはいないが、私の身体は生きていると言うのが正しいらしい。

そして、もちろんこれは、拍動している私の心臓をたとえみなさんが私の身体から摘出したとしても、みなさんはじつは私を殺しはしないことを意味する。なにしろ、私はもう死んでいるのだから。みなさんは私の身体を殺すだけだ。それも道徳的に許されないかどうかは、判断が難しい。

私たちのほとんどは、生きている身体から拍動している心臓を摘出することには（控えめに言っても）不快感を覚えるだろう。それは、もくろむだけでもおぞましいほど不道徳な行為に思える。だが、それはこの問題を入念に考え抜いていないために、混乱しているだけのことかもしれない。

臓器摘出は道徳的に正当化できるか

ここで決めなくてはならないのはおそらく、殺されない権利を持っているのは誰、あるいは何なのか、だろう。生存権を持っているのは私なのか、それとも私の身体なのか（あるいは、ひょっとすると、そのような権利は二つあり、一方は私が、もう一方は私の身体が持っているのか）？

もし私の身体が生存権を持っているとしたら、私がすでに死んでいるときにさえ、心臓を摘出するのは現に不道徳だ！

だが、生存権を持っているのが私だけなら、つまり、身体ではなく人格を持った人間がその権利の持ち主だとしたら、みなさんが私の心臓を摘出するのは、おそらく許されるだろう（念のため、私の家族の同意を得ておいたほうが良いかもしれない）。その結果、私の身体が死ぬことになったとしてさえ。そうしたところで、私の生存権は実際にはまったく侵害されないからだ。

たしかに、人格説を受け容れても道徳性にまつわる疑問は解決しない（解決しようとしたら、道徳哲学の長たらしい議論を始めなくてはならなくなってしまう）。だが、人格説を受け容れることで、この議論は目をみはるような展開を迎える。すなわち、「身体を殺すのは、それによって人格を持った人間を実際に殺したりしない限り許される」と主張することへの扉が開かれるのだ。


それでは、人格説ではなく身体説を受け容れたらどうなるのか？

身体説によれば、もちろん私はD段階でも依然として生きているという。だから、心臓を摘出すれば私の身体を殺し、それによって私を殺すことになるため、心臓を摘出するのは明らかに間違っていると思えるかもしれない。私の拍動する心臓を摘出するのは、私の生存権を侵害することであるはずで、したがってそれは道徳的に禁じられている、と。

だがここでさえも、事はそれほど単純ではない。

すでに見たとおり、生きているというのは、それほどたいしたことではない。大切なものを手に入れられるかどうかという観点に立てば、重要な問いは、私が生きているかどうかではなく、私は人格を持った人間かどうか、だ。そして、D段階では、私は依然として生きてはいるものの、もう人格を持った人間ではない。

それならばいわゆる「生存」権はいくぶん紛らわしい命名だと、最終的には思えるようになるかもしれない。ことによれば、私は殺されない権利を持っているのではなく、「非人格化されない」権利、つまり、自分の人格を消滅させられない権利を持っているのかもしれない。

それが本当の権利ならば、ここでも、私の人格がすでに消滅しているのなら、私の心臓を摘出することには、何ら受け容れられない点はないことになる。

たしかに通常のケースでは、誰かを殺せば現にその人の人格は消滅するから、殺すことは許し難い。だが、私は依然として生きているものの、もう人格を持った人間ではないという異常なケースでは、私を殺すことはけっきょく道徳的に正当化できるかもしれない。

これらはみな、重要で難しい疑問であることを理解してもらえていればと願っている。だが、ここではそれらにきちんと取り組むだけの紙数がない。そこで、いくつか考えうる答えの方向を指し示しただけで、こうしたさらなる疑問も棚上げすることにする。

「睡眠」と「死」は厳密には区別できない!?

すでに見たとおり、もし人格説を受け容れれば、死の瞬間はB機能をしているかどうかではなくP機能をしているかどうかで決めるべきであることになる。おおざっぱに言って、私は身体がP機能を果たしている間だけ生きている。もうP機能をしなくなれば、たとえ私の身体が依然として生きていたとしても、私はもう生きてはいない。私は死んでいる。

だが、この人格説の立場は、完全には正しいものであるとは言えない。それを理解するために、昨晩のことを考えてほしい。昨晩の午前三時二〇分に、みなさんはぐっすり寝ていたとしよう。それも、深く、夢も見ずに眠っていたとする。何も考えていなかったし、推論もしていなければ意思疎通もしていなかった。何かを思い出していたわけでもなく、計画を立てていたわけでもないし、創造力も発揮していなかった。つまりいかなるP機能も果たしていなかった。

ところが、身体がP機能を行なうのをやめたときには人は死んでいるという考え方を受け容れれば、みなさんは昨晩の午前三時二〇分に死んでいたと言うしかない（たとえそれが受け容れ難くても）！　実際みなさんは、夢を見ない眠りに夢を見る眠りが続く、さまざまなサイクルを間違いなく経たはずだから、死んでいたり生きていたり、また死んだりという、いわばオンとオフを一晩中繰り返していたと言わざるをえなくなる。

だが、どう見てもこれは正しいとは言えない。だから私たちは、死とは何かをもう少し念入りに定義しなくてはならない。身体がP機能を果たしていなければ人は死んでいる、と単純に決めつけるわけにはいかないのだ。

人格説の支持者が自然に行なえる提案としては、P機能の停止が一時的であるかぎり、P機能を果たしていなくてもかまわないというものが考えられる。ある人の身体が過去にずっとP機能を行なっており（したがって、その人はすでに人格を持った人間になっており）、なおかつ、将来、再びP機能を行なう場合には、その人は、たとえ身体が今この瞬間にP機能を果たしていなくても、依然として生きているというわけだ。

そう考えれば、夢を見ない眠りの件はうまく処理できる。みなさんは、たとえ午前三時二〇分にP機能を行なっていなかったとしても、その後、現にP機能を再開したのだから、夢を見ない眠りの間も生きていたと言うことができる。そして、それは正しい。だとすれば、この提案によれば、死にはP機能の欠如以上のものが必要だということになる。すなわち、P機能が永久に停止しなくてはならないのだ。

だがこの修正を加えても、まだ十分とは言えない。このままでは特定の例を依然として分類しそこない、私たちが直感的にまだ生きていると考える人を死んでいるとしたり、逆に直感的には死んでいると思える人を生きているとしたりしてしまう。

前者の例としては、夢を見ない眠りの例の修正版を考えると良い。ある人（フランクと呼ぼう）が昨晩、午前二時から午前二時半まで夢を見ない眠りの状態にあり、その後不幸にも、午前二時半に心臓麻痺を起こし、意識を取り戻すことなく、それどころかどんな種類のＰ機能も再開することさえなく、寝ている間に死んだとしよう。今検討している案に従えば、フランクは午前二時に死んだことになる。彼が最後にＰ機能を停止したのがその時刻だったからだ。とはいえ直感的には、それは間違っているように思える。フランクは、夢を見ない眠りの状態にあったものの、午前二時一五分にはまだ生きていた。彼は心臓麻痺を起こした二時半まで、死んではいなかった。だから、Ｐ機能が二度と再開しない形で停止したというだけでは、死の定義としては十分ではない。

それどころか、人が死ぬためには、Ｐ機能が二度と再開しない必要さえない。つまり、Ｐ機能が最終的に再開するという事実があるにもかかわらず、人が死にうるケースが少なくともいくつか想像できるのだ。

たとえば、最後の審判の日が来て、神が死者を甦《よみがえ》らせるとしよう。その場合、具体的にはその復活の後、みなさんの一人ひとりが亡くなる直前に持っていたのと完全に同じ人格を備えた人が（それも、それぞれただ一人だけ）現れることになる。

知ってのとおり、人格説によれば、復活したその人は、みなさんということになるわけだ。みなさんはまた生きている。甦ったことになる。そして、それは誰にも当てはまると想像してみよう。これまでに死んだ人全員が甦る、と。

ところが、先ほどの提案によれば、そう言うのは誤りになってしまう。私たちがどう思ったとしても、これらの人々はそもそも本当は死んでいなかったのだ！　なにしろ、以前は「死んでいた」人々が全員、復活した後は、P機能をしているわけだから。そして、それはもちろん、P機能がいったん停止しはした（何百年、何千年も停止していた場合もある）ものの、けっして永久には停止しなかったことを意味する。P機能は一時的に中断しただけであり、それは夢を見ない眠りにあるときのようなもので、ただ、それがずっと長く続いたにすぎない。だから、これらの人々は全員、ずっと生きていたのであり、けっして死ななかったわけだ。

現在の提案に従えば、そう言わざるをえないのだが、どうもこれは正しいようには思えない。最後の審判の日に、神は死者を復活させる。単に、深い「眠り」に落ちていた人を目覚めさせるのとは違う。だから現在の提案、死はP機能が（一時的ではなく）永久に停止するかどうかの問題であるという提案も、完全に正しいようには思えない。

生死の境はじつは曖昧

そこで新たな提案をしよう。このほうが、おそらく正しい説明に近いのではないか。

これは、人は寝ているとき、実際にP機能を実行していなくても、それでもP機能を果たせることに変わりはないという、重要な所見から出発する。

たとえば、みなさんは寝ているときには九九の計算をしていたりはしない。とはいえ、みなさんはそれでもなお、九九の計算はできる。なぜそんなことがわかるのか？　みなさんを起こしさえすれば良いからだ！　みなさんを起こして、

「3×3は？」

と問う。みなさんは眠りを破られたのでさんざん文句を言った後、こう答えるだろう。

「それは、9だ」

同様に、みなさんが外国語（仮にフランス語としよう）を知っていたら、寝ている間にはしゃべっていなくても、寝ながらフランス語をしゃべることは可能だし、しゃべることもありうる。そして、みなさんを起こし、これこれの動詞を活用変化させるように頼めば、それができるだろう。だとすれば、より一般的には、みなさんは眠っている間はたとえP機能を実行していなくても、その間でさえ、P機能を果たす能力を持っていると言うことができる。

能力はいつも発揮されるとは限らない。みなさんのP機能は今、発揮されている。みなさんは思考をしているからだ。だが、みなさんは考えていないときにも考える能力を失いはしない。

それならば、みなさんが生きているというのは、P機能を果たせるということだと人格説の支持者が言ったとしよう。そして、死んでいるというのは、P機能を果たせないということだ、と。

なぜみなさんはその機能を果たせないのか？　それはおそらく、P機能を果たす能力を支える脳の認知構造が壊れ、働かなくなったからだろう。みなさんが死んだら、脳は壊れてしまう。

みなさんはその場合、単に今P機能を果たしていないだけではなく、もうP機能を果たせなくなってしまったのだ。

このように説明すれば、さまざまなケースをうまく処理できそうだ。夢を見ない眠りでは、みなさんはたとえ積極的にP機能を実行していなくても、依然としてP機能を果たせるから、死んではいない。眠っている間に間もなく心臓麻痺で悲劇の死を遂げるフランクでさえ、心臓麻痺が起こるまでは死んではいない。夢を見ない眠りに落ちていた最後の三〇分間には、彼もP機能の実行が可能だからだ(まったくP機能を果たしてはいなかったが)。だからこの説明は、生きている人を死んでいると分類し間違うような不適切なことはしない。死んでいる人を生きていると分類し間違うこともない。もし神が最後の審判の日に死者を甦らせたら、未来のその時点で彼らは再びP機能を実行するだろう。だが、それにもかかわらず、すでに死んだ人は、今現在はP機能を果たせない。彼らの脳は壊れている。あるいは、もっと悲惨な状態にあるかもしれない。だから、神に甦らせてもらうまでは、私たちが思っていたとおり、死者は本当に死んでいるのだ。

昏睡状態の生死を見分ける　ケース① ただスイッチが切れているだけ

このように説明すれば、人を困惑させかねないさらに別のケースについて考えるときに役立つ手引きになるかもしれない。昏睡状態にあり、P機能をしていない人を想像してほしい。

その人の身体は(心臓はまだ拍動しているし、肺も相変わらず呼吸をしている、といった具合に)依然として生きているとしよう。だが、人格を持った人間は相変わらず生きているのか?　その人は能動的にP機能を果たしてはいない。だが、もうわかっているように、ここで肝心な疑問は、その人は依然としてP機能を果たせるか、だ。

それに答えるにはもちろん、根本的な身体的状況についてもっと知る必要がある。その状況は詳細にかかっている。

肝心な認知構造は依然として存在しているか？

それとも、壊れたり、消滅したりしてしまったか？

ここでまた、睡眠中に何が起こっているかについて少し考えてほしい。誰かが寝ているときには、その人を起こしてP機能を再起動させるためには何かをする必要がある。認知構造は依然として存在しているが、スイッチがオフになっている。人が昏睡状態、あるいは特定の種類の昏睡状態にあるときも、それに似ているのかもしれない。それならば、このケースは次のように考えるのが正しいと想定してほしい。

昏睡ケース①。P機能にとって重要な認知構造は相変わらず使用可能なものの、ただ、スイッチがオフの位置で動かなくなってしまった（あるいは、たとえを少し変えると、スイッチにロックがかかっていると言っても良いかもしれない）。だから、スイッチを通常のようにオンにできない。

昏睡状態の人を揺さぶって、

「起きなさい、ジミー」

と言っても、効き目はない。だが、そうだとしても、その人はまだ生きているというのが正しいのかもしれない。スイッチはオフのまま動かなくなっていたところで、オンに戻してやりさえすれば、その人が今なおP機能を果たしうる状態に根本的な脳の認知構造があるならば。

致命的に破壊されて二度と戻らない

それを次の昏睡ケース②と比較してほしい（医学的見地からこれが依然として「昏睡状態」に該当するかどうかはわからないが、ここではそれを気にする必要はない）。次のようなことが起こったところを想像しよう。

認知機能を支える重要な脳構造が衰えてしまった。だから今度は、単にスイッチがオフのまま動かなくなったというわけではない。肝心の、より高次のＰ機能を脳がもう果たすことができない。ダメージがあまりに深刻だったのだ。この場合、その人はもう生きてはいないと言うのが、おそらく正しいだろう。身体は依然として生きているが、人格を持った人間は死んでしまったのだ。

ようするに、Ｐ機能の喪失によって死が規定される人格説を受け容れれば、死にはＰ機能を果たす能力の喪失が必要であると言うのが最も妥当と思われる。Ｐ機能を果たす能力が保たれているかぎり、Ｐ機能の喪失そのものだけでは（Ｐ機能が停止したという事実だけでは、たとえそれが永久に停止した場合にでさえ）、死と呼ぶには不十分なのだ。

だが、人格説ではなく身体説を受け容れたとしたらどうだろう？　そのときには、死の瞬間は、Ｐ機能ではなくＢ機能に関して定義されるべきであるように見える。というわけで、少なくとも手始めに、私は自分の身体がＢ機能を果たしている間だけ生きていると言ってみよう。もうＢ機能を果たしていないのであれば、もう生きていない。私は死んだのだ。

この説明もやはりもっと厳密に見直す必要があるだろうか？　この場合にも、肝心な機能を実行する能力の喪失ではなく、その機能の喪失の観点から考えるのは、誤りなのだろうか？　身体説の支持者は、B機能を果たす能力の喪失の見地から死を定義するべきなのか？　あるいは、身体がB機能を停止したときに死が訪れると言えば、それで事足りるのか？

（いずれにしても、死はB機能が永久に停止することを必要とするとは、おそらく私たちは言いたくないだろう。なぜなら、もしそう言ってしまったら、次のような、受け容れ難いことを言わざるをえなくなりかねないからだ――もし、神が最後の審判の日に私たちの身体を本当に復活なさるのなら、「死者」は誰一人、本当は死んでいない、と。）

ここで何と言えば良いのかは、簡単にはわからない。一つには、身体がB機能を停止し、それでもB機能を果たす能力を保っているケースを考えるのが難しいからだ（身体説の支持者には、夢を見ない眠りにはっきりと相当するものがない）。もし身体がしばらくB機能を停止したら、急速な衰退が起こり、B機能を果たす能力もほどなく失われてしまう。

もちろん、B機能のどれか一つが停止しても他のB機能がすべて実行され続けるケースを考えるのは難しくはない。誰かが心臓麻痺を起こし、心臓がしばらく停止したが、電気ショックを与えられ、また動きだしたとしよう。心臓が停止していた間、その人は死んでいたのだろうか？　そんなふうに言うこともあるが、身体説の支持者がそう言ってしまって良いのかは怪しく思える。心停止の間、他のさまざまなB機能が維持されていたことを考えると、なおさらだ。望ましいのは、すべてのB機能が停止し、それでもなんとかB機能を果たす能力が損なわれていないケースだ。

では、こういうのはどうだろう？　誰かの身体を冷却して、さまざまな代謝のプロセスをすっかり停止させ、完全な活動停止状態に陥らせるところを想像してほしい。適切に温め直してやれば、その人は再び機能し始めるとしよう。

たしかに、まだそんなことはできない。少なくとも人間を対象にしては。だが、それが不可能だと断定するだけの明白な根拠もない。だから、いずれ人間に対してもそうする方法が見つかり、誰か（サイモンと呼ぼう）を捕まえてきて、この完全な活動停止状態に陥らせたと仮定しよう。彼は死んでいるのか？

正直に言えば、このケースについて考えると、何と言って良いかわからないし、身体説の支持者がどう言うべきなのかもはっきりしない。サイモンは死んでいると言いたい気分になるときもあるし、まだ生きていると言いたい気分のときもある（さらには、このケースを含めるためには、第三のカテゴリーが必要なのかもしれないという気がすることもある。ひょっとしたら、サイモンは死んでも生きてもおらず、どっちつかずの状態にあるのかもしれない）。私のこの混乱は、多くの人も感じていることだろう。

どちらにしても、二つの（主な）可能性について考えることにしよう。

サイモンは活動停止状態の間も依然として生きていると言いたいのなら、身体説の支持者はおそらく、死にはB機能を果たす能力の喪失が必要であるという死の定義に移行するべきだろう。何と言おうと、サイモンが活動停止状態にある間はどんなB機能も実行されていないというのが、このケースの条件なのだから。

というわけで、B機能が停止しさえすれば死んだことになるとしたら、サイモンは活動停止状態のときに死んでいると言わざるをえなくなってしまう（そして、温めて活動を再開させれば、死んでいる状態から生きている状態へ、彼を連れ戻すことになるわけだ）。

それとは対照的に、もしB機能を果たす能力の喪失として死を定義すれば、サイモンは活動停止状態にある間でさえ生きたままでいると言える。なにしろ、(B機能を支えるのに必要とされる)脳をはじめとする肝心の身体組織は、サイモンが活動停止状態にある間も無傷で、いつでも使用可能なのだから。活動停止状態は昏睡ケース①と同様であると、はっきり感じられる。切り替えスイッチがオフになったまま動かなくなってしまった(文字どおり凍りついてしまった!)のだ。それならば、サイモンの身体の活動を再開させても、彼を生きている状態に連れ戻すことにはならない。そもそも彼は、けっして死んではいなかったからだ。それは、B機能(とP機能)の再開を可能にしただけにすぎなくなる。

一方、活動停止状態にあるサイモンは死んでいると言いたければ、身体説の支持者は、B機能の停止だけで十分、死を意味しうるという死の定義を堅持するべきだ。この見方を採れば、サイモンの身体が原理上はB機能を依然として果たせることは、どうでも良くなる。彼の身体はB機能を果たしていない、だから彼は死んでいる、と言えるわけだ。

冷凍睡眠でさらに生命の輪郭は曖昧に

ちなみに、活動停止状態のケースは、人格説の支持者の観点に立ったときにも難問となりかねないことに注意してほしい。

人格説の支持者は、P機能を果たす能力の喪失として死を定義するべきだという私の主張が正しいのなら、サイモンは活動停止状態の間も生きていると言わざるをえなくなるようだ。先ほど指摘したとおり、活動停止状態にある間でさえ、サイモンの身体は、P機能を含むさまざまな機能を実行する能力を保つと感じられるからだ。

だが、人格説の支持者が、サイモンは活動停止状態の間、死んでいると言いたかったらどうなるのか？

人格説の支持者は、生きているためには現にP機能を実行している必要があるとは主張できない（もしそう言ってしまったら、人は夢を見ない眠りの間、死んでいることになってしまう）ので、サイモンは活動停止状態にある間、もうP機能を果たす肝心の能力さえ持たないと主張する必要がおそらくあるだろう。彼は活動を再開させればその能力を回復するかもしれないが、活動停止状態の間は、その能力を欠いている。

この立場をはっきりさせるためには、まだしなければならないことがあるのは明らかだ。能力についての異なる概念を区別し、たとえば昏睡状態にある人が肝心な種類の能力を依然として持っていながら、活動停止状態にある人にはその能力がない理由を説明する必要がある。

適切な区別を提供し、それを擁護するのは可能であるように私には思えるが、ここではこの問題をこれ以上詳しく調べるのはやめておこう。

死とは何か――シェリー先生の哲学的回答

いずれにしても、活動停止状態のケースをどう分類するのが最善かという疑問を別とすれば、いったん物理主義者になった場合には、死には格別深遠なところも謎めいたところもないように見える。

健全な人間の身体は、さまざまな形で機能できる。低次の適切なB機能が実行されている（あるいは、実行されうる、と言ったほうが良いかもしれない）限り、身体は生きている。もちろん、万事順調なら、身体はもっと高次の認知機能であるP機能も果たせる。そして、それはつまり人格を持つ生きた人間であるということだ。

ところが悲しいかな、いずれ身体は壊れ始める。P機能を実行する能力を失う。その時点で、人格を持つ生きた人間ではなくなる。最後に（それはその時点かもしれないし、さらに後かもしれない）、身体はさらに壊れていき、B機能を行なう能力も失う。そして、それが身体の死だ。

当然ながら、科学の観点から解明するべき詳細はたくさんあるかもしれない。だが、哲学の観点に立つと、ここでは何一つ謎めいたことは起こっていない。身体が作動し、それから壊れる。死とは、ただそれだけのことなのだ。

当事者意識と孤独感――死を巡る2つの主張

主張①「誰もがみな、〝自分が死ぬ〟ことを本気で信じてはいない」

私の身体はいずれ壊れる――これまで無数の身体が壊れてきたように。そして私は死ぬ。実際、人は誰もがやがて死ぬというのは常識だと思う。私たちはみな、それを承知している。あるいはそう見える。

ところが、その考え、つまり誰もがやがて死ぬことを私たちはみな知っているという考えが否定されることもある。それどころか、どういうわけか何らかのレベルでは、誰も自分がやがて死ぬなどとは本気で信じていないと言う人もこれまでにいた。これはなんとも驚くべき主張ではないか。そう信じるような真っ当な根拠があるのだろうか?

本書では、「人格を持った人間の死（人格説）」と「身体の死（身体説）」とをすでに区別した以上、むろん、この驚くべき主張についても可能な二通りの解釈を区別する必要がある。ここでは厳密には何が主張されているのか？　人格を持った人間としていずれ存在しなくなると、本当に信じている人は誰もいないということなのか？　それとも、自分の身体がやがて死ぬと、本当に信じている人は誰もいないということなのか？　この両方の可能性を考えてみることにしよう（人は一般に、これら二つのより具体的な主張を区別しそびれることは間違いないので、厳密には何を主張しているつもりなのかは、およそ明白とは言えないのだ）。

根拠①「死んでいる自分」を想像できないから

人格を持った人間として、つまり意識があって思考をする人間としての自分がやがて存在しなくなるとは誰も信じていないという説は、次のように展開されるのが最も一般的だ。

まず、死んでいるところを思い描くのは不可能だと主張するところから始まる。つまり、私には私が死んでいるところを思い描くのが不可能で、みなさんにとってもみなさん自身が死んでいるところを思い描くのは不可能だというのだ。だが、もし死んでいるところを思い描けないのだとしたら、本当にそれを想像することはできない。たとえば私は、死んで存在しないところを想像できない。だから、自分がいつか存在しなくなると本当に信じることはできないと、この説は結論する。

この説は、「自分が思い描いたり想像したりできないような可能性は信じられない」という前提に立っているのは明らかだろう。だから、まず指摘しよう。この仮定には異議を申し立てうる。それどころか、何かを信じるには、それを頭の中で思い描けなくてはならないとする説は、おそらく信じるべきではないと思う。この説は、信念を抱くのには何が必要かについて、考え違いをしているのではないか。

だが、話を進めるためというただそれだけの理由から、いちおうこの前提を認めるとしよう。何かを信じるためには、それを思い描くことができなくてはいけないと仮定しよう。

すると、次はどうなるか？　ここから、私は自分がやがて死ぬとは信じられない、人格を持つ人間として存在しなくなるとは信じられないという結論にどうすればたどり着くのか？

この説にはもう一つ前提がある。それはむろん、私は自分が死んでいるところを思い描いたり想像したりできないというものだ。

ここでいくつか区別しておくことが重要になる。私は病気になったところを間違いなく思い描ける。死の床に就き、癌で死にかけており、どんどん衰弱していく。自分が死ぬ瞬間さえ思い描けそうだ。家族や友人にはもう別れを告げた。すべてが薄暗くなり、ぼんやりしてくる。意識を集中するのがしだいに難しくなる。そして、それから――その後、「それ以上」何もなくなる。私は死んだ。というわけで、私には自分が死ぬところが思い描けるらしい。

だが、これは的外れだ。信じることに関する説は、病気になったところや死ぬところを思い描けないとは言っていないからだ。自分が死んでいるところを思い描けないというのが肝心の主張のはずだ。まあ、やってみてほしい。死んでいるところを思い描こうとしてもらいたい。死んでいるとは、どのようなことなのか？

本人の立場から、死んでいるとはどういうことなのか想像するという目標を設定したとしよう。みなさんは意識ある人生のうち、死んだらなくなるのがわかっている部分をあれこれ削ぎ落とすところから始めるかもしれない。何も聞こえない、何も見えない、何も考えない、などという具合に。

それから、考えないとか、感じないとか、聞こえないとか、見えないとかいうのがどのようなことなのか、想像しようとするかもしれない。すると、うまくいかない。だからお手上げになって言う。「ああ、死んでいるとはどういうことなのかは、どうやらわからないらしい。想像できません。謎です」

根拠①に対するシェリー先生の考え

だが、この問題をそんなふうに考えるのは完全にお門違いだ。そこには謎など一つもない。

自分の携帯電話であるというのはどのようなことなのかと自問したとしよう。答えはもちろん、どのようでもない、だ。ただし、この答えを誤解してもらっては困る。携帯電話であるというのはこのようであるということが何かあるものの、それが他のあらゆるものと違うというのではない。他のどんな経験とも違い、そのため言い表しようのない何か特別のタイプの経験があって、それを携帯電話が経験しているというわけではまったくない。携帯電話には経験などないということだ。言い表すべきことも想像するべきこともありはしない。単に、携帯電話であるというのは、このようであるということが、いわばその内部には、何もないのだ。

私がボールペンであるとはどのようなことかと自問したとしよう。まず、とても硬くなったところを想像しようとするかもしれない。ボールペンになったら柔軟ではないからだ。動くこともできない。そして、どうしようもなく退屈なところを想像するかもしれない。ボールペンになったら、何も考えられないし、何の興味も持てないからだ。私はそうしたことを全部想像してみようとするかもしれない。だがそれは、ボールペンであるというのはどのようなことかを考える方法としては、完全に間違っている。ありていに言えば、ボールペンであるというのはこのようであるということが、まったくないからだ。言い表すべきことも、想像するべきことも何もない。ボールペンであるというのがどのようなことなのかについては、謎は一つもない。携帯電話であるというのがどのようなことなのかについて、謎が一つもないのと同様だ。

だからそれと同じで、死んでいるというのがどのようなことかに関しても謎などないと私は言いたい。どのようでもないのだ。そしてこの場合にも、この主張を誤解しないことが重要になる。死んでいるというのは何かのようである、ただし、それは他のあらゆるものと違うだけの話だ、などと私は言うつもりはない。そうではなくて、死については、言い表すべきことが何もないのだ。人が死んだら、想像するべきことは何一つその人の内部では起こっていない。

では、想像することが何もないのなら、当然、想像などできるはずがないと言えるのか？　たとえ話を進めるためにだけであっても、思い描いたり想像したりできないものは信じられないと仮定しているのだから、人は自分がいつか死ぬことを本当には信じられないと結論するべきなのか？違う。断じてそう結論するべきではない。議論がどこかで道を誤ったに違いないことを見て取るために、夢を見ない眠りについて考えてほしい。夢を見ない眠りの間は、本人は何も経験したり想像したりしていない。夢を見ない眠りの状態のようなことは何もない。だから、内部からそれを思い描くことはできない。同様に、気絶して完全に意識不明になっている（何の認知作用も起こっていない）のがどういうことかを思い描いたり想像したりするのも、もちろん不可能だ。内部から思い描いたり想像したりすることは何もない。

それならば、それを踏まえて、夢を見ない眠りを経験したことがあると本当に信じている人は一人もいないと結論するべきなのか？　これまで気絶したことがあると信じている人は誰もいないと結論するべきなのか？

　これはどう見ても馬鹿げた結論だろう。みなさんは、夢を見ない眠りにときどき陥るともちろん信じている。気を失いがちの人は、ときどき自分が気絶することにもちろん気づいている。そんなことはないと主張するのは道理に反する。

　だとすれば同様に、死んでいるとはどういうことなのかを内部から思い描けないというだけでは、自分がいずれ死ぬと信じている人は誰もいないという結論も導けない。

「自分が死んでいるところ」は本当に想像できないか

　だが、私は（話を進めるためにだけであっても）、何かを信じるにはそれを思い描ける必要があるという仮定を認めるところから始めたのではなかったか？　そして、つい先ほど、

「ほら、死んでいるところは思い描けないでしょう」

と言ったのではないか？　たしかに、そうだ。それでもやはり、人は死んでいるところを思い描くことができると私は主張したい。ただし、内部から思い描けないというだけのことだ。だが、それは問題ではない。外部からは依然として死んでいるところを思い描けるからだ。

　夢を見ない眠りについて、もう一度考えてほしい。私は自分が夢を見ない眠りに落ちているところをいともたやすく思い描ける。それどころか、今まさにそうしている。私の身体がベッドに横たわり、夢を見ないで眠っているところが、頭に小さく浮かんでいる。同様に、気絶したところも、

楽々思い描ける。私の身体が意識不明で地面に横たわっているところを思い描きさえすれば良い。そしてもちろん、同じようにして、自分が死んでいるところを思い描くのもわけはない。私の遺骸が棺《ひつぎ》に納まり、身体の中ではどんな種類の機能も実行されていないところを、頭に小さく思い浮かべれば良い。ほら、できた。じつに簡単だ。

だから、信じるには思い描くことが必要だというのがたとえ本当だったとしても、そして、死んでいるところを内部から思い描けないというのがたとえ本当だったとしても、自分がいずれ死ぬのが信じられないということにはならない。外部から思い描きさえすれば良いのだ。したがって私は、もちろん人は自分がいずれ死ぬと信じられるし、そう信じていると結論する。

だがこの時点で、たった今述べた主張へのありふれた反応が出てくる。次のように反論する人がいるかもしれない。

「自分が死んでいるところを外部から思い描こうとしたとしましょう。人格を持った人間として自分が存在しない世界を思い描こうとします。私はもう意識がない、何も経験しない、と。たとえば自分の葬式を思い描くことはできます。とはいえ、実際にやろうとすると、自分はその葬式を観察しているのではありませんか。私は葬式を眺め、目にしています。つまり、私は考えています。だから私はけっきょく、自分がもう存在しなくなった世界を本当は想像していなかったのです。自分が考えることも観察することもできない世界を。

私は自分を葬式の観察者としてこっそり連れ戻しました。実際、自分が死んでいるところを思い描こうとするたびに、自分をこっそり連れ戻し、意識ある人間として、つまりまったく死んでいない状態で存在させるのです。自分の身体が死んでいるのを想像することには成功するかもしれませんが、自分、つまり人格を持った人間が死んだところは、けっして本当に想像していません。したがって、信じるには思い描くことが必要であるという前提を踏まえれば、私は自分がいつか死ぬとは、本当には信じていないということになります。死を想像できないからです」

この種の主張には、さまざまな場所で出くわす。一つだけ紹介しよう。ジグムント・フロイトの文章だ。ある箇所でフロイトは、次のように述べている。

けっきょく、自分自身の死は想像しようがなく、想像しようとするたびに、自分が傍観者として本当は生き延びていることが見て取れる。したがって、精神分析の学派では、あえて断言できるだろう。心の奥底では誰一人自分が死ぬとは信じていない、と。あるいは、同じことなのだが、無意識の中で、私たちの誰もが自分は不滅だと確信している、と（注1）。

というわけでフロイトは基本的に、私がみなさんに概説したばかりの主張を述べている。あいにく、これはひどい主張だと思う。ぜひとも、みなさんがそれに説き伏せられたりしないようにと願っている。

フロイトの考える「死」に対するシェリー先生の反論

それがお粗末な主張であるのを見て取るために、死の問題ほど異論のなさそうな例を考えてみよう。みなさんがあるクラブのメンバーで、今日の午後、ミーティングがあるのだが出席できないとする。みなさんが欠席しても、そのミーティングは行なわれると信じているかどうか、自問してほしい。一見、そう信じているのは明らかなようだが、ここで想像してもらいたい。

誰かがフロイト流の主張を行ない、じつのところ、みなさんは本当はそう信じていないことを示そうとする。その人は、こう言う。

「そのミーティングを想像してください。あなたが欠席することになるミーティングです。部屋を頭に思い浮かべてもらえれば良いかもしれません。たとえばテーブルの周りに人々が座って、クラブの活動について話し合っているところを。

ですが、ちょっと待ってください。あなたはこの光景をみんな心の目で見ています。自分を傍観者として、こっそりその場に潜り込ませたのです（もしあなたが私と似ていたなら、おそらくハエのような視点に立ち、隅のほう、あるいは壁から見下ろす形で部屋を思い描いているでしょう）。

けれどそれでは、あなたがその部屋にいないまま行なわれているミーティングを本当に思い描いたことにはなりません。そしてこれはけっきょく、そのミーティングが自分抜きで行なわれると本当には信じていないことを意味するのです」

この主張はどこか間違っているに違いない。みなさんもきっとそう思うだろう。私たちが出席しなくても、日頃からさまざまなミーティングが行なわれていると、誰もが信じているのは明らかだ。同様に、自分が不在の世界を思い浮かべるときに、たとえ（何らかの意味で）自分自身をこっそりその場に連れ戻したとしても、その世界が存在する可能性を私は信じることができる。

では先ほどの主張は、厳密にはどこが間違っているのか？　その答えを理解したければ、じつは二つ心に留めておくべき点があると思う。

まず、一点目。ある写真を見ているときに、自分が現にその写真を見て・い・る・という否定しがたい事実と、自分自身がその写真の中に写っている要素の一つかどうかという、まったく別のさらなる疑問とを区別する必要があるということだ。そして二点目は、写真は常に（あるいは、少なくとも普通は）特定の視点、特定の位置からある場面を写しているという事実だ。

誰もいない浜辺の写真を私が手に取ったとしよう。その写真にはもちろん私も写っていない。たしかにその写真を（実際にであろうが、心の目によってであろうが）見ている間、私自身は存在しなくてはならない！　自分が存在しないで写真を見たり想像したりすることなど、とうていできない。だが、写真を見たり想像したりするには、私は写真の中のものの一つである必要はない。

ところが、先ほどのフロイトの主張は、自分の存在しないところ（浜辺、ミーティング、あるいは世界）を思い描こうとするとき、「私は今この瞬間に存在して、その光景を観察・想像していなければならない」という否定しようのない事実を、「私自身がその光景の中に見えているものの一つである、それは私の写った写真である」という完全に異なる結論へと進ませるのだ。

だが、その結論どおりである必要はまったくない。私は自分がその場に居合わせなくても、私抜きでミーティングが行なわれている様子を楽々と思い描ける。そしてもちろん、私の死後の、私抜きの世界を思い描くことについても、同じことが言える。

では、心に留めておくべき点の二点目はどうだろうか。

浜辺（あるいはミーティング、みなさんのいない世界）の写真は、空間の特定の位置から見たその場面を示すことになる。その位置は、浜辺の手前（あるいは壁、あるいは葬儀の場の後方）かもしれない。だから、誰であれその場面を目にしている人は、空間のその特定の位置からそれを目にしているに違いないと思い込みやすい。そして、その場面を目にしているのは私なのだから、それが浜辺であれ、ミーティングの部屋であれ、ほかならぬその位置に自分がいて眺めているに違いないと考えるのも簡単だ――あるいは、この世界を眺めているのであれば、まさにその世界のその位置にいて眺めているに違いなく、まったく死んではいないのだ、と。

だが、それはやはり思い違いだ。繰り返しになるが、自分のいない世界を外部から想像するのはわけもない。だから、信じるためには想像したり思い描いたりする必要が本当にあったとしても、私たちの誰もが、死んでいるところを簡単に想像できることに変わりないのだ。

ここまでで、「意識ある、思考する人間としていつか存在しなくなると信じている人は誰もいない」という解釈を支持する説のうち、世間で最も広く信じられているものは成り立たないことがわかった。

だが、もう一方の解釈――自分の身体がいつか死ぬと信じている人は誰もいないという解釈――はどうだろうか。この第二の解釈をすれば、もともとの主張を信じるのに、もっとふさわしい理由が見つかるだろうか?

根拠②「自分の身体がいつか死ぬ」とは本当は信じていないから

手始めに、このような主張がどれほど奇妙なものかを指摘しよう。

人は自分の身体がいずれ死ぬと、間違いなく信じているように思える。なにしろ、自分の不滅の魂がいつの日か天国に昇り、意識ある、思考する人間として永遠に存在し続けると仮に信じていたとしても、自分の身体は最終的に死ぬという否定しようのない事実と思えるものを、依然として認めうるのだから。私たちはみな自分の身体が最終的には機能しなくなると、たしかに認めている。たとえば、自分の身体は死体となり、埋葬されたり火葬されたりすることが必要になる、と。

実際、人は自分の身体が死ぬと本当に信じていなかったとしたら不可解としか言いようのない、ありとあらゆる行動をとる。

たとえば、私たちは生命保険に入る。なぜか？　おそらくそれは、自分が特定の期間内に死ぬ（より正確には、自分の身体が死ぬ）可能性が十分あると（いみじくも！）信じていて、残された家族が暮らしていけるようにしたいと願っているからだろう。もし自分がやがて死ぬ（つまり、身体の死を経験する）と本気で信じていなかったら、なぜ生命保険になど入るだろう？

同じように、人は遺言状を書き、死んだ後、資産をどうするべきかを説明しておく。自分がいずれ死ぬと本当に信じていなければ、なぜわざわざ遺言状など書くだろうか？　遺言状を書いたり、保険に入ったりする人は大勢いるのだから、多くの人、おそらくほとんどの人は自分がいずれ死ぬことを承知しているというのが自然であるように思える。

一方で、人は自分の身体が死ぬと本当に信じているとはまったく思えない場合もある。人は病気になると、それも不治の病になると、驚くことが多いものだ。

文学の世界で有名な例は、トルストイの中篇小説『イワン・イリイチの死』（『イワン・イリイチの死／クロイツェル・ソナタ』所収、望月哲男訳、光文社古典新訳文庫、二〇一六年、他）に見られる。

この小説では、主人公のイワン・イリイチは転落して身体を痛める。具合は良くならない。しだいに痛みが増し、ついに彼は命を落とす。なんとも意外なのだが、イリイチは自分が死を免れないことを知って衝撃を受ける。そしてもちろん、トルストイが私たちに納得させようとしているのは、私たちのほとんどがじつはイリイチの立場にあるということで、トルストイはこの例を通してそう主張しようとしている。私たちは、いずれ死ぬと口では言うものの、何らかのレベルでは、本気でそう信じてはいない、と。

誤解のないように強調しておきたいのだが、ここで取り上げている信念（あるいは信念の欠如）は、身体の死にまつわるものだ。イリイチは自分の身体が死を免れないことに気づいて面食らった。私たちの知る限りでは、イリイチは依然として魂の存在を信じているし、自分が天国へ行くと相変わらず信じてもいる。彼は、人格を持った人間としての自分が死ぬという見込みに、はっとしたわけではない。それどころか、彼は人格を持った人間としての自分がいずれ死ぬとは信じていないかもしれない。彼が驚いたのは、自分の身体がいずれ死ぬべき運命にあることだった。自分が死を免れないと悟って驚くという、トルストイが描き出した人間像にはじつに真実味があり、説得力がある。

そうだとしても私は、イワン・イリイチが遺言状を残しただろうと思う。そして、イリイチは生命保険にも入っていたのではないか。というわけで私たちは、不可思議な状況に直面したわけだ。

イリイチの行動の一部からは、けっきょく自分は死を免れないと本当に信じていることがうかがわれる。いつの日か自分が死ぬと百も承知していることが。

それにもかかわらず、彼は現に具合が悪くなって、やがて死ぬという運命に向き合わざるをえなくなったとき、驚き、打ちのめされるのだから、自分がいずれ死ぬとは少しも本気で信じていなか

った と告白したときに、彼は本心を語っていたことが強く示唆される。

これはいったいどうしたことか？　ここには一種の謎がある。このようなケースが実際にはどれほど広く見られるかという疑問に移る前に、そもそもこうしたケースはいったいどうなっているのかを理解することさえ、どうしたら可能なのかと頭を抱えてしまう。

「自分が死を免れない」と信じていると同時に信じていないなどということが、どうしてありうるのか？

「自分はいずれ死ぬ」という理解と「今から死ぬ」という実感は別物？

ひょっとしたら、人が意識して信じていることと、無意識に信じていることを区別する必要があるのかもしれない。イワン・イリイチは意識のレベルでは自分が死を免れないと信じているが、無意識のレベルでは自分が不滅だと信じているのかもしれない。あるいは、彼が口先だけで言っていることと、本当に心の底から信じていることを区別する必要があるのかもしれない。イリイチは、自分は死を免れないという主張を信じていると口先だけで言っている可能性がある。だとすれば、

「あなたは死を免れないですか？」

と尋ねられたなら、

「ええ、もちろん、そうです」

と答えただろう。そして、その言葉にたがわず、生命保険に入るだろう。だが彼は、自分が死を免れないと、完全に心から信じているだろうか？　ことによると、信じていないかもしれない。いずれにしても、イリイチという人物を理解したければ、そのような何かしらの区別をつける必要が

間違いなくある。

さて私は、イワン・イリイチのような例は誰もが文句なしに信じられると思う。つまり、人は何らかのレベルで、自分はいずれ死ぬと本当に信じないでいることがありうると、私たちは考えているわけだ。

だがトルストイには、単にそのような人が存在しうる（「ご覧なさい。彼はなんと奇妙なことか。彼について、みなさんに説明させてほしい」）と主張する以上の意図があったとも、私は思っている。むしろ、イリイチのケースは典型的なものにすぎないと彼は言いたかったのだ。私たち全員、あるいは大半——どれほど控えめに言っても、多く——の人が、イリイチと同じ状況にあるのかもしれない。

この点で多くの人がイリイチと似ていることに同意する理由が私たちにありさえすれば、彼のケースは興味深い風変わりな例以上のものになる。

そうした主張をするためには、次のような証拠が必要になるだろう。

私たちの多くがとる、何らかの行動があったとしよう。そして、その行動をどうしても説明しなければならないとしよう。そして最後に、その行動を適切に説明するには、自分が通常は信じていると主張している事柄を、何らかの根本的なレベルで本当は信じていないことを認めるしかないとする。もし、そのすべてが正しければ、私たちは「信じていると言っていることを本当には信じていない」と認めるだけの、十分な根拠が得られるだろう。信じているというのは口先だけの話、というわけだ。

この種の主張が実際になされている様子を見るために、何度となく手を洗わずにはいられない強迫性障害の人を例に取ろう。

「手が汚れていますか？」

と訊けば、その人は、

「いいえ、もちろん汚れていません」

と答えるかもしれない。それなのに、そう答えるそばからバスルームに戻って、また手を洗う。この行動を説明するにはおそらく、その人は手は汚れていないと口では言いながら、自分の手が汚れていると何らかのレベルで本当に信じていると言うしかない。

このような例が、私たち自身の行動にも見つけられれば良い。説明が必要であり、しかも、自分がいずれ死ぬとは何らかのレベルで本当に信じていないというのが最善の説明であるような行動を見つけられれば、私たちは、

「自分はいずれ死ぬと信じている」

と口では言うのにもかかわらず、本当に死ぬとは信じていないと考える理由が得られる。

たとえば、みなさんが「自分は死ぬ」という事実を真剣に受け止めたなら、その恐怖に悲鳴を上げ始め、ひたすら絶叫し続けるとしよう（具合が悪くなったイリイチは、ある時点で叫び始め、それ以後、死が迫るまで絶叫を繰り返す）。もし自分が死ぬべき運命にあると本気で信じているときにだけ悲鳴を上げるのをやめられなくなるとしたら、けっきょく私たちは自分が死ぬべき運命にあるとは本当には信じていないことになる。なぜなら、当然ながら、私たちのほとんどは実際にはひっきりなしに悲鳴を上げたりはしないからだ。これは、私たちが「自分は死ぬ」と真の意味では信じていないという妥当な論拠となるだろう——だが当然それは、自分が必ず死ぬと心から信じてい

る人は誰もが絶えず悲鳴を上げ続けるというのが本当に真実だったとしたらの話にすぎない。そして、そんなことを信じる真っ当な理由などないことは明白そのものだ。

根拠②に対するシェリー先生の考え

だが、「私たちは自分がやがて死ぬとは本当は信じていない」という主張を支持する行動は他にも考えうる。そのなかで、私が最も妥当と考えている見方を紹介しよう。

知ってのとおり、死の瀬戸際まで行く人がいる。たとえば、事故に遭い、命を落とす寸前まで行きながら無傷で生還することもあれば、心臓麻痺を起こし、手術台にしばらく横たわっていた後、心臓手術か何かで蘇生することもある。

さて、人はこのようにかろうじて死を免れたときには、自分がいずれ死ぬべき運命にあるという事実をより鮮烈に感じるというのは、容易に信じられる話だ。その運命が心の目の前で存在感を増す。今や彼らはその運命を、本当に心の底から信じている。

そして、ここが面白いのだが、人はこの種の経験をすると、しばしばこう言う。

「生き方を変えなければ。会社にいる時間を減らして、家族ともっと多くの時間を過ごす必要がある。自分にとって大切なことをして、出世したり金儲けをしたりすることに頭を悩ます時間を減らさなくてはいけない。自分が大切に思っている人々に、その思いを伝えなくては」

私たちは自分の時間の大部分を、最も重要だと本当に思っていることに費やしてはいないのだ。友人や家族に、彼らが自分にとってどれほど大きな存在か、彼らのことをどれほど大切に思っているかを日頃から告げてはいない。

この事実をどう解釈すれば良いのか？　こう考えたら良いのかもしれない。

たしかに、死の瀬戸際まで行った人は、がらっと行動を変えることがよくあるようだ。一方で、普通私たちは、死の瀬戸際まで行った人のようには振る舞わないという事実からは、自分がいずれ死ぬとは、根本的には信じていないかもしれないと考えるに足る理由がいくぶんかは得られる。ひょっとすると、自分は死を免れないという主張に口先では同意しても、心からそう信じてはいないと考えれば、説明がつくのかもしれない。私たちは「心底」は信じていないのだ。

この主張には、少なくとも、正しい可能性があると思う。私はそれが正しいと納得しているわけではは断じてない。だがそれは、少なくとも、見込みのないもののようには見えない。真剣に受け止める価値のある主張だ。

主張②「死ぬときは、けっきょく独り」

今度は、ときおり死についてなされる別の主張に目を向けることにする。それは、「誰もが独りで死ぬ」という主張だ。つまり、私たちはいっしょに食事をしたり、休暇を取ったり、音楽を聴いたりできるとはいえ、死は誰もが自分独りでやらなければならない、死ぬときはみな独り、という主張だ。もしそれが正しければ、死の本質について、深い見識を提供しているように見える。

とはいえ私の見る限りでは、これは完全に間違っている。それどころか、この主張は検討に値するのかどうか、怪しく思えるほどだ。実際、数年前には大学の講義でも論じるのをやめようとした。死ぬときはみな独りだとは、誰も本気で思っていないと私は判断したからだ。

だが、なんとまさに講義内容を変えようとしたその日の午後、ほかならぬこの見方を言い表しているように見える引用に出くわしたのだった！　それから、一日か二日して、娘が同じような引用を見せてくれた。いったん探し始めると、この考え方がありとあらゆる場所で表明されているのが見つかった。だとすれば、けっきょくかなり一般的な考え方であり、やはり検討する価値があるわけだ。

ここで、引用を二つ紹介しよう。最初は、フォークシンガーのラウドン・ウェインライトⅢの「地球最後の男（Last Man on Earth）」という歌からの引用だ。

「私たちはいっしょに暮らすことを学び、それから独りで死ぬ（注2）」

私たちは独りで死ぬ。これが興味深い主張であることは否定のしようがない。死の本質について、何か重要なことを語っているように見える。

もう一つの引用に進もう。これはクリストファー・パオリーニが書いた児童書『エルデスト』からのものだ。

「『なんてひどいんだ』とエラゴンは言った。『自分に最も近しい人からさえ離れて独りで死ぬなんて』」

では、エラゴンにはどんな答えが与えられたか？

「誰もが独りで死ぬのだよ、エラゴン。たとえ、おまえが戦場に臨んだ王であっても、家族に囲まれて床《とこ》に臥《ふ》せっている身分の低い農民であっても、無の世界へは、誰もいっしょに行くことはできない（注3）」

死ぬときは誰もが独りなのだ。

引用は二つしか紹介しなかったが、むろん、他にも挙げられる。というわけで、これから問うのは、この主張、すなわち誰もが独りで死ぬという主張が、現に正しいことが判明するような解釈を見つけられるか、だ。

「独りで死ぬ」ならば、それは必然か、偶然か

この主張に関しては、ただ「正しい」ことが判明するだけでは納得するには不十分だ。何かの奇妙な巡り合わせから、人はいつも月曜日に死ぬと仮定しよう。他の曜日に死ねない理由はないのだが、ただ、たまたま死なないだけの話だ。もし、そんなことがあれば、たしかにそれなりに興味深い事実だろう。だが、人は火曜日に死んだとしても少しもおかしくはないのに、ただ巡り合わせで誰もが月曜日に死んでいるとなれば、そこからは、死の本質について何一つ深遠なことはわからない。

私たちが探し求めているのはきっと、死に関する必然的真理なのだろう。だとすれば、誰もが独りで死ぬというのがたまたま正しいだけでは、やはり十分ではない。

つまるところ、誰もが死の瞬間に誰もそばにおらず、部屋で独りで死ぬというのがたまたま正しいだけなら、たしかに多少興味深いだろうし、なぜそうなるのか不思議に思うかもしれない。だが、それは死の本質についての深い見識とは言えない。ただ、誰もが死ぬということを、少しばかりもったいぶって述べているにすぎないことになり、それは死の本質について深い見識を提供するふり

をしているだけにすぎない。

だから、その主張が正しいだけでは不十分で、それは必然的真理である必要がある。

「けっきょく独り」なのは、死ぬときだけか

さらに、「誰もが独りで死ぬ」と言うとき、これは死ならではのことを私たちに語っていなくてはいけない。誰もが何でも独りでするなどということがあってはまずい――「独りで」という語の肝心な意味合いが何であると判明したとしても。

なぜなら、もし誰もが何でも独りでするのであれば――たとえば誰もが昼食も独りで（「独りで」という語の肝心の意味合いで）とるのだとすれば、死については特別興味深いことは何も言っていないことになる。死についてなされる主張は完全に死ならではのものでなくてはならないと言い張るのは、高望みかもしれない（私たちが独りでやることは他にもあるかもしれない）が、ほとんど何にでも当てはまるようでは良くない。

こうした条件をすべて詳しく説明してきたのは、人は自らを欺《あざむ》くと思うからだ。誰もが独りで死ぬと主張するとき、人は死について何か深いこと、深遠なこと――そして、真理！――を述べていると思いたがるものだ。

だが、私にはその逆に思えてならない。そこには深遠な真理などまったくないのではないか。それどころか、この主張をする人の大半は、自分の主張が厳密には何を意味するかをしっかり考えたことさえないのではないか。実際に回答を迫り、問い詰めると、真実でもなければ必要でもなく、興味深くもなく、死についてだけ当てはまるわけでもない答えが返ってくるものだ。

さて、この主張は以下のように解釈することもできるだろう。これは私が思いつくうちでも、最も自然で、すっきりした、文字どおりの、断固たる解釈だ。誰かが何かを独りでやるというのは、他の人がいない状況でやることを意味する。独り暮らしの人が眠りに落ちるところを考えてほしい。ベッドルームに他に誰もいなければ、その人は独りで眠っていることになる。

だとすれば、最も素直な解釈では、「誰もが独りで死ぬ」というのは、私たち全員は「他の誰もいない所で死ぬ」というのに等しい。

だが、もちろんそれは正しくない。人は他の人がいる所で死ぬこともあるのは、誰もがよく承知している。たとえばソクラテスは友人や弟子たちの傍らでヘムロック（訳注：ドクニンジンから作った毒薬）を飲んで死んだ。だから彼は独りでは死ななかった。そして当然、知ってのとおり、友人や家族、愛する人々の見守る中で死んだ人のケースは他にいくらでもある。だから、私たちはみな独りで死ぬと言うのは、この主張の最初の解釈に基づけば、断じて正しくない。この主張がそういう意味であれば、ただの間違いだ。それならば、この主張の解釈として、もう少しましなものを他に見つけるのが課題となる。

では、こんな解釈はどうだろう。誰もが独りで死ぬと人が言うときには、他の人がいる所で死んではならないという意味ではない。そうではなく、たとえ他人がそばにいても、死ぬというのは独りでやることなのだと言っているつもりなのだ。そばにいる人たちは死ぬわけではない。本人だけが死ぬ。だから、たとえばソクラテスの友人や弟子たちはたしかにその場にいたが、死ぬわけではなかった。死ぬのはソクラテスだけだった。だとすれば、そういう意味では、誰もが独りで死ぬのかもしれない。
これもまた興味深い主張だ――それが本当であったなら。だが、それは真実に反する。たとえば、人が死んでいくときに他の人々もやはりいっしょに死んでいく状況は、戦場でこれまで何度となく見られた。ジョーンズという兵士が死にかけているが、彼は独りで死んでいくわけではなく、すぐ隣ではスミスという兵士も同時に死にかけている。だから、誰もが独りで死ぬと言うときに、本人だけが死ぬと主張するつもりならば、その主張もやはり明らかに間違っている。

死は絶対に「協同作業」になりえない？

もう少しましな主張もできる。戦場においてさえ、スミスとジョーンズが「いっしょに」死にかけているとき、それは力を合わせて行なう何らかの協同作業というわけではない。何の調整も行なわれていないし、計画を立てていたわけでもない。誰一人、他の誰とも協同して死んでいきはしない。

みなさんが歩道を歩いていると、シルヴィアという人がたまたまそのとき同じ歩道を歩いていた場合と似た状況だ。みなさんとシルヴィアはともに歩道を歩いており、しかも隣り合ってそうしているものの、いっしょに歩道を歩いてはいないという、明確な感覚がある。

もちろんみなさんは、誰かといっしょに歩くこともできる。ネイサンという友人のほうを向いて、

「ねえ、図書館に行こう」

と声をかければ良い。そうしたら、みなさんはネイサンと歩道をいっしょに歩くことになる。歩くというのは、協同の活動、協同の作業となりうるという意味で、他の人といっしょにできること

だ。

それならことによると、例の主張は、死ぬというのはそんなふうに協同作業としては行なえないことだという意味なのかもしれない。右を見ても左を見ても人々がみなさんと同じときに死につつある病院の部屋あるいは戦場にいたとしても、死ぬのは協同作業ではないし、そうはなりえない。

誰もが独りで死ぬと人が言うときには、きっとそういうつもりなのだろう。だが、もしそうなら、またしても、それはどう見ても間違っているようだとしか言いようがない。

たしかに、協同作業として死ぬのは、独りで死ぬのよりもはるかに稀《まれ》だ。だが、思い出してほしい。私たちは死の本質についての、何らかの深遠な見識を探し求めているのだ。そして、協同作業として死ぬことが不可能な場合にだけ、そのような見識が得られる。

だが、そんなふうに死ぬことは不可能ではない。たとえば、心中の約束をすることができる。それどころか、身の毛もよだつ話かもしれないが、独りで死なず、集団としていっしょに死ねるように、協同で死ぬことの一環として、集団の全員がいっしょに毒をあおったケースがいくつもある。あるいは、そこまでぞっとすることはないが、それでもやはり悲しい例がある。愛し合う二人が独りではなくいっしょに、協同作業の一環として死ねるように、手を取り合って崖から飛び降り、二人して自殺したケースもたくさんある。こうしたケースは実際に起こると思う。どう見ても可能だろう。だから、誰かがやって来て、いっしょに死ぬという協同の活動の一環として死ぬのは不可能だと言ったら、その人は何か間違ったことを言っているとしか思えない。

協同作業というのは、弦楽四重奏団の一員として室内楽を演奏するのと少し似ている（じつのところ哲学では、それは協同の活動の標準的な例だ)。それは他の人々とともにすることだ。つまるところ、他の人々が同時に音楽を演奏しているのはただの偶然ではない。その人々が全員たまたまバイオリンやビオラやチェロをみなさんの傍らで演奏しているということではない。違う。断じて違う。彼らはある音楽をいっしょに生み出すために、意図的に互いに調子を合わせていたのだ。弦楽四重奏団の場合には、それは可能なようだ。協同の心中の約束の場合にも、可能に見える。

それでも、私たちはみな独りで死ぬという主張の熱狂的な支持者なら、次のように応じるかもしれない。

「弦楽四重奏団のケースでは、私が他の人々といっしょに演奏しているのは本当ですが、別の人が私の代わりを務められます。第二バイオリンのパートを、誰かが私の代わりに演奏できます。それにひきかえ、私が死ぬときには、たとえ他の人々といっしょに死んでいくとしても、誰も私の身代わりにはなれません」

それならば、誰もが独りで死ぬというのは、こういう意味なのかもしれない。誰もみなさんの代わりに死ぬことはできない。誰もみなさんの身代わりにはなれない。

さて、誰もが独りで死ぬと言うときには、そういうつもりで言っているのなら、少なくとも、言いたいことをあまり明確に言い表してはいない点だけは指摘しておきたい。誰かが「誰もが独りで死ぬ」と言ったときに、聞いた人が「誰も私の代わりに死ぬことはできない、誰も私の身代わりになれない」という意味だと気づくべきだなどと考えるのは、そうとう無理があるように思える。それは、ずいぶんと紛らわしく不親切な、物の主張の仕方に見える。

だが、それはそっくり脇に置いて考えてみることにしよう。

身代わりとしての死

誰も私の身代わりになれないというのは本当だろうか？　誰かが弦楽四重奏団で私の代役を務めることは間違いなく可能だ。

それでは、私の死に関しては、誰も私の身代わりになれないというのは本当だろうか？　チャールズ・ディケンズの『二都物語』（池央耿訳、光文社古典新訳文庫、二〇一六年、他）を例に取ろう。小説の主人公は、ある女性に恋をしているが、ああ、悲しや悲し、彼女は彼のことを好いてはいない。他に愛する男性がいるのだ。ところがその男性は、ああ、悲しや悲し、フランス革命の間に死刑を宣告されていた。

さて、何たる偶然だろう、われらが主人公はその男性によく似ていた（なにしろ、これは小説だから）。というわけで、ある女性の愛する男性がギロチンにかけられるべく運ばれていくときに、われらが主人公がその身代わりになる。そこで、あの有名な台詞が口にされる。

「私がするのは、これまでしてきたことのどれよりも、はるかに、はるかに素晴らしいことなのだ」

われらが主人公は、愛する女性が、彼女の愛する男性をわがものにできるように、自らを犠牲にするのだった。

だがここでは、ロマンスはどうでも良い。肝心なのは、何がこの場面で起こっているかを見て取ることだ。どうやら主人公は、間もなく死のうとしている人の身代わりになろうとしているらしい。誰かが弦楽四重奏団で私の代役を務められるのとちょうど同じように、私がギロチンにかけられるときにも、誰かが身代わりになれるように見える。

アメリカの南北戦争のときには徴兵が行なわれたが、もしみなさんがとても裕福だったら、身代わりになってくれる人を雇って、兵役を免れることができた。次のような場合を想像してほしい。みなさんの部隊が戦闘に参加し、周りで人がばたばたと死んでいる。全員が戦死したとしよう。みなさんもその場にいたら死んでいたが、そうなる代わりに、雇われて身代わりになった人が死んだ。その場合には、その人はみなさんの身代わりになって、みなさんの代わりに死んだと言ってもおかしくないように思える。

だから、誰も私の代わりに死ねない、死ぬときには誰も私の身代わりになれないという主張がなされたら、それはやはり間違っているように思える。

だが、今検討している見方の熱狂的な支持者は、再度食い下がり、こう指摘するかもしれない。たしかに『二都物語』の主人公はギロチンで別の男性の身代わりになったが、けっきょくどうなったかと言えば、それはもちろん、われらが主人公は自らの死を迎えたのだ、と。彼はもう一人の男性の死を肩代わりするわけではない。なにしろ、もう一人の男性の死は、二〇年、三〇年、四〇年後まで訪れないのだから！　それならばそれと同様に、私の死の時に誰も私の身代わりになれない。なぜなら、当然ながら、もし彼らが私の身代わりになったら、彼らが経験することになるのは、じつは彼らの死であり、私の死ではないからだ。私の死は私しか経験できない。だからひょっとすると、誰もが独りで死ぬと人が言うときには、こういう意味なのかもしれない。私の身代わりに私の死を経験できる人はいない、というわけだ。

もし現にこれが人々の意味するところなら、今検討している考え方を「独りで死ぬ」という言い回しで述べるのはずいぶんと紛らわしいと、またしても指摘したくなる。これはひどくややこしい、論旨の言い表し方に見える。

だが、それには目をつぶるとしよう。表現の不適切さを別にすれば、私たちの一人ひとりが誰か他人の死ではなく自分自身の死を経験せざるをえないというのは、真実であるように見える。それどころか、他の誰も私の代わりに私の死を経験できないというのは、必然的真理のように見える。そして、最後に、この事実（なぜならこれは本当に事実のようだから）は、たしかに死について何か興味深く深遠なことを曝露《ばくろ》してくれるように思える。

それは本当に、「死ならでは」のこと？

だが、そんな外見（ようやく死の本質について深遠な見識を捉えたという外見）は、紛らわしいと思う。ここで私たちは、死について何ら特別なことはまったく学んでいないようだから！

床屋で髪を切ってもらうという、ごく日常的なことについて考えてみよう。さて、当然ながら、床屋で誰かがみなさんの代わりになることは可能だ。誰かがやって来て、

「デートに行かなくてはいけないのですが、遅刻しそうなので、申し訳ないのですけれど、順番を替わってもらえませんか？」

と言う。みなさんは心が広いから、

「良いですよ。待つのはかまいませんから。どうぞお先に」

と応じる。というわけで、緩やかな意味で言えば、その人はみなさんの散髪をしてもらったことになる。だがもちろん、けっきょくその人は本当にみなさんの散髪をしてもらったわけではない。

その人は自分の散髪をしてもらっただけだ。散髪とはそういうものだ。誰も私の代わりに私の散髪をしてもらうことはできない。私の散髪をしてもらえるのは、私だけだ。誰かが私の散髪をしてもらおうとしても、自分の散髪をしてもらう羽目になるだけだ。

そしてもちろん、それは散髪だけに限ったことではない。腎臓の結石を取ってもらうことを考えてほしい。私の腎臓結石を私の代わりに取ってもらえる人などいない。私の腎臓結石を取ってもらえる人間は私しかいない。

あるいは、昼食をとることを考えてみよう。誰も私の代わりに私の昼食をとることはできない。誰かが私の代わりに私の昼食をとろうとしたら、それはその人の昼食になってしまう。その人は自分の昼食を自らとったのだ。私の昼食を私がとるためには、他の人ではなく私がとるしかないのだ。

考えてみれば、似たようなことはほぼ何についても言える。ことによると、何にでも当てはまる。「私の」という言葉をしっかり強調するのなら、ほとんど何であれ私に代わってしておきながら、依然として私の～と言える人は誰もいない。ようするに、誰も私の身代わりに死ぬことはできないというのは本当だとしても、それは死の特別な本質についての深遠な見識ではない。「私の」という言葉の意味に関する、些末な文法的な問題にすぎないのだ。

というわけで、これまでのところ、誰もが独りで死ぬという主張の解釈で、そう解釈すればその主張が死について何か（些末なことではなく）真に興味深く、しかも正しい事柄を語っていることになるものは、まだ見つかっていない！

だが、私は主張の内容を理解しようとしてきたものの、見当違いのことをしていたのかもしれない。私はこの主張の文字どおり正しい解釈を探し求めてきたが、私たちはみな独りで死ぬという主張は、文字どおりの意味で言われたのではまったくない可能性がある。むしろそれは、一種のメタファーのつもりなのかもしれない。

死を取り巻く「孤独感」

私たちはみな、本当に独りで死ぬわけではなく、私たちが死ぬときは、あたかも独りでいるかのようだということなのだ。それは独りでいるのに似ている。「私たちはみな独りで死ぬ」という主張は、心理にまつわるもの、すなわち、私たちが死ぬときの心理状態は、孤独に類似しているという主張かもしれない。それは私たちがときどき抱く、独りでいるという感じに類似している。

誰かが死んでいくところを想像してほしい。その人は文字どおりには一人ではないと想定できる。むしろその逆で、死の床に就いたその人は、他の人々に囲まれているかもしれない。それにもかかわらず、その人は他者から引き離され、遠く、疎外されているように感じている。その人は大勢の人の中にいてさえ、孤独感を覚える。それこそが、人が言わんとしていた種類の、「独りでいる」ことなのかもしれない。

このようなケースがあることは、たしかに容易に信じられる。他者から遠く感じたり、隔たっているように感じたりしながら人が死ぬケースだ。トルストイのイワン・イリイチもそうだったかもしれない。イリイチは、現に彼から心理的に遠ざかる家族や友人としだいに距離を置くようになっていく。そして、疎外感と孤独感を覚えながら死に臨む。彼は文字どおりの意味で独りではなく、独りというのはメタファーにすぎないのだが、それでもそのメタファーは彼の心理について重要な見識を提供してくれる。

というわけで私たちが自問するべきなのは、同じようなことが誰にでも当てはまるか、だ。思い出してほしい。私たちが探し求めているのは、死に関する必然的真理、すなわち、死の正真正銘の本質についての見識なのだ。特定の割合のケースにたまたま当てはまるものを探しているのではない。私たちが知る必要があるのは、誰もがこの心理的な意味で、独りで死ぬのかどうか、だ。

結論から言えば、私には、死と孤独感が不可分だとはとても思えない。

まず、ときおり人は、就寝中に思いがけず死ぬことがあるという明白な事実に注目してほしい。病気だったわけではない。眠っている間に突然心臓が停止して死ぬだけだ。そのような人はおそらく、死ぬときに孤独感も疎外感も抱いていない。

もしかしたら、目覚めているときに死ぬ人は誰もが、孤独感と疎外感を覚えながら死ぬという意味だったのだと主張できるかもしれない。だが、それも正しくない。

みなさんが友人と話をし、活発な議論に没頭しながら通りを渡っていたとしよう。実際、あまりに活発な議論だったので、みなさんは自分を間もなくはねようとしているトラックに気づかない。トラックはみなさんに衝突し、みなさんは痛みを感じる暇もなく即死する。みなさんは、最後の瞬間に疎外感を覚えたり、隔たりを感じたりしていただろうか？　いや、もちろん違う。だから、目覚めている間に死ぬ人は誰もがこうした気持ちを抱いているというのは、どう見ても正しくないようだ。

ひょっとすると、「死ぬときはみな独りだ」という主張は、今一度改訂する必要があるのかもしれない。この主張は、自分が死にかけていると気づいている人は誰もが、寂しさや他者からの距離を感じるということにすぎないのかもしれない。そう気づいている人はみな、「独りで」死ぬのかもしれない。

このように限定すれば（つまり、自分が死ぬことに気づいている人に限れば）、睡眠中のケースは排除される。トラックのケースも排除される。そして、この主張は、たとえこの制約があったとしても、興味深いものであり続ける。

だが、はたしてそれは正しいのか？　幸いにも、そうは思えない。

ソクラテスを思い出してほしい。ソクラテスは友人たちと哲学的な議論をしている。彼は自分が間もなく死ぬことを承知している。彼はすでにヘムロックを飲んでいた。彼はそこに座って、みんなに別れを告げていた。疎外されているようには見えない。隔たりや孤独を感じているようにも見えない。自分が死んでいくことがわかっていて、自分の死に直面している人なら誰もが孤独に感じるとは、どうしても思えない。

別の例を挙げよう。哲学者のデイヴィッド・ヒュームだ。ヒュームは死に際して、とても社交的だった。死の病にかかっている間、ヒュームはよく人を招き入れ、死の床の周りに座らせ、話し相手になってもらった。彼は最後まで朗らかで愛想が良かった。私の見る限りでは、ヒュームが寂しかったとか、話し相手をしてくれていた人からの距離感や疎外感を覚えていたとか考える根拠は何一つない。ようするに、誰もが独りで死ぬという主張の心理面を読んだとしても、これまでの解釈同様、通用しないのだ。

もちろん、考慮に値する解釈はまだ他にもあるかもしれない。だが、たとえそうだとしても、それがどんな解釈かは想像もつかない。だから、みなさんには、この疑問について自分で考えてもらいたい。

私たちはみな独りで死ぬというのは本当に正しいのだろうか？

死の本質について本物の見識を提供してくれるような、この主張の理解の仕方があるのだろうか？

もしあったとしても、私にはそれを見つけることができない（注4）。私たちはみな独りで死ぬと、人はよく言うけれど、その主張はただの戯言《たわごと》だと思う。人は自分が何を言おうとしているのか、わずかでも考えることなくそう言っているのではないだろうか。

第4講

死はなぜ悪いのか

ここからは、倫理的な疑問や価値判断にかかわる疑問に目を向け、死は終わりであるという（やや単純化された）結論に照らして、それらを詳しく調べてみたい。たとえば、死は悪いと誰もが信じている。だが、なぜ死は悪いのか？　どうして死が悪いということがありうるのか？

そして、もし死が悪いとすれば、じつは私たちは永遠に生きるほうが良いのか？　ほどなくわかるように、ここでも答えに困るような問題はたっぷりあるので、それを検討しなくてはならない。

死はどうして、どんなふうに悪いのか

最初に考える疑問は、死はどうして、どんなふうに悪いのか、だ。なにしろ、ほとんどの人が「死は悪い（あるいは、少なくとも、もし死が本当に終わりだったなら、悪いだろう）」と心底信じていると、私は思っているから。

というわけで、まず問う必要があるのは、私たちがたいてい思っているように、死は本当に悪いのか、そして、もしそうなら、それは死のどんな側面のせいなのか、だ。

この疑問について考えるときには、私の身体の死は、人格を持った人間としての私の存在の終わりを意味すると、単純に仮定することにする。

死は私の終わりだ。だが、それが正しければ、死ぬことがどうして私にとって悪いということがありうるのか？　なにしろ、いったん死んでしまえば、私はもう存在しない。もし私が存在しないのなら、私にとって、死んでいるのがどうして悪いことでありうるのか？

もちろん、人は死後も存在し続けると考えていたなら、死の悪い点が気になるのもよくわかる。たとえば、魂の存在を信じていたなら、死んだ後、自分の魂がどうなるのかを心配するのも無理はない。自分は天国に昇れるのか？　それとも地獄に堕ちるのか？　死んだらどれほどひどい目に遭うのか、心配になるかもしれない。その手の疑問は、完全に理にかなっている。

ところが逆に、もし死が本当に一巻の終わりならば（そして、むろんこれこそまさに私が想定していることだ）、死は本当に本人にとって悪いものであるはずがないように思える。死んでしまって私が存在しないのなら、何一つ私にとって悪いはずがないというのは、妥当なことではないだろうか。

死は何より、「残された人にとって、悪い」もの？

人々はこの考えに、次のように応じることがある。

死は、死んだ人にとっては悪くないが、残された人にとっては悪い、と。ある人（フレッドとしておこう）の死は、フレッド本人にとっては悪くない。だが、それまでフレッドを愛していて、これからは彼なしで生き続けなければならない人にとっては悪い。彼の死は友人や家族にとって悪い。

誰かが死ぬと、私たちはその人と交流し続ける機会を失う。その人と話したり、いっしょに時間を過ごしたり、映画を見たり、夕日を眺めたり、笑ったりすることがもうできない。悩み事を打ち明け、助言をもらうことも、もうできない。その人とはもう接することができない。誰かが死ぬと、そうした機会がすべて失われる。

そして、それが死の最悪の点だということなのかもしれない。死んだら本人がどのような目に遭うかが問題ではないのだ。死は本人にとっては悪くない。死が悪いのは、後に残された人がつらい思いをするからだ。

言っておくが、大切な人が死んだときに感じる痛みや苦しみの重さを見くびる気など、私にはさらさらない。死は、私たち（後に残された人）から友人や愛する人を奪う。これはたしかに死に関して重要でとても悪いことだ。

ここで、この考えを謳い上げた詩を紹介しよう。ドイツの詩人フリードリヒ・ゴットリープ・クロプシュトックによるもので、「別離」と呼ばれている（注1）。

あなたはその亡骸《なきがら》が私たちの前を運ばれていったとき、
ひどく厳粛になった。
あなたは死を恐れているのか？　「いや、それは恐れていない！」

それなら、何を恐れているのか？「死ぬことだ」
私はそれすら恐れてはいない。「それでは、何も恐れていないのか？」
いや、恐れている。私は恐れている……。「何を、それなら、いったい何を？」
友たちと別れることを。
それも、私が別れることばかりでなく、彼らが別れることも。

だからこそ私は、あなたよりもなおいっそう、
魂のより深くで、厳粛になった。
あの亡骸が
私たちの前を運ばれていったときに。

クロプシュトックによれば、死に関して決定的に悪いのは、友たちを失うことのようだ。彼らが死ぬと、彼らを失う。そして、先ほど述べたとおり、これは死にまつわるとても悪い点であり、それを見くびるつもりはさらさらない。

だがそれは、死のどこが悪いのかに関しては、その核心にあるとは思えない。死が悪い理由についての中心的事実のはずがない。だから、それに納得してもらうために、次の二つの話を比べてほしい。

第一の話。みなさんの友人が間もなく宇宙船に乗り込み、はるか彼方の恒星系の探査に旅立とう

としている。彼女は長い年月、地球を留守にする。実際、宇宙船が戻ってくるときまでには一〇〇年が過ぎている（彼女は光速に近いスピードで進むおかげで一〇歳しか歳をとらないが、みなさんはとうの昔に死んでいる）。宇宙船の打ち上げから二〇分後には、地球と宇宙船の無線連絡が途絶え、帰還まで音信不通になるのだから、なお悪い。

このように、友人との今後の意思疎通の可能性がすべて、永遠に奪われようとしている。これは悲惨だ。みなさんは、無二の友を失おうとしている。彼女とはもう二度と話すことができず、知恵を借りることも助言をもらうこともできなくなる。自分の近況を彼女に伝えたり、彼女の様子を聞かせてもらったりすることも、もうできない。

これこそ、クロプシュトックが語っていた種類の別離だ。ぞっとするほど嫌で、悲しい。これが第一の話だ。

第二の話。宇宙船が出発し、それから二五分後に悲劇が起こる。恐ろしい事故で宇宙船が爆発し、みなさんの友人も含め、乗っていた人が全員即死する。

私は第二の話のほうが悪いと思う。より悪いことが起こったからだ。だが、より悪いこととは何か？　別離であるはずがない。もちろん第二の話でも別離は起こる。今後みなさんは、その友人と連絡が取れない。彼女もみなさんに連絡が取れない。だが、それは第一の話でも同じことだ。第二の話のほうが悪い点があるとすれば（実際、悪いことがあるのは明白そのものだと思う）、それは別離ではない。悪いのは、みなさんの友人が死んでしまったという事実にかかわることだ。明らかに、これはみなさんにとっても、より悪い。その友人は大切な人だからだ。

だが、彼女に死なれることにみなさんがひどく動転する理由の説明は、おそらく彼女にとって死んだのが悪かったという事実に見出せるのだろう。

そして、彼女にとって悪かったのは、単に別離の問題ではない。なぜなら、第一の話にも別離はすでに含まれているからだ。みなさんは彼女と連絡が取れなかったし、彼女もみなさんと連絡が取れなかった。

もし死が悪いのは主に何のせいかを理解したければ、別離が悪いということや、残された人にとって悪いということに的を絞るわけにはいかないように思える。私たちは、死ぬ人にとって死が悪いというのがどうして真実でありうるかを考えなければならない。本人にとって悪いというのが、死が悪いことである主な理由であり、それこそ私がみなさんといっしょにこれから注目する側面だ。だが、そこに注目したところで、正しい方向に向かうことができただけで、私たちの問いの答えはまだ得られない。死は、死ぬ人にとって悪いというのが、どうして真実でありうるのか？　自分の死、あるいは自分がいずれ死ぬという事実は、いったいどうして本人にとって悪いことになるのか？

「死ぬプロセス」や「悲しい思い」こそが「悪い」？

死が本人にとってどうして悪いかを考えるにあたっては、自分が何を問うているのかをはっきりさせることが重要だ。具体的には、私たちは死ぬプロセスに悪いことがありうるかどうか、あるいは、悪いことがどうしてありうるかを問うているのではない。死ぬプロセスが痛みを伴いうることにはまったく異論がないと思うし、少しも不可解な点はないだろうから。

たとえば、私がいつの日かベンガルトラたちに八つ裂きにされるとしよう。もしそうなら、実際に死ぬプロセスは、身の毛がよだつものになるだろう。信じられないほどの痛みを伴うはずだ。だから、死ぬプロセスは私にとって非常に悪いものになりうると言うのは、明らかに理にかなっている。

だが同時に、そのプロセスそのものはひどい痛みを伴うものであったり、その他の形で私にとって悪いものであったりする必然性はないことも認めなくてはいけない。なにしろ、私は眠っている間に死ぬかもしれないから。その場合には、死ぬプロセスそのものは悪いものとはならない。いずれにしても、私たちは自分が死ぬプロセスが痛みを伴いかねないと束の間、心配するかもしれないものの、自分がいずれ死ぬという事実に直面したときに、それは私たちのほとんどにとって、最大の心配事ではないと思う。

もちろん、死ぬという見通しを不快に感じる人も多い。つまり、人にとって自分の死に関して悪いことの一つは、自分がいずれ死ぬという事実を予期しているので、たった今、悲しい思いをしていることだ。

だが、これもまた、死について悪いことのうちで中心的なものではない。なぜなら、自分が死ぬという見通しが嫌なものや不快なものになるのが理にかなっているのは、死そのものが悪い場合に限られるからだ。自分がいずれ死ぬと考えたときに、恐れや不安、心配、後悔、苦悩、その他何であれ今私が感じているものを感じるのは、死そのものが自分にとって悪いという考えが先にあってこそ筋が通る。そうでなければ、自分が死ぬことを考えたときに恐れや不安、恐怖、苦悩、その他何であれ、たった今私が感じているものを感じるのは理屈に合わないだろう。

私がみなさんに、

「明日、あなたにあることが起こりますが、それは文句なしに最高で、まさに夢のようで、無条件に素晴らしいです」

と言ったとしよう。そして、みなさんはこう答える。

「ああ、きっとそうなのでしょうね。だから言わないわけにはいきませんが、それを思うと、恐怖と胸騒ぎでどうしようもなくなります」

これはまったく筋が通らない。恐怖や胸騒ぎなどでどうしようもなくなるのは、待ち受けているもの、予期しているもの自体が悪いときに限られる。たとえば、歯科医院では痛くて不快な目に遭うと思っていたら、歯科医院に行くのをひどく怖がるのも無理はない。だが、歯科医院で過ごす時間自体が不快でなければ、それを予期して怖がるのは不自然だ。

「自分」という存在がなくなることが「悪い」こと?

というわけで、死が悪いのは主に何のせいかを考えているのなら、本人が死んでいることに的を絞るべきであるように思える。死んでいることのどこが本人にとって悪いのか?

そして、その疑問を投げかけたときには、答えは単純で明白なはずに思える。私は死んだら存在しなくなる(私は死体としてしばらく存在しうるという、厄介な問題の火種は脇に置くことにする。話を単純にするため、私は爆発で死に、私の身体も同時に木端《こっぱ》微塵《みじん》になると想定しよう)。

死のどこが悪いかという問いに対する答えが、もう、それで得られるのではないか? 私は死んだら存在しなくなる。それは、死が悪いことである理由のすっきりした説明になっているのではないか？

それに対して私が言いたいのは、実質的にはこういうことだ。自分が存在しなくなるという事実は、死がなぜ、どのように悪いのかを明らかにするカギを提供してくれると、たしかに思っている。だが、事はそれほどすっきりしているとは思えない。

間もなくわかるように、じつは、存在しないことがいったいどうして悪いことになりうるかを詳しく説明するのは、かなり骨が折れる。そして、たとえ説明できたとしても、厄介な疑問がいくつか依然として残るだろう。

たしかに最初は、この基本的な考え方はとてもすっきりしているように見える。私は死んだら存在しなくなる。非存在、すなわち存在しないことが悪いのは明らかではないのか？

ところがたちまち、その答えはとても不十分なものに見えてきかねない。存在しないのがどうして私にとって悪いことでありうるのか？　なにしろ、存在しないというのは、文字どおり、存在しないことにほかならないのだから！　誰かが存在しないときに、その人にとって悪いことなど、どうしてありうるだろう？　もし誰かにとって悪いことがあるのなら、その人はそこに存在していて、その悪いことに遭わなければならないというのは、一種の論理的必要条件ではないのか？

たとえば、みなさんにとって頭痛は悪いことだろう。だがもちろん、頭痛がしている間、みなさんは存在している。存在しない人々にとって、頭痛が悪いことはありえない。彼らは頭痛を経験しようがない。本人が存在しなければ、その人にとっていったい何が悪いことでありうるというのか？

そして、それならばとくに、本人が存在していないときに、存在しないことがその人にとっていったいどうして悪いことでありうるというのか？

だから先ほど言ったように、単に注意をこの問題に向け直すのと比べると、存在しないことを持ち出せば死が悪いとどうして本当に説明できるのかを見極めるのは、それほど簡単ではない。人は死んだら存在しないから死は悪いと言ったとしても、存在しないことがどうして本人に悪いなどということがありうるのかという謎が残ってしまう。

非存在は「機会を奪うから悪い」（剥奪説の考え方）

この謎に対する答えは、あることが悪いと判断される際の三つのパターンを整理すれば見つかると思う。

第一に、絶対的で、確固としていて、本質的な意味で、何かが悪いということがありうる。もう一度、頭痛を例に取っても良いし、爪先を何かにぶつけたり、刃物で刺されたり、拷問されたりといった、他の種類の痛みを引き合いに出してもかまわない。痛みは本質的に悪い。それ自体が悪い。それ自体が悪いから、私たちは避けたいと思う。人にとって悪いことは、本質的に悪いことが多い。その本質そのもののせいで悪いのだ。

第二に、多くのことは間接的に悪い。それ自体は悪くなくても、それが引き起こすことや、招く結果のせいで悪い。それ自体が、本質的に悪いことにつながりかねないからだ。たとえば、職を失うのは、本質的には悪くはない。それ自体は悪くないが、間接的には悪い。貧困や借金につながりかねないし、今度はそれが痛みや苦しみなど、本質的に悪いものにつながりうるからだ。

だが、人にとって何かが悪いというのには、もう一つ別の形、あっさり見落とされがちな第三の形がある。すなわち、相対的に悪い場合があるのだ。自分が何かを得ているせいで、手に入れそこなっているものがあるために、現に手に入れているものが悪くなりうる。経済学者なら「機会費用」と呼ぶこの現象のせいで、物事は悪くなりうる。本質的に悪いわけではないし、間接的に悪いわけでさえない。だが、人はそれをしている間に、もっと良いものを手に入れそこなっているから悪いのだ。

どうしてそんなことがありうるのか？　単純な例を考えてみよう。仮に私が自宅にいて、テレビでクイズ番組を見るとする。番組を見て、それなりに楽しむ。それがどうして悪いことでありうるのか？

悪いことの第一の形、つまり本質的な悪さという点では、テレビを見るのは悪くない。三〇分のそれなりに楽しい過ごし方だ。そして、第二の形で悪くないことも、間違いなく想像できる。間接的に悪くもない（三〇分間テレビを見ていても、何一つ悪いことにはつながらないとしておこう）。だが、それにもかかわらず、第三の形では悪いかもしれない。たとえば、自宅にとどまってテレビを三〇分間見る代わりに、本当に素晴らしいパーティーに出られるとしよう。その場合には、家に閉じこもってテレビを見ているという事実は、相対的にという意味で悪いと言えるかもしれない。テレビを見ることそれ自体が、時間の不快な過ごし方であるというわけではない。何か不快なことにつながるというわけでもない。ただ、もっと良い時間の過ごし方があるというだけのことだ（パーティーのことを私が思い出しさえすれば、だが）。

私はより良い機会を見送っているのだから、相対的には、家でテレビを見ているという事実には悪いところがあることになる。より良いものが欠けているのだ。これは本質的には悪くないし、必ずしも間接的に悪いわけでもないが、第三の、相対的にという意味では依然として悪い。良いものを欠いているというのは、この相対的にという意味で悪い。


別の例を挙げよう。私が封筒を二つ差し出し、

「好きなほうをどうぞ」

と言ったとする。みなさんは片方を取り、開けて、

「ほら、見て。一〇ドルだ！　これは良かった」

と言う。まあ、もちろん一〇ドルは良い。たしかに、本質的に良いわけではない（それ自体のために手に入れる価値はない）が、間接的には間違いなく良い（たとえば、アイスクリームを買うのに使え、アイスクリームを食べれば快感が得られる）。


とはいえ、みなさんは知らないが、もう一方の封筒には一〇〇〇ドルも入っていたとしよう！　その場合は、

「いいですか、そっちの封筒を選んだのは、あなたにとって悪かったですよ」

と言うことができる。どういう意味で悪いのか？　相対的にという意味で、だ。もう一方の封筒を選んでいたほうが、いっそう良かった。みなさんは、良いものをより多く手に入れられただろうから。


さて、存在しないのが本人にとって第一の意味で悪いはずがないことは、もう明らかであると良いのだが。非存在は本質的に悪く、それ自体のために避ける価値があるということはありえない。

それがありうるのは、たとえば、存在しないことが、どういうわけか痛みを伴うときだけだ。だが、誰かが存在しないときには、その人は痛みを伴う経験をしようがない。非存在そのもののせいで、私たちがそれを避けたいと思うことはない。

そして同様に、存在しないことは、第二の意味でも本人にとって悪くはない。たとえば、そのために後で痛い思いをすることもないし、他の本質的に悪いことが起こるわけでもない。だから、存在しないことは間接的にも悪くない。

だがそれにもかかわらず、非存在は、相対的にという意味では本人にとって悪いことになりうる。なぜなら、それには欠けているものがあるからだ。存在していないときの私には、欠けているものがある。

私は何を欠いているのか？　私に欠けているのは、もちろん人生であり、もっと具体的に言えば人生が私に与えうる良いことだ。非存在は、それに伴う機会費用のせいで悪い。有名な話だが、W・C・フィールズは、墓石に、

「どうせならフィラデルフィアにいたいのに」

と刻んでほしいと言ったそうだ。死んでいることが悪いのは、人生が提供してくれるだろうさまざまな良いことをもう経験したり楽しんだりできないからだ。

というわけで、非存在は、死が悪いことである主な理由を理解するカギを現に提供してくれる。

なぜ死は悪いのか？　なぜなら、死んでしまったら、存在しなくなるからだ。そして、存在しないのは悪いとなぜ言えるのかと問えば、答えは、人生における良いことの数々が味わえなくなるから、だ。もし自分が存在しなければ、生きて存在してさえいれば得られるものが得られなくなる。

死が悪いのは、人生における良いことを奪うからなのだ。

この説明は、今日では死の害悪あるいは悪さを説明する「剝奪」説として知られている。死に関して最悪なのは、生きていれば享受できていたかもしれない、人生における良いことを死が剝奪する点であると主張する説だからだ。そして、剝奪説は基本的に正しいように思える。ただし、死が悪いのには、剝奪説が重視する面に加えて、原因となる面が他にもあると思う。それらについては後のほうの講で取り上げる。

だがそれでも、剝奪説は死について悪いことの中心的な点のほうに、正確に私たちの目を向けさせてくれるように思える。私は、死んだら人生における良いことが享受できなくなる。私はそれらを剝奪される。それこそ、死が悪い主な理由だ。

死はいつの時点で、私にとって悪いのか

剝奪説は全体として妥当ではあるが、すべて順風満帆というわけではない。さまざまな異論があり、実際、剝奪説はけっきょく受け容れるべきではないと結論した人々や、じつは死は本人にとってまったく悪くないという、驚くべき結論を主張している人々さえいる！

最初の異論は、とても一般的な形而上学的原理らしきものから始まる。

もし何かが本当であれば、その何かが現実である（あるいは現実だった、はたまた現実となる）時点があるはずだ、というのがその原理だ。事実は時点を定めることができる。

たとえば私（シェリー・ケーガン）は今、死の悪い点についての言葉を入力している。それは事実だ。それが現実だったのはいつか？　つまり、私が入力していたのはいつか？　今、このとき、すなわち、二〇一一年八月一六日火曜日午後一〇時三〇分だ。

もう一つ事実を挙げよう。トマス・ジェファーソンはかつてアメリカ合衆国の大統領だった。彼が現実に大統領だったのはいつか？　一八〇一年三月四日から一八〇九年三月四日までだ。このように、事実である事柄は、時期や時点を定めることができる。

良いだろう。これは正しいように思える。だが、もしそれが正しければ、私たちはたちまち難問に直面する。私にとって自分の死が悪い（あるいは悪かった、はたまた悪くなる）というのは本当に現実になりうるのか？　なにしろ、もし自分の死が私にとって悪いのなら、それは事実であるはずだ。だから私たちには、それがいつ現実になるのかと尋ねる資格があるわけだ。

死はいつ、私にとって悪いのか？　今、私にとって悪いと答えるのは妥当には思えない。死は今、私にとって悪くはない。私は今死んではいないのだ！

それならば、死は私が死んでいるときに私にとって悪いのだろうか？　だが、それもじつに信じ難く思える。なにせ、死んだら私は存在してさえいないからだ。そのときに、何であれ私にとって悪いことなどありうるだろうか？　人にとって何かが悪いというときには、どうあろうと、本人が存在していなくてはいけない。だから、死が悪い時点を定めようとすると難問にぶつかる。

エピクロスの「死は取るに足りないものだ」が意味するもの

さて、死の悪い点の日時に関するこの難問こそ、古代ギリシアの哲学者エピクロスが、これから紹介する文章を書くときに考えていたことかもしれない。この文章に、人々は二〇〇〇年にわたって頭を悩ませてきた。エピクロスは死について何か真に不可解なことを指摘しているようだが、厳密には何が彼を苛立たせていたのかを特定するのは難しい。これがエピクロスの文章だ。

というわけで、あらゆる災難のうちでも最も恐ろしい死は、私たちにとっては取るに足りないものなのだ。なぜなら、私たちが存在している限り、死は私たちとともにはないからだ。だが、死が訪れたときには、今度は私たちが存在しなくなる。ならば、死は生者にも死者にも重要ではない。前者にとっては存在しないし、後者はもはや存在しないのだから（注2）。

見てのとおり、エピクロスがここで何を気に病んでいるのかはあまり定かではないが、彼は死がいつ悪いのかに関する私たちの難問について考えているという解釈が可能だ。

死は今、私にとって悪いはずがない。私は生きているからだ。そして、死は私が死んでいるときに私にとって悪いはずがない。なぜなら、その時点で私はもう存在しないのだから（そのときに、どうして物事が私にとって悪いなどということがありうるだろうか？）。

もし死には私にとって悪い時点がないのなら、死は私にとって悪いというのは、事実とされているものの、けっきょく本当は事実ではありえない。普通信じられているのとは裏腹に、死は本人にとって悪くはないのだ。

ここまでの考えが本当にエピクロスの頭にあったことかどうかに関係なく、私たちは、この主張にどう応じうるかを自問する必要がある。対応の一つは、当然ながら、それを受け容れ、死は本人にとって本当は悪くないと結論することだ。そして、まさにこの結論を現に受け容れた哲学者たちがいる（エピクロスもその一人だ）。

ところが、私たちのほとんどは、死は本当に悪いと言い張りたがる。その場合には、この主張のどこが間違っているのかを示さなくてはならない。

そして私の見る限りでは、この主張を退けようというのなら、方法は二つしかない。第一に、真正面からそれに立ち向かい、事実は時点を定める必要があることに同意し、それから、本人にとっていつ死が悪いかを述べることだ。そうでなければ、第二の方法として、あらゆる事実は時点を定められるという前提に異議を申し立てることもできるだろう。

「時点を定められない事実」は存在するか

第二の方法から見てみることにしよう。時点を定められない事実というものがありうるだろうか？　あるかもしれない。候補となる例を挙げよう。

月曜日に私がある人（ジョンと呼ぼう）を撃つとする。私は自分の銃から発射された弾丸で彼を傷つける。だが、その傷は直接彼の心臓に達するものではない。彼は出血し始めるだけだ。そして、少しずつ出血する。だから、彼は月曜日には死なない。彼は負傷し、死にかけているが、月曜日には死なない。次に、火曜日に私が心臓麻痺を起こして死ぬと想像してほしい。ジョンはまだ生きている。出血しているが、それでも生きている。だが、水曜日にとうとう出血多量となって死ぬ。というわけで、月曜日に私がジョンを撃ち、火曜日に私が死に、水曜日にジョンが死ぬという順番になる。

私はジョンを殺した。それについては誰もが賛成してくれると思う。もし私が撃っていなければ、彼は死ぬことはなかった。私は彼を殺した。それは事実だ。

だが、私はいつ彼を殺したのか？　彼を撃った日である月曜日に殺したのか？　それは正しいようには思えない。彼は月曜日には死んではいなかった。だから、どうして月曜日に私が彼を殺したなどということがありうるだろうか？　そして、火曜日もやはり違うことは明らかだ。ジョンは火曜日にも依然として生きていたから。ジョンは水曜日まで死ななかった。では、私は水曜日に彼を殺したのか？　だが、どうしてそんなことがありうるだろう？　私は水曜日には存在してさえいない！　私は火曜日に死んだのだから。死んだ後にどうして彼を殺せるというのか？　というわけで、私は月曜日には彼を殺さなかったし、火曜日にも殺さなかったし、水曜日にも殺さなかった。それでは、私はいったいいつ彼を殺したのか？

ひょっとすると答えは、私がジョンを殺した特定の時点はないということなのかもしれない。だが、そうは言うものの、私が現に彼を殺したことは本当だ。では、何のおかげで、私が彼を殺したことが本当になるのだろう？　それは、私が月曜日に彼を撃ち、撃たれた傷が原因で彼が水曜日に死んだことだ。そのせいで、私が彼を殺したことが真実となる。

だが、私はいつ彼を殺したのか？　その日時を定めることはできないのかもしれない。仮にできないとしよう。できないのなら、私がジョンを殺したという事実のように、時点を定められない事実があるわけだ。

そして、もし時点を定められない事実があるのなら、死は本人にとって悪いというのも、そうした事実なのかもしれない。死は死ぬ本人にとっていつ悪いのか？　その事実は、どうしても時点を定められないのかもしれないが、それにもかかわらず、本当にそれは事実なのだ。だから、これは剥奪説に対する最初の異論に対抗するための一つの方法となる。すなわち、あらゆる事実は時点を定められるという前提を退ける手があるのだ。

もちろん、あらゆる事実は時点を定められるというのはとても有力な考えだ。ひょっとしたらみなさんは、しばらくこの例について考えているうちに、私がいつジョンを殺したかという問いに対する、満足のいく答えを思いつくかもしれない。それどころか、よく考えた上で、あらゆる事実は時点を定められるというのは本当に真実だと判断するかもしれない（考えてみる必要がある不可解な例は、私が先ほど示したものの他にももちろんあるが）。

死が「悪いこと」になるタイミング

もし、あらゆる事実は時点を定められると実際に判断し、それでも依然として、死は本人にとって悪いと言い張りたいのなら、先ほどの第一の方法を採用して、時点を定める必要がある。私たちにそれができるだろうか？　本人にとって死がいつ悪いと言えるだろうか？

死は私にとって今悪いと主張するのは、あまり期待が持てないと思う。今私は死んでいないので、自分の死が自分にとって悪いことでありうるとはとうてい思えない。だが、それに代わる選択肢も同様に受け容れ難いとまでは断言できない。つまり、死は私が死んだときに私にとって悪いと言えば良いではないか？

けっきょく、頭痛はいつ私にとって悪いのか？　頭痛がしているときだ。だからそれと同じように、死は私が死んでいるときに悪いと言えば良いではないか。

剝奪説によれば、死が悪いのは、人は死んだとき、人生における良いことを剝奪されるからだという。では、死はいつ本人にとって悪いのか？　おそらく、人生における良いことを剝奪されている間だろう。それなら、人生における良いことを剝奪されているのはいつか？　死んでいるときだ。剝奪された状態は実際にはいつ起こるのか？　死んでいるときだ。だから私たちはエピクロスにこう言えさえすれば良いのかもしれない（あらゆる事実は時点を定められなくてはならないというのが、本当にエピクロスの主張だったとしたら、だが）。

「あなたは正しかったですよ、エピクロス。あらゆる事実は時点を定められなくてはなりません。けれど私たちは、死がいつ悪いかを特定することができます。死は、本人が死んでいるとき、その人にとって悪いのです。なぜなら、そのときその人は、依然として生きてさえいれば経験できていただろう、人生における良いことを剝奪されている――経験していない――からです」

これはエピクロスの主張に対する返答として成り立ちうるように思える。

だがもちろん、そう答えた途端に、私たちは先ほどの難問に逆戻りだ。どうして死がそのとき私にとって悪いなどということがありうるのか？　私が存在すらしていないときに、どうして死が私にとって悪いなどということがありうるのか？　何かが私にとって悪いことでありうるには（あるいは、それを言うなら、何かが私にとって良いことでありうるためにも）、どう考えても私は存在していなくてはならない。ある人にとって何かが良かったり悪かったりするには、その人は存在する必要があるのではないか？

このように考えていくと、エピクロスの主張の解釈として、別の可能性が見えてくる。彼の頭にあった主張は、本当は次のようなものだったのかもしれない。

（A）ある人にとって何かが悪いことでありうるのは、その人が存在しているときだけだ。
（B）ある人が死んでしまえば、その人は存在しない。
したがって、（C）死は本人にとって悪いということはありえない。

これがエピクロスの頭にあったかどうかはともかく、この新しい主張について何と言うべきなのか？　ここでは、（B）は前提条件として受け容れている。ある人が死んでしまえば、その人は存在しない。したがって、死は本人にとって悪いということはありえないという結論（C）は、（A）を受け容れれば自然に導かれる。（A）を「存在要件」と呼ぼう。ある人にとって何かが悪いことでありうるのは（あるいは、それを言うなら、良いことでありうるのも）、その人が存在しているときだけだ。悪いことにとっても、良いことにとっても、それが存在要件となる。

非存在と悪は同居できるか

もし私たちが存在要件を受け容れれば、死は本人にとって悪いということはありえないという結論を受け容れざるをえないように見える。

では、私たちはどうするべきなのか？　存在要件をあっさり拒絶するべきかもしれない。たしかに、典型的なケース（痛みを感じたり、目が見えなくなったり、身体が不自由になったり、職を失ったりするケース）では、その人が悪い状況に置かれるのは、本人が存在している間だ。実際、通常のケースでは、人が何か悪いことを経験するには、存在していなければならない。だが、それは通常のケースだけの話で、すべてのケースには当てはまらないのかもしれない。特定の種類の悪いことの場合には、それがある人にとって悪いことであるためには、その人が存在する必要さえないのかもしれない。

その種の悪いことになりうるのは、いったいどんなことだろう？　おそらく、剥奪という相対的に悪いことはその類だ。なにしろ、何かが欠けているためには、人は存在する必要はない。それどころか、本人が存在していないというまさにその事実で、その人が剥奪されている理由、何かを欠いている理由が説明できるかもしれない。

もちろん、あらゆる欠乏がそれに該当するわけではない。テレビの例を思い出してほしい。テレビを見ているけれど、素晴らしいパーティーに出ることもできたケースだ。みなさんはテレビを見ていて、パーティーに出る機会を剥奪されている間、明らかに存在していた。同様に、封筒の例では、一〇〇〇ドルではなくわずか一〇ドルを手に入れていたとき、みなさんは存在していた。だから、剥奪が存在と同時に起こることもある。

だが、剥奪について肝心なのは、何かを剥奪されるのには、人は存在する必要さえない点だ。存在しなければ、何かを剥奪されることが確実になる。

だから、存在要件はあっさり退けるべきなのかもしれない。欠乏を話題にしているとき、つまり剥奪について語っているときには、（A）は間違っていると言うべきなのかもしれない。たとえある人が存在しなくても、その人にとって何かが悪いということはありうる。存在要件は誤りだ。エピクロスの主張の解釈として考えられる第二の候補には、そう応じれば良いのだろう。存在要件を退けることで、私たちは死は悪いという考えを持ち続けられる。

「非存在＝悪」を受け容れることで生じる不都合

あいにく、存在要件を退けると、受け容れるのがかなり難しい事柄が出てきてしまう。存在要件を退けたときに私たちが言うことになる内容を考えてほしい。私たちは、ある人が存在しないときにさえ、その人にとって何か（具体的には非存在）が悪いことでありうると言っているわけだ。だから人の死は本人にとって悪いことがありうる。

だが、もしある人が存在しないときにさえ、その人にとって非存在が悪いことでありうるのなら、非存在は、存在したことのない人にとっても悪いことになりうる。人になりえただけの人、存在することもありえたが、実際には生まれなかった人にとっても、非存在は悪いことでありうる。

そのような人を思い浮かべるのは難しい。そこで、せめて話をもう少しだけ具体的にしてみよう。それには協力者が二人必要だ。読者のみなさんのなかから男性に一人協力してもらう必要がある。女性にも一人協力してもらう必要がある。幸い、二人が見つかったとしよう。その二人にセックスをして子どもをもうけてもらう。

そういうことは現実には起こらないだろうが、それが現に起こった空想の世界を想定することはできる。この男女がセックスをして子どもをもうけたという、本当にはけっして実現しない可能性に思いを巡らせることはできる。

男性の精子が女性の卵子と結合して受精卵ができる。受精卵が育って胎児になる。それは、三七番の卵子と四〇〇万三〇九番の精子が合わさってできた胎児ということにしておこう。やがて胎児は誕生の時を迎える。赤ん坊は成長する。これはすべて現実には起こらないが、ここでは起こりえた。

こうして、生まれえたものの、実際には生まれない人が手に入った。生まれえたものの、実際には生まれないこの人のことを、ラリーと呼ぼう。ラリーは存在可能な人間だ。彼は存在しうる（私の読者二人はセックスをしうる）が、実際には存在することはない（二人がセックスをすることはない）。だからラリーは存在可能な人間でしかない。

さて、ラリーを気の毒に思う人がどれだけいるだろう？　おそらく、一人もいない。なにしろ、ラリーは存在してさえいないのだから。どうして彼をかわいそうに思うことなどできるだろう？

この答えは、存在要件（人にとって何かが悪いことでありうるのは、その人が存在しているときだけであるという主張）を受け容れた場合には、完璧に理にかなっている。ラリーは断じて存在しないので、彼にとって悪いことなどありえない。

だが、存在要件を捨て、存在しない人にとってさえ、何かが悪いことでありうると言ってしまえば、ラリーに対する同情を控える根拠はもう一つもなくなる。私たちは、

「なんということだ！　ラリーが生まれてさえいれば経験しただろう、人生における良いことのいっさいを考えてもみろ。だが、彼は生まれないから、そうした良いことを一つとして与えられないのだ」

と言うことができる。そして、死は人生における良いことを剝奪するので、私にとって悪いのだ

とすれば、存在しないことは、人生における良いことを享受する機会をラリーからすべて剝奪するので、彼にとっても悪い。私の置かれた立場は悪い。私はいずれ死ぬのだ。だが、ラリーの立場はなおさら悪い。私たちは本当に、ラリーのことをはるかに気の毒に感じるべきなのだ。だが、きっとみなさんはラリーという、けっして生まれることのない人を気の毒には感じないだろう。

このケースについて考えるにあたって大切なのは、何らかの形の二元論に再び陥らないことだ。とくに、ラリーはすでに魂を持っていて、生まれたいと必死に願っているなどと想像し始めてはならない。たしかホメロスの作品には、何かしら生贄《いけにえ》が捧げられ、死んだ魂がみなそのあたりに漂い、再び生きることを熱望し、食べ物の味と香りを楽しみたいと願う場面があったと思う。存在可能なだけでけっして生まれることがなくて存在しない人々が、本当は一種の亡霊のような状態ですでに存在しており、生まれていれば良かったのにと願っているとみなさんが想像しているのなら、彼らを気の毒に思うべきなのかもしれない。だがそれは、私が想定している物理主義の構図の中で起こっていることではけっしてない。

存在しない人々は、命を与えられていれば良かったのにと願う、気味の悪い亡霊に似た類の存在ではない。彼らはこれっぽっちも存在しない。非存在は非存在に尽きる。だから、ラリーについてもそれを念頭に置いておけば、彼を気の毒に思うのはとても難しい。

「生まれそこなった気の毒なラリー」は全世界に何人いるのか

人生における良いことを享受する機会をラリーがすべて剝奪されているという話を私があれこれ

しているうちに、むろん、みなさんは彼を気の毒に思い始めたかもしれない。だから、存在可能であるだけの人にとって生まれないのは悪いことであるという考えを真剣に受け止めたらどうなるかは、はっきりさせておく価値がある。存在可能であるだけの人がいったいどれほどたくさんいるか、みなさんにおおよそのところをつかんでもらいたい。

私たちの同情の対象とせざるをえなくなるのは、三七番の卵子と四〇〇万三〇九番の精子を合わせたら存在するはずの、生まれることのない人間であるラリーだけではない。違うのだ。私たちは膨大な数の、存在可能であるだけの人に同情しなくてはならなくなる。なぜならじつは、存在可能であるだけの、けっして生まれてこない人間の数は、信じられないほど多いからだ。

その数は？　たくさん、だ。いったいどれほど？　一度計算しようとしたことがある。そして、最近、少しばかり数を手直しした。間もなくわかるだろうが、その計算は用済みの封筒の裏でささっとやるような類いにすぎず、いろいろな意味でひどくおおまかで不十分そのものだ。だが少なくとも、存在可能である人がいったいどれだけいるかの目安にはなるだろう。

まずは控えめに始めて、こう問おう。現在の世代は、存在可能な人をどれだけ生み出しうるか？さて、現在いったいどれだけの数の人がいるのだろう？　私がこれを書いている二〇一一年の時点で切りの良い数字にすると、およそ七〇億人いる。そのほぼ半分が男性、半分が女性だ。

だとすれば、知りたいのは、三五億人の男性が三五億人の女性と、存在可能な人間を全部でどれだけ生み出しうるか、だ。

これについて考えるときに、どうしても承知しておかなければならないことがある。異なる卵子を異なる精子と組み合わせるたびに、異なる人間ができるのだ。ある卵子を異なる精子と合わせれば、異なる遺伝子コードができ、異なる人間が誕生する。あるいは、その精子を異なる卵子と合わせれば、異なる人間になる。だから、たとえば私の親が五分前あるいは五分後にセックスをしていれば、おそらく別の精子が母親の卵子と結びついていただろう。やがて生まれたかもしれない赤ん坊は私ではなかっただろう。私の代わりに別の子どもが生まれていたはずだ。卵子や精子を取り替えれば、別の人間が生まれる。だから、私たちが本当に知りたいのは、世界のおよそ七〇億人の間で、どれだけ多くの精子と卵子の組み合わせがあるのか、だ。

考えてみよう。女性が三五億人いる。一人の女性は卵子をいくつ持っているのか？　この後わかるように、厳密な数がいくつかはあまり問題にならないから、概算すれば良い。おおまかに言って、一人の女性は年に一二個の割合で約三〇年間排卵する。というわけで、それが女性一人当たりの卵子の数だ。じつは、この計算をしてからしばらく後に、存在しうる卵子の数はそれよりずっと多いことを知った。女性が妊娠可能な期間に排卵する回数はそのぐらいだが、じつは成熟して卵子になりえたのにそうならなかった細胞は、他にたくさんあるらしい。だから、存在可能な卵子の数はもっともっと多くなる。だが、そこまで考えなくても目的は果たせる。一年に一二個×三〇年で十分だろう。

次は男性だ。男性はおよそ三五億人いる。男性が精子を作れる期間はずっと長い。ここでも切りを良くするために、五〇年としておこう。男性は一日に何度セックスができるか？　まあ、間違いなく一度以上だろうが、ここでは控えめに見積もって一日一度としておこう。だから、一年に三六五回×五〇年ということになる。男性は射精するたびに大量の精子を出す。その数は？　たくさん、だ。たまたま私は、かつて調べたことがある。これまた切りの良い数字にすると、男性が射精するごとに放出される精子は四〇〇〇万にのぼる。そこで、男性が一生のうちに射精できる回数を求めて、それに四〇〇〇万という精子の数を掛ける必要がある。

それでは、考えてみよう。現在存在する全男性と現在存在する全女性を対象としたら、精子と卵子の組み合わせは何通り可能なのか？　それがわかれば、今の世代が生み出しうる存在可能な人間の数の見当がつく。もちろん、それらの人の大多数は生まれることがない。だが、私たちが求めているのは存在可能な人間の数だ。

存在可能な人間はどれだけいるのだろう？　式に書くとこうなる。

女性三五億人×女性一人あたり三〇年×一年あたり卵子一二個×男性三五億人×男性一人あたり五〇年×一年あたり三六五日×一日あたり精子四〇〇〇万個＝およそ三×一〇の三三乗

最後の計算も含めて、私は何度も概算をしたが、ごくおおざっぱに言って、三×一〇の三三乗人という存在可能な人間の数が得られた。三×一〇の三三乗人だ。次の世代に存在可能な人間は、おおまかに言ってそれだけの数になる。

もちろん、そのうちのほんのわずかしか実際には生まれてこない。だが、肝心なのは、ラリーを気の毒に思うなら、途方もない数の、存在可能であるだけの人間を気の毒に思わざるをえなくなるという点だ。生まれえたのに生まれなかった人間の一人ひとりを気の毒に思わなければならないのだが、存在可能であるだけの人間は三×一〇の三三乗人にのぼる。

しかももちろん、私たちは上っ面を一撫《ひとな》でしただけにすぎないというのが実情だ。なぜなら今や私たちは、これらの存在可能な人々に加えて、彼らがもうけうる存在可能な子どもたち全員まで考えに入れなければならないからだ。私たちはわずか七〇億人から始めて三×一〇の三三乗という数を得た。私たちがもうけうる、存在可能な孫の数を計算したらどんな数字が出るか、想像してほしい（合計でおよそ六×一〇の八〇乗）。

これらの人間が本当に同時に存在しうると言っているわけではないが、その一人ひとりが誕生しえた、存在可能な人間なのだ。それも、わずか二世代後に！　三世代まで計算すれば、存在可能な人間は、既知の宇宙にある全粒子の数を上回る。四世代後には、さらに増える。

存在可能な人間、存在しえたけれど存在することのない人間の数を考えると、それはとてつもないものになる。

「人類史上類を見ない、最も多くの命が奪われる惨事」は戦争ではない!?

それでは、存在要件を放棄し、人が実際に存在しなくてもその人にとって何か悪いことがありうるとしよう。すると、この途方もない数の人の一人ひとりにとって、生まれなかったのは悲劇だと言わざるをえなくなる。彼らは人生における良いことを享受する機会を剝奪されたからだ。もし存在要件を捨てれば、生まれなかった存在可能な人間の苦境は、心底呆然とするような道徳的悲劇になる。人類の歴史上、考えうる最悪の道徳的惨事でさえ、これらの生まれなかった存在可能な人間が人生における良いことを剝奪されるという道徳的惨事には及びもつかない。

さて、みなさんはどうか知らないが、それについて私が考えてみたときには、道徳的な大惨事という印象は受けないとしか言いようがない。この無数の人間が機会を剝奪されることに、苦悩も悲しみも狼狽も感じない。

だが、もし存在要件を捨て、剥奪説を通して死の悪い点を説明するのなら、この膨大な数の人間が生まれないという事実は言語に絶する規模の道徳的悲劇だと言わざるをえない。

それが道徳的悲劇だと言う覚悟ができていないのなら、存在要件に戻ることで、この結論を避けることも可能だろう。だがもちろん、現に存在要件に立ち返ったら、エピクロスの主張に逆戻りになる。ある人にとって何かが悪いことでありうるのは、その人が存在しているときだけだ。ある人が死んでしまえば、その人は存在しない。したがって、死は本人にとって悪いということはありえない。

私たちは哲学的な泥沼にすっかりはまり込んでしまったようではないか。存在要件を受け容れれば、死は本人にとって悪くないという主張に行き着くが、それはじつに驚くべきもので、信じ難い。逆に、存在要件を捨て、死は本人にとって悪いという主張を堅持することもできる。だが、もし存在要件を捨ててしまえば、ラリーと膨大な数の人間が生きる機会を剥奪されたのは悲劇だと言わざるをえなくなる。だが、それもまた受け容れ難い。

それならば、いったいどうしたら良いのか？

私たちは何と言うべきなのか？

死と存在の問題がもたらす哲学的泥沼から抜け出すための別解釈

ひょっとしたら私たちは存在要件を誤解していたのかもしれない。この要件は、私たちが思っているより緩やかなのかもしれない。あるいは、少し別の言い方をすれば、存在要件は厳しいものと緩やかなものという二つの異なるバージョンに区別でき、私たちは図らずも厳しいバージョンを前提としてきたが、もっと緩やかなバージョンを採用すれば、先ほどの受け容れ難い帰結を両方とも避けられるかもしれない。

これは有望な考えだと思うので、存在要件の意味するものの二つの異なる解釈を提案しよう。

緩やかな解釈……ある人にとって何かが悪いことでありうるのは、その人がいずれかの時点で存在しているときだけである。

厳しい解釈……ある人にとって何かが悪いことでありうるのは、その人がそのことと同時に存在しているときだけである。

以上が存在要件の内容の、二つの異なる理解の仕方だ。

緩やかなバージョンを「緩やか」と呼ぶのは、求めるものが少ないからだ。このバージョンは、ある人がいずれかの時点で存在していれば、その人にとって何かが悪いことでありうるとしている。厳しい解釈はそこにさらなる要件を加える。このバージョンは、ある人にとって何かが悪いことでありうるのは、その人にとって悪いはずのことが起こるのとまさに同じときに、その人が存在している場合だけだとしている。一種の同時性が必要なのだ。もし、ある人にとって何かが悪いのなら、その人はその悪いことが起こっているのとまさに同じときに存在していなければいけない。これは緩やかな要件よりもハードルが高い。緩やかな要件は、その人が悪いことと同時に存在することを求めない。いずれかの時点で存在していれば良いのだ。

まず、厳しいほうの主張を受け容れるとしよう。ある人にとって何かが悪いことであるためには、その人はその悪いこととまさに同時に存在しなければならないという主張だ。それならば、死は本人にとって悪いことになりえない。なぜなら、死んだときには本人はもう存在しないからだ。とはいえ、私たちのほとんどは、その結論を受け容れ難く思う。

だが、代わりに緩やかな要件を受け容れると、様相ががらっと変わる。今度は、ある人にとって何かが悪いことであるためには、その人はいずれかの時点で存在していれば良く、その悪いことと同時に存在している必要はない。そしてもちろん、私はいずれかの時点で間違いなく存在している。なにしろ、私はたった今存在しているのだから。

したがって、死は私にとって悪いことでありうる。たしかに、私は死んだら存在しなくなる。だが、それはかまわない。緩やかな存在要件は、私が悪いこととまさに同時に存在することを求めないからだ。だから、存在要件の緩やかなバージョンを採用すれば、死は本人にとって悪いと言うことができる。

さらに、緩やかなバージョンは、存在しないことがラリーにとっても悪いとは言っていない。ラリーはいついかなるときにも存在しないからだ！　ラリーはまったく存在しないので、緩やかな存在要件すら満たさない。だから、非存在はラリーにとって悪くないし、他の数え切れないほど多くの、存在可能な人間にとっても悪くない。

ようするに、緩やかな存在要件を受け容れれば、存在しないことはラリーには悪くないが、死は私にとって悪いと言える。こうして、受け容れ難い立場を両方とも回避できる。したがって、緩やかな存在要件を受け容れるのが最も妥当な立場のように思える。

緩やかな存在要件を受け容れれば、ある人にとって何かが悪いことであるためには、いずれかの時点でその人が存在している必要があると言っていることになる。私たちが気遣い、道徳的な関心を持つ人間の、言わば「クラブ」に入るためには、過去か現在か未来に、少なくともしばらくの間は存在しなくてはならない。だが、いったんクラブに入ってしまえば、たとえある人がたまたま存在していない時点で起こったことでさえ、その人にとって悪いことでありうる。

だから私たちは、ラリーを気の毒に思わなくてかまわない。その一方で、私たちは先週一〇歳で死んだ子どもは気の毒に思いうる。たとえとても短い間だったとはいえ、その子は実際に存在した事実を指摘できるからだ。そのような子どもは私たちが気の毒に思える人のクラブに入っている。その子がもう生きていないのは、本人にとって悪いことでありうる（まだ生きていたらその子が享受できていただろう、人生における良いことの数々を考えてほしい）。

このように、緩やかな存在要件を採用すれば、両方の極端を避けられる。これこそ私たちが受け容れるべき立場のように思える。

「死」はどんなときでも、タイミングが悪過ぎる

あいにく、緩やかな存在要件でさえ、直感に反する事態を招きうる。ある人の人生を考えてほしい。その人は長く素晴らしい人生を送ってきたとしよう。彼はこの世に生まれ、一〇年、二〇年、三〇年、四〇年、五〇年、六〇年、七〇年、八〇年、九〇年と生きてきた。素晴らしい人生だ。

さて、その人が九〇年生きる代わりに、一〇年、二〇年、三〇年、四〇年、五〇年と、もっと短

い人生を送ることを想像しよう。本来は九〇歳まで生きられたのに、五〇歳で死んでもらう。もちろん、これは彼にとって悪いことだと私たちは言うだろう。たっぷり八〇年か九〇年生きる代わりに、わずか五〇年しか生きないのだから。そして、もし私たちが緩やかな存在要件を受け容れれば、本当にそう言うことができる。五〇年生きようと九〇年生きようと、けっきょくその人はいずれかの時点で存在したからだ。

だから、生きられたはずの四〇年を失ったのは、その人にとっては悪いことだ。良かった。これで私たちがほしい答えを得られる。それは直感に反したりはしない。

今度は、その人が五〇年生きる代わりに、一〇年か二〇年生きて死ぬと想像しよう。このほうが明らかに、いっそう悪い。彼がこれほど若年で死にさえしなければさらに享受できただろう、さまざまな良いことを考えてほしい。そして、もし私が原因で、彼が五〇歳あるいは九〇歳ではなく二〇歳で死んだら、私が事態を悪化させたことになる。

次に、私のせいで彼が一歳で死んだと想像してほしい。このほうがなおさら悪い。これもすべて完璧に直感にかなっている。人生が短ければ短いほど、本人には悪くなり、人生における良いことをより多く剝奪される。

ようするに、九〇年の人生は悪くない。五〇年の人生は、それより悪い。一〇年の人生はさらに悪い。一年の人生はなおさら悪い。一か月の人生はいっそう悪い。一日の人生はなおいっそう悪い。一分の人生はもっと悪い。一秒の人生はもっともっと悪い。

最後に私は、その人がこの世にまったく生じないようにする。ああ、それならばかまわない。

えっ？　なぜそれは、かまわないのか？　だが、緩やかな存在要件を受け容れるとそうなる。その人が送りえた人生を、その人がまったく生まれない（あるいは、より厳密には、この世にまったく生じない）ところまで徹底して縮めたら、いずれかの時点で存在したことがあるという要件が満たされない。だから私たちはその人の人生を短くして状況をどんどん、どんどん悪くしていったにもかかわらず、とうとう最後に残った数分の一秒まで取り上げてしまったときには、状況を少しも悪くしなかったことになる。この段階では、許され難いことは何一つしなかったのだ。緩やかな存在要件を受け容れると、どうやらそう言わざるをえないようだ。

もちろん、存在要件が完全になければ、まったく生まれなかったというのは本当に最悪だと言えるだろう。だが、そう言ってしまったら、ラリーを気の毒に思わなければならない。そして、あの数知れない人々も気の毒に思わなければならなくなる。

ではけっきょく、どの見方が最も妥当なのか？　どう答えるにしても、ここで最も妥当というのは、それほど妥当である必要がないことに注意してほしい！　これらの難問について考え始めたら、どの選択肢もそれぞれ魅力に乏しいように見えると思う。だから、私たちが問うべきなのは、せいぜい、ここではどう言うのが妥当でない度合いが最も小さいか、かもしれない。そして、じつを言うと、私もあまり確信が持てない。

死後に関するルクレーティウスの主張とその反論

ここで、剝奪説にとっての、もう一つ別の難問に目を向けよう。

この難問は、存在要件を受け容れても受け容れなくても生じる。なぜなら、いずれかの時点で間違いなく存在する人、つまりみなさんや私を取り上げるからだ。それは古代ローマの哲学者ルクレーティウスから受け継いだ難問だ（注3）。

ルクレーティウスは、死は私たちにとって悪いことでありうるという主張は間違っていると考えた人の一人だ。自分はいずれ死ぬと思って残念がるのは、私たちが混乱しているからだと考えた。もちろん彼は、自分がいずれ死ぬという事実を私たちのほとんどが残念がることは承知している。私たちは死が自分にとって悪いと考える。なぜか？　私自身の場合はもちろん、死んだら存在しなくなるからだ。剝奪説が指摘しているとおり、死んだ後、まだ生きてさえいれば、人生における良いことを楽しんでいられるというのは正しい。

もっともだ、だが、ちょっと待ってほしい、とルクレーティウスは言う。

死んだ後は、私が存在しない唯一の時期ではない。もし生きてさえいれば、人生における良いことを楽しんでいられるというのが正しい、唯一の時期ではない。存在していない時期は他にもある。生まれる前だ。たしかに、私が死んだ後には存在しない時期が無限に続くし、それに気づくと本当にがっかりする。

だが、たとえそうであっても、当然ながら私が生まれてくる前にも無限の時間がある。では、存在しないことがそれほど悪いのなら（剥奪説によれば、私たちはそう言いたいようだ）、私は自分の誕生前にも存在していない時間が無限に続いていることも残念がるべきではないか？

だが、それは馬鹿げている、そうではないか、とルクレーティウスは言う。自分が生まれる前に非存在の時間が無限にあることを残念がる人は誰もいない。それならば、死んだ後に非存在の時期が無限に続くことを残念がるのはまったく理屈に合わないと彼は結論する。ルクレーティウスはこれを難問として提示しているわけではない。むしろ、自分がいずれ死ぬという事実について心配するべきではないという主張として述べているのだ。

とはいえ驚くまでもないが、ほとんどの哲学者には、あくまでルクレーティウスに従ってこの結論に至る気はない。彼らは代わりに、この主張にはどこか間違っているところがあるに違いないと言い張る。難しいのは、その間違いがいったいどこにあるかを突き止めることだ。

ここには、いったいどんな選択肢があるのか？

当然ながら、一つの可能性は、あっさりルクレーティウスに同意することだ。自分が生まれる前に、存在していない時間が無限にあっても少しも悪いことはない。だから同様に、死んだ後に、存在していない時間が無限にあっても少しも悪いことはない。私たちの大半が考えているのとは裏腹に、死は本人にとって悪くない。この選択肢、つまりルクレーティウスに完全に同意するというのは、たしかに一つの可能性だ。

第二の可能性は、ルクレーティウスに部分的に同意することだ。つまり、無限に続くこれら二つの非存在の時間を同等に扱うという点には従うが、死後に非存在の時間が無限にあるのには何か悪いところがあるのとちょうど同じで、誕生前に非存在の時間が無限にあるのにも何か悪いところがあるに違いないと主張する。

この選択肢は、剥奪説（私たちは死にさえしなければ人生における良いことを依然として楽しんでいられるのだから、死んだ後の期間があるのは悪いことだという説）を堅持するものだ。

したがって、ルクレーティウスが両方の期間を同じように扱うべきだと言ったのは正しかったのかもしれないが、それにもかかわらず、どちらの期間も悪くないと結論したのが間違いだったのかもしれない。私たちは、どちらの期間も悪いと考えるべきかもしれないのだ。これも一つの可能性だろう。

他にはどんな可能性があるのか？　存在しない期間が一つだけではなく二つあるとルクレーティウスが指摘したのは正しいが、それでも両者を違う形で扱うことを正当化できると言うことも可能だ。二つの期間の間には重要な違いがあり、その違いによって一方を気にかけ、もう一方は気にかけるべきではない理由を説明できるのかもしれない。

たいていの哲学者は、この最後の可能性を選びたがる。誕生する前の無限の非存在を気にしないのに、死後の無限の非存在を気にかけるのが理屈に合っている理由、理にかなっている理由を説明するものが何かある、と彼らは言う。

だが、その場合の難問はむろん、二つの期間をそのように異なる形で扱うのを正当化する両者の違いを指摘することだ。二つの期間の扱い方が異なるのは理にかなっていると言うのは簡単だが、哲学的な難題は、その非対称的な扱いを説明したり正当化したりするものを指摘することだ。

「生まれる前」と「死んだ後」の時間は、同じ価値を持つか

ごくありふれた答えには以下のようなものがある。

私の死後の期間を考えてほしい。私はもう生きてはいない。私は人生を失った。それに対して、誕生前の期間は、私は生きてはいないけれど、人生を失ってはいない。まだまったく生きてはいない。そしてもちろん、まだ持ったこともないものを失うことはできない。だから、死後の期間のほうが悪いのは、死には喪失が伴うのに対して、誕生前の非存在は喪失を伴わないという事実があるからだ。というわけで(この主張によれば)、誕生前の期間よりも死後の期間のことをもっと気にかけるのが理にかなっている理由がわかる。前者は喪失を伴わないのに対して、後者は喪失を伴うからだ。

先ほど言ったように、これはごくありふれた答えだ。だが私は、それが適切な答えであるはずがないと考えたい気がする。

誕生前の期間は喪失を伴わないのに対して、死後の期間は喪失を伴うというのは、もちろん正しい。なにしろ、「喪失」の定義そのものの制約があるからだ。何かを失うためには、それよりも前の時点で現に持っていたものを今や持たなくなったと言えなければならない。この定義に基づけば、死後の期間には喪失が伴うのに対して、誕生前の期間には喪失が伴わないのは自明だ。けっきょく、たった今確認したとおり、誕生前の期間には、私は人生を過ごしていないものの、それ以前に人生を過ごしていなかったことも事実だ。だから、私は何も失っていない。

また、誕生前のこの期間は、私は人生を過ごしていないが、やがて人生を手に入れる。だから、将

来手に入るものを私はまだ持っていない。あいにく私たちには、誕生前のような状態(後で手に入れるものをまだ持っていない状態)を表す言葉がない。ある意味では喪失に似ているが、喪失とまったく同じわけではない。それを「シュモス」と呼ぶことにしよう。誕生前の期間には、人生の喪失はないが、人生のシュモスはある。

一方、それは死後の期間には当てはまらない。死後、私は人生を失ってしまっている。この死後の期間には、人生の喪失があるが、人生のシュモスはない。

そこで今度は、私たちは哲学者として、こう問う必要がある。私たちはなぜ、人生のシュモスよりも人生の喪失をもっと気にかけるのか? かつて持っていたものを持たなくなるのは、やがて手に入るものをまだ持っていないのよりもなぜ悪いのか?

ここでの対称性は見過ごしやすい。「喪失」という良い言葉はあるのに、「シュモス」にあたる言葉はないからだ。だが、じつはそれは何の説明にもなっておらず、説明が必要なことを指し示しているだけだ。

私たちはなぜ、かつて将来手に入るものを持っていなかったことよりも、かつて持っていたものを持たなくなることのほうをもっと気にかけるのか? これは本当に不可解だ。

これら二つの非存在の期間に対する態度の違いを説明するために、これまでさまざまな提案がなされてきた。その一つが、現代の哲学者トマス・ネーゲルによるものだ(注4)。ネーゲルはまず、より長く生きる可能性について想像するのがどれほど易しいかを指摘する。私が八〇歳で死ぬとしよう。自動車にはねられるかもしれない。ただし、もしそのときに死ななければ、私は九〇歳、あるいは一〇〇歳までさえ生き続けたと想像してほしい。たとえ私が実際には八〇歳で死ぬとしても、これは十分ありうるように思える。八〇歳で死ぬというのは、私に関する偶然的事実であって必然的事実ではない。だから、死の到来を先送りして、もっと長く生きるところを想像するのはごく簡単だ。したがって、八〇歳のときに死が訪れるという事実を残念がるのは理にかなっている。死の到来を先送りして、もっと長く生きることができたからだ。

それとは対照的に、もし誕生前に存在しないのを私が残念がるのなら、もっと早く誕生することを想像しなければならないことをネーゲルは指摘する。誕生の到来を早めることで、私がもっと長く生きることを想像するべきだという。これは可能だろうか？　私は一九五四年に生まれた。私は、たとえば一九四四年ではなく一九五四年に生まれたという事実を残念がることがありうるだろうか？

ネーゲルは、私は一九四四年に生まれなかったことを残念がるべきではないと考える。実際よりも早い誕生を迎えることは、じつは不可能だからだ。私の死は、私に関する偶然的事実だ。だが、私の誕生の日付は私に関する偶然的事実ではない。いや、それは完全に正しいとは言えない。たとえば、早産させたり、帝王切開をしたりといった具合に、誕生の時期を少しだけ変えることは可能だからだ。もちろん、厳密に言えば、決定的に重要な瞬間は、私が存在するようになった瞬間だ。それは卵子と精子が合わさったときとしよう。ネーゲルの考えでは、これは私の人生の物語で偶然的な瞬間ではなかったという。私の人生の物語における必要不可欠な時点なのだ。

「私」は過去には存在しえない

どうしてそんなことがありうるのか？　私の親がそれより一〇年前にセックスをすることは、簡単に想像できるのではないか？

たしかに、できる。だが思い出してほしい。一〇年前に二人がセックスをしたら、違う卵子と精子が組み合わさり、私ではなくなってしまう。それは、あいにく生まれなかった私の兄あるいは姉だ。一九四四年には私の兄か姉が誕生しえただろうが、私は一九四四年には誕生しようがなかった。私たちが想像している、この生年月日の早い人は、私ではありえない。これはつまり、

「私がもっと早く生まれてさえいれば」

と言うことはできても、それは正真正銘の形而上の可能性を本当に指し示してはいないことを意味する、とネーゲルは主張する。だから、自分が存在し始める前に存在しなかったことを残念がっても意味はない。なぜなら、もっと早く存在するようになって人生を長くすることなどできるはずがないからだ（それに対して、すでに見たとおり、存在しなくなるのを先送りにすれば、人生を伸ばすことができる）。


これはなんとも心をそそられる主張だと言わざるをえない。だが、これは完全に正しいはずがないと思う。あるいは、ルクレーティウスの難問にどう答えるかについての完全な説であるはずがないと言うべきか。なぜなら、実際よりも早く存在するようになっていた可能性を簡単に想像できる場合があると思うからだ。

精子と卵子を保存している、不妊治療クリニックがあったとしよう。そのクリニックは、使う時が来るまで精子と卵子を凍結させておく。そして、たとえば二〇二五年に一組解凍する。卵子を受精させ、やがてそれが人間として誕生する。その人は、実際よりも早く誕生することもできたと言っても差し支えないように思える。

彼は過去を振り返り、一〇年早くあの精子と卵子をいっしょにしてもらえてさえいれば、一〇年早く生まれていたのにと言うことができるだろう。生まれていたのは彼の兄か姉ではなく、彼だったはずだ。なにしろ、精子も卵子もまったく同じものだっただろうから、まったく同じ人間が生まれたはずだ。だから、精子と卵子を一〇年早く合わせてさえいれば、彼は一〇年早く生まれていたはずだ。

もしそれが正しければ（私には本当に正しく見える）、実際より早く生まれるのを想像するのは不可能だとネーゲルが言ったのは間違っていることになる。とはいえ、この種の不妊治療クリニックで誕生した人を想像して、

「彼らは実際より早く生まれていなかったのを残念がるか？」

と問えば、ほとんどの人は依然として、

「いや、もちろん違う」

と答えるように思える。だから、私たちの難問に対するネーゲルの解答は適切には思えない。

「もっと前に生まれていれば」にこめられた意味

別の答えの候補を紹介しよう。これは、やはり現代の哲学者であるフレッド・フェルドマンの答えだ（注5）。

「もしもっと後に死にさえすれば」

と私が言ったら、私は何を思い描いているのか？　私は八〇歳の二〇三四年に自動車にはねられるとしよう。そのときに死ななかったらどうなるかは、間違いなく想像できる。私たちは何を想像

するか？　おそらくこんなことだろう。「わずか」八〇年だけ生きる代わりに、八五歳か九〇歳、あるいはそれ以上まで生きることが想像できる。私たちはもっと長い人生を想像する。私がある時点よりも後に死ぬのを想像するときには、私がもっと長い人生を送りうることを想像する。だが、「もっと前に生まれてさえいれば」と私が言うときには、私は何を想像しているのか？　フェルドマンによれば、じつは私たちはもっと長い人生を想像するのではなく、ただ人生をそっくり移動させ、実際よりも前に始めさせているだけだという。なにしろ、実際に生まれた年ではなく一八〇〇年に生まれたと想像するように私がみなさんに頼んだところで、

「そうか、一八〇〇年に生まれていたら、私は今も生きていただろう。二〇〇歳を超えているわけだ！」

などと考える人は誰もいない。みなさんは、

「もし一八〇〇年に生まれていたら、一八六〇年か一八七〇年か、そのぐらいで死んでいただろう」

と考えるはずだ。

実際より前に生まれることを想像するときには、私たちは実際よりも長い人生ではなく、単に前に送る人生を想像する。そしてもちろん人生を実際よりも前に送ったからといって、剝奪説に従えば、特別その人生が良くなるわけではない。だから、もっと早く生まれていなかった事実を嘆いても意味がない。

それにひきかえ、実際よりも後に死ぬことを想像するときには、人生を先送りするわけではなさそうだ。実際よりも後に生まれて、同じ長さの人生を送ることは想像しない。そうではなくて、もっと長い、良いことがより多い人生を想像する。だから私たちが、誕生前に存在しないことを気に

かけないのとは違って、死後に存在しないことを気にかけるのに不思議はないと、フェルドマンは言う。

これもまた、興味深い主張で、おそらくルクレーティウスへの完全な答えの一部になっていると想像できる。だが、それだけでは十分なはずがないと思う。なぜなら、もしもっと前に生まれてさえいれば、もっと長く生きられただろうと考えるのが妥当なケースを実際に想像できるからだ。

小惑星が間もなく地球に衝突し、あらゆる命を消し去るという、身の毛がよだつような事実を天文学者たちが来週発見するとしよう。その小惑星は、来年の一月一日に地球にぶつかる。

さて、現在まだ三〇歳の人を想像してほしい。そういう人が、私はまだたった三〇年しか人生を送っていない、一〇年早く生まれてさえいれば、死ぬまでに三〇年ではなく四〇年の人生を送ることができたのに、二〇年早く生まれてさえいれば、死ぬまでに三〇年ではなく五〇年の人生を送ることができたのにと考えるのは、まったくもって理にかなっているように思える。それはみな、完全に理解できるように思える。

だから、やろうと思えば、早く生まれていたら、ただ人生を移動させるのではなく長くする結果になるケースを考えつけるように思えてならない。そうしたケースでは、「死後」の方向ではなく「誕生前」の方向へと人生を延長することを想像できるらしい。

これは何を教えてくれるのか？　私にはよくわからない。小惑星の例について考えるときには、けっきょくここでは対称性を想定するのが正しい道のように思わず考えてしまう。そのようなケースでは、誕生前の非存在は、死後の非存在と同じぐらい悪いのかもしれない。

通常、実際より前に生まれることを考えるとき、私たちは人生を長くするのではなく移動させるだけだというフェルドマンの主張は正しいのかもしれない。だが、そうであっても、実際より前に生まれていたら人生がもっと長くなるようなケースを注意深く描き出せば、ひょっとすると、もっと早く生まれていなかったのは本当に悪いのかもしれない（フェルドマンはおそらく同意するだろう）。

「未来志向」が時間の重みを変える

ルクレーティウスに対する答えとしては、こんなものも提案されている。これは、やはり現代の哲学者であるデレク・パーフィットによるものだ（注6）。誕生前の非存在は喪失を伴わなかったが、シュモスは伴っている事実を思い出してほしい。だから、喪失がシュモスよりも悪い理由の説明があれば役立つ。なぜ私たちはシュモスよりも喪失を気にかけるべきなのか？　パーフィットの考えは事実上、これは私たちの勝手気ままな好みではないというものだ。むしろそれは、私たちは過去とは違う形で未来を気にかけるという、ごく一般的なパターンの一環を成す。

これは人間が何をどう気にかけるかにまつわる非常に深遠な事実だ。私たちは未来志向で、未来に何が起こるかに関心があり、それは過去への志向や、過去に起こったことへの関心とは異なる。

パーフィットは納得のいく恰好の例を示している。彼は、みなさんがある病気にかかっていて、手術を受けない限り死ぬと想像するように言う。その場合、みなさんは手術を受ける。だがあいにく、手術の間、麻酔がかけられない。みなさんは医師たちに、

「はい、痛いのはそこです」

と言ったりするために、目覚めていなければいけない。手術の間ずっと目覚めていなければならないのだが、それはひどく痛い手術だ。そのうえ、鎮痛剤ももらえない。もし鎮痛剤を服用すると、みなさんはどこが痛いかを医師たちに伝えられないからだ。ようするにみなさんは、事実上の拷問を受けている間、目覚めている必要がある。もちろん、それでも受けるだけの価値がある。受ければ病気が治り、その後、長く素晴らしい人生を送れるからだ。だが手術そのものの間は、みなさんは地獄の責め苦を味わう。

みなさんは鎮痛剤ももらえないし、麻酔もかけてもらえないが、唯一、手術後にとても強力な薬を服用することができる。その薬はごく局所的な記憶喪失を引き起こし、ごく最近の記憶を消し去る。手術自体のことは何も思い出せなくなる。とくに、拷問のような痛みのぞっとするような記憶は二度とたどらずに済む。そのような記憶はまったく残らないからだ。実際、過去二四時間の記憶はすべて拭い去られる。ようするに、こういうことだ。みなさんはすさまじい痛みを伴う手術を受け、その間、目覚めている。だが、手術の後で薬をもらい、手術の痛みを完全に忘れられる。それどころか、その日にあったことは何から何まで忘れてしまう。

だから、みなさんは病院にいて、目が覚め、

「もう手術は受けたのか、まだか？」

と自問する。そして当然、みなさんは答えを知らない。たしかに、受けた記憶はない。だが、そこからは何もわからない。もしまだ受けていないのなら、受けた記憶がないのは当たり前だ。だが、すでに手術を受けていたとしても、そのあと例の薬を服用しただろうから、今や手術の記憶はないはずだ。そこでみなさんは看護師に、

「私はもう手術を受けたのでしょうか、それとも、まだですか？」

と尋ねる。すると、看護師はこう答える。

「わかりません。今日、この階にはあなたのような患者が何人かいて、もう手術を受けた人もいますが、今日、この後に受けることになっている人もいるのですよ。あなたがどっちのグループだったか、覚えていません。ファイルを見てきますね。すぐ戻ってきて、教えてあげます」

そして、彼女は出ていってしまう。一、二分で戻ってくるはずだ。

そして、みなさんは彼女の帰りを待ちながら、私はどういう答えを期待しているのか、と自問する。自分がどちらのグループに入っているか、気がかりだろうか？　手術をすでに終えたグループに入っているほうが良いか？　まだ受けていないグループのほうが良いか？　それとも、どちらでもかまわないか？


さて、もしみなさんがパーフィットに似ている（さらに言えば、私に似ている）なら、もちろん気にかかる、と答えるだろう。私だったら絶対、手術をすでに終えていることを願う。まだ受けていないグループではありませんように、と思う。

これがどうして理にかなっているなどということがありうるかと、私たちは問うても良いだろう。みなさんは遅かれ早かれ手術を受ける。人生の歴史のある時点で、その手術は起こることになる。だから、みなさんがきのう手術を受けた人の一人であろうと、今日これから受ける人の一人であろうと、人生のある時点で受ける痛みと拷問の量に変わりはない。だがそれにもかかわらず、実情は完全に明白で、現に気にかかるとパーフィットは言う。私たちは、痛みを過去のものにしたがる。未来に痛みが待ち受けていることを望まない。過去に起こったことよりも、未来に起こることのほうが気にかかる。

　ところが、もしそうなら、過去に存在しないこととは違う形で、未来に存在しないことを気にかけるのは、意外ではない。だから、それがルクレーティウスに与えるべき答えなのかもしれない。未来は、過去とは違う形で重要なのだ。

　これもやはり心をそそられる主張だ。そしてそれは、過去と未来に対する私たちの非対称的な態度に納得のいく説明を与えてくれそうだ。だが、それでも私たちは、そうした態度を正当化する根拠を一つでも与えてくれるかどうか、問うても良いだろう。私たちには時間に対するこの根深い非対称的態度があるという事実は、私の見る限りでは、それが正当であると立証された態度かどうかは、まだまったく教えてくれない。

　ひょっとすると私たちは、進化のせいで、過去とは違う形で未来を気にかけるようになっており、それが、パーフィットの病院の例や、喪失とシュモスに対する私たちの態度などに表れているのかもしれない。だが、私たちにこの態度があるという事実からは、それが合理的な態度かどうかは、まだはっきりしない。

　では、どうすればそれが合理的な態度であることを示せるのか？　それには、骨の折れる形而上学的な考察を開始しなければならないのかもしれない（これまですでにたっぷり骨折りをしてきたというのに）。過去と未来の形而上の違いについて語る必要があるのかもしれない。何と言おうと直感的には、過去は定まっているのに対して未来は開かれており、時間には過去から未来へという方向性があるように見える。どうにかしてこうしたことをすべて持ち込んで、時間に対する私たちの態度が理にかなったものであることを説明できるかもしれない。

だが、私はそれに手を染めようとはしない。私が言いたいのは、ルクレーティウスの難問に対する最善の答えが何かはあまりはっきりしないということだけだ。

「死が悪い」ということについての、シェリー先生の結論

だから、私が剝奪説を持ち出して、死について悪いことのうちで中心的な問題は、人生における良いことを剝奪されるという事実だと言うときには、剝奪説に関しては何から何まで明瞭で申し分ないと主張するつもりはない。なぜ死が悪いことでありうるかについては、難問——まだ完全には答えが得られていない疑問——がいくつか残っていると思う。

だがそれでもなお、私には剝奪説こそが、進むべき正しい道に思える。この説は、死にまつわる最悪の点を実際にはっきり捉えているように見える。

死のどこが悪いのかといえば、それは、死んだら人生における良いことを享受できなくなる点で、それが最も肝心だ。死が私たちにとって悪いのは、私たちが死んでさえいなければ人生がもたらしてくれただろうものを享受できないからにほかならない。

第5講

不死——可能だとしたら、あなたは「不死」を手に入れたいか？

死は人生における良いことを剥奪するから悪いのであるなら、最も望ましいのは永遠に生きることなのだろうか？　死が悪いのはこの剥奪のせいであるという説を受け容れれば、不死でいるほうが望ましいということになるのだろうか？

そういうことになると考えるのが自然だ。たとえば、私は来週トラックにはねられて死ぬとしよう。それは、剥奪説によれば悪い。トラックにはねられてさえいなかったら、私はさらに二〇年か三〇年生きられたかもしれないからだ。人生における良いことを、あと数十年間享受できていただろう。そのほうが私にとって良かったに違いない。

だがもちろん、事故で死ぬ代わりに八〇歳で死んだら（癌《がん》で死ぬとしよう）、それも私にとっては依然として悪い。もし八〇歳のときに癌で死にさえしなければ、さらに一〇年か一五年、あるいは二〇年生きて、人生における良いことをさらに多く享受できたかもしれない。

そして、もしもっと生きてから一〇〇歳のときに（心不全ででも）死んだら、やはりそれも私にとっては依然として悪い。一〇〇歳で死ななければ、人生からなおさら多くのものを得ていただろうから。

この種の言葉は、いくらでも繰り返せるのは明らかだ。一二〇歳で死にさえしなければ、一五〇歳で死にさえしなければ、五〇〇歳で死にさえしなければ……。剥奪説を受け容れるなら、いつ死んだとしても、そのときに死にさえしなければ、人生からより多くを得ていたはずだというのは、必ず正しいのではないか？　そしてそれならば、いつ死のうと、死は本人にとって悪い。そこから、最善なのはまったく死なないこと、つまり不死であるという結論が導かれる。

不死こそが人間にとって最善なのか

ここで問う必要のあることは、じつは二つある。

第一の疑問は、一貫性を保つためには、剥奪説を受け容れる人は誰もが、不死は良いことであるとも信じなければならないかどうか、だ。もし剥奪説を受け容れながら、不死の価値を否定したら、自己矛盾を起こしていることになるのか？

第二の疑問は、たとえ一貫性のためだけに不死の価値を認めなくても良いとしても、不死が良いことであるというのは依然として真実なのか、だ。

まず、最初の疑問から始めたい。こちらのほうが答えやすいと思うからだ。

「お先真っ暗」なら死は大歓迎に値する⁉

もし剝奪説を受け容れたら、（矛盾しないために）それによって、不死は価値があるという主張に同意していることになるのか？

まったく違う。なぜなら不死の価値は、剝奪説が正しいということから、論理にだけ基づいて導かれたりはしないからだ。

つまるところ、剝奪説が主張しているのは、「死は人生における良いことを剝奪するから悪い」ということだ。たとえば、あのトラックにはねられさえしなかったら、プロのダンサーとして、あるいは建築家として、胸の躍るような人生を送っていただろう。あるいは、家庭を持ったり、世界中を旅してまわったり、友人と時間を過ごしたり、重要な科学的発見をしたりしていたかもしれない。ともかく、さまざまな可能性が考えられる。人生は素晴らしいことをたくさんもたらしてくれただろうが、トラックにはねられたら、そうした素晴らしいことを剝奪される。だから、そのとき死ぬのは悪いことなのだ。つまり、人生における良いことを剝奪するときに、死は悪いということだ。

だが、人生にもう良いことが何も残っていなかったとしよう。これが現に起こりうるかどうかはまだわからないが、少なくとも論理的な可能性は考えてみよう。人生には良いことがもう残っていないとする。

それなら、死によって人生を奪われたとき、良いことを一つも剝奪されていないから、その時点では、本人にとって死ぬのは悪いことではない。剝奪説によれば、死が悪いのは、良いことがやがて起こっていただろうときに限られるはずだ。あるいは、もっと厳密に言えば、その後送っただろう人生が、全体として、本人にとって良いときに限られる（良いことのなかに悪いことが混じっている可能性がある）。それが正しいなら、つまり、人生が全体として良いものであり続けたなら、続きの人生を失うのは、本人にとって悪いことになる。

だが、その後の人生がもたらしただろうものが、良いことではなく身の毛がよだつようなことだったら、それを避けるのは、本人にとって悪くはない。それどころか、それを避けるのは良いことかもしれない。

だから、たとえ剥奪説を受け容れたとしても、死は常に悪いという主張に同意することにはならない。私たちは状況を見てみなければならない。人生はこの後いったい何を提供してくれるだろうか？　論理と剥奪説だけでは、不死は良いことだと私たちに言わせることはできない。

なにしろ（これはどうしても理解しておかなければならない重要な点なのだが）、限られた量では人にとって良いことも、もっともっと手に入れれば、本人にとって悪いことになりうるからだ。

一例を挙げよう。私はチョコレートが大好きだ。誰かがゴディバのチョコレートの箱を手に近寄ってきて、中身をいくつかくれたとしよう。私は、

「これはありがたい！　ゴディバのチョコは大好きなのです！」

と言う。するとその人は、またいくつかくれ、その後さらにいくつかくれる。チョコレートを一〇個。一五個。二〇個。チョコレートを二〇個食べたころには、今すぐ二一個目を食べたいと思うかどうかは怪しい。だが、その人は相変わらず次々にチョコレートをくれる。三〇個、四〇個、一〇〇個。いずれかの時点で（これまで実際にこれほどたくさんのチョコレートを食べたことがないので、どの時点でかはわからないが、ともかくいずれかの時点で）、私は言うだろう。最初の一〇個か一五個、あるいは二〇個は美味しかったけれど、二一個目か三〇個目、あるいは五〇個目を食べ

なくてはならなくなったときには、もう美味しくない、と。少なくとも論理的には、そういうことは起こりうる。

それならば人生も、一律にそれと同じかもしれない。少なくとも、論理的に言えば、人生は少量（五〇年、八〇年、一〇〇年）では良いかもしれないものの、いずれ悪いものに変わる。チョコレートをどんどん無理やり食べさせられるのとちょうど同じだ。そして、本当に私たちにとって悪いものになったら、剝奪説は私たちがその時点で死ぬのは本人にとって悪くないと言うのを許すだろう。

だから論理だけでは、不死は良いことだと私たちが信じなくてはならないことにはならない。だがそれにもかかわらず、もちろん依然として不死は良いことでありうる。だからそれが第二の疑問だ。永遠に生きるという見通しについては、どう考えるべきなのかと問うことにしよう。

長く生きるほど、人生は良くなるか

人生は長くなればなるほど、実際にどんどん良くなるのか？　悲惨な自動車事故で誰かが一〇歳で死んだら、四〇歳まで生きられたほうが良かったのか？　誰かが四〇歳で死んだら、八〇歳まで生きられたほうが良かったのか？　誰かが八〇歳で死んだら、一〇〇歳か一二〇歳か一七〇歳、あるいはそれ以上まで生きられたほうが良かったのか？　人生は長ければ長いほど、どんどん良くなるというのは本当に真実なのか？

この質問をするときには、細心の注意を払って、厳密には自分が何を想像しているのかをはっきりさせておかなければならない。

不死を思い描くのには、次のようなやり方がある。加齢はおおむね今と同じように進み、身体は歳をとるにつれて現在経験するように、さまざまな変化を経るとしよう。だが、そうした変化のせいで、人は八〇歳や九〇歳や一〇〇歳で死なないとしよう。そうした変化がますます増えるが、それで人が実際に死ぬことはない。

　これは、ジョナサン・スウィフトが『ガリバー旅行記』の見事な一節でやった思考実験の類いだ（注1）。住民の一部が永遠に生きる国をガリバーが訪れるところをスウィフトは想像している。彼らは不死だった。最初ガリバーは、

「ああ、これは素晴らしいではないか」

と言う。だが彼は、私たちが歳をとるにつれて実際に経験する種類の変化が積み重なり続ければ、人は歳をとるだけではなく、身体が弱り、不自由になっていくという事実について考えるのを忘れていた。不快なことがどんどん増え、すさまじい勢いで老衰が進む。彼らは永遠に生きられるのだが、やがて頭の働きが失われ、絶えず痛みに襲われ、身体はすっかり衰え、病に蝕《むしば》まれているので何一つできない。これはおよそ素晴らしい状態ではない。もし不死とはそういうものならぞっとするとスウィフトは言う。

　そして、モンテーニュもよく似たことを言い、死はじつは恵みだと主張する。老齢になった私たちが見舞われる痛みや苦しみ、惨めさに終止符を打ってくれるからだ（注2）。

　それはたしかに正しいように思えるが、私たちが不死でいたいと言ったときには、この種の、下降の一途をたどる人生が果てしなく続くことを望んでいたのではないと主張して、反対しても許されると思う。私たちは、かくしゃくとして元気いっぱいに、健康な状態で永遠に生きたいのだ。

だから、たとえ現実の世界でそれが許されなかったとしても、永遠に生きるのが良いことでありうるかどうか、いちおう尋ねてみよう。それを問うときに、永遠に生きるのがおそらくどういうことになりそうかについての事実を、いくつか変えなくてはならないのは明らかだ。だが、そうしてみよう。想像力を思い切り羽ばたかせてみよう。少なくとも原理の上でぐらいは、永遠に生きるのは良いことでありうるというのは正しくはないだろうか？

「不死」と「生き地獄」は紙一重!?

ここでは慎重になる必要がある。慎重にやらないと、ときどき目にするおぞましい話の二の舞になる。いくつか願い事をするが、その願い事を口にするときに、慎重に言葉を選ばなかったために、願いがかなうものの、悪夢のような結果を招くというパターンだ。願い事を三つかなえてくれるという妖精に、

「永遠に生きたい」

とだけ言い、

「ただし、必ず健康でいられるように」

と言い忘れたら、それは悪夢になるだろう。それこそスウィフトが私たちに語ったことだ。だから、注意しよう。健康やその他、何でも望むものをつけ加えておこう。永遠に貧乏でなくて済むように、十分なお金も含めよう（健康でも永遠に貧困にあえぐことになったら、それこそ悲惨ではないか）。望むものは何でも加えよう。

この時点で問う必要があるのは、不死であるのが良いことであるような、そういう不死の状態を

るだろうか？
一つでも想像できるか、だ。永遠に存在するのが本人とって永遠に良いことである場合を想像できるだろうか？

答えは、もちろんできるだと、どうしても考えたくなる。これほど簡単なことはないはずだ。永遠に天国にいることを想像しさえすれば良い。天国での永久の至福。それ以上良いものがありうるだろうか？　誰もがぜひ天国で永遠に過ごしたいと思うのではないか？

問題は、天国での暮らしが厳密にはどんなものなのかについて、たった今私が少しばかり曖昧だったことだ。天国での永遠の時を約束する宗教でさえ、詳細については非常に遠慮がちであるという事実は際立っている。それはなぜか？　なぜなら、実際に詳細を埋めようとすると、この素晴らしい、永遠の存在は、けっきょくそれほど素晴らしくは見えなくなってしまうことが懸念されるからだ。

天国で何が起こるかと言えば、私たちは全員天使になり、永遠に賛美歌を歌って過ごすことになると想像してみよう。さて、じつは私は幸い賛美歌が好きだ。礼拝で賛美歌を歌うのがかなり楽しい。土曜の朝、ヘブライ語で賛美歌を歌う。それが私にはじつに楽しい。だが、永遠の時間を歌って過ごす可能性について訊かれたら、あまり望ましいことのようには思えない。

これと同じことをユーモラスに描いたのが映画『悪いことしましョ！（注3）』だ。この映画では、ある人間が悪魔と出会い、
「それで、どうしてお前は神に反逆したんだ？」
と問う。すると悪魔はこう答える。

「よし、教えてやろう。俺がここに座っているから、周りを踊ってまわりながら、『おお、神を称えよ、主はなんと素晴らしい！　主はなんと偉大なことか！　主はなんと輝かしいことか！』と唱えるんだ」

人間はしばらくそうしてから、

「もう、うんざりだ。交代してくれないか？」

と不平を言う。すると、すかさず悪魔が答える。

「俺もまさにそう言ったのさ」

「永遠の生が手に入ったら、何をするか」の思考実験

天国で永遠に賛美歌を歌うことを想像しようとすると、あまり魅力的には思えない。まあ、良いだろう。永遠に賛美歌を歌うのは想像しないことにする。さっさと何か別のことを想像すれば良い。だが、何を？　何を想像する？　私はぜひみなさんにこの思考実験をやってもらいたい。

どんな種類の人生を想像すれば、そういう人生を永遠に送るなら良いと言えるだろう？　単に次の一〇〇年だけでなく、次の一〇〇〇年だけでもなく、次の一〇〇〇〇年だけでもなく、一万年でも一億年でもない。思い出してほしい。永遠というのは、とても、とても長い時間なのだ。永遠というのは、永遠に続く。こういう生き方なら永遠にそれだけを続けたいというものを、みなさんは描き出せるだろうか？

イギリスの哲学者バーナード・ウィリアムズはこの疑問について考えたとき、答えはノーだと思

った（注4）。どんな種類の人生も永遠に望ましく魅力的なものとはならないだろう。あらゆる人生は最終的には退屈で悪くなる、それどころか耐え難いまでの苦痛を伴うものになるだろうと、ウィリアムズは信じていた。どんな種類の人生も、最後には免れたくなるような人生となる。ようするに、不死は素晴らしいことにはほど遠く、ぞっとするような代物なのだ。

しばらくウィリアムズに同意するとしよう。それでは、死について何と言うべきなのか？　厳密に言えば、もし慎重になり、そして不死は悪いだろうという説に同意したなら、死そのものも悪いとは言えない。

それどころか、私たちがいずれ死ぬという事実、私たちは必ず死ぬという事実は、じつは良いことだ。なにしろ、死ぬことに代わる唯一の選択肢は、永遠に生きることなので、もし不死が本当に悪いことなら、じつは死はまったく悪くない。死は良いことだ。不死という望ましくない運命から救い出してくれるのだから。

もちろん、たとえそう言ったとしても、明日私が自動車にはねられたら、それは私にとって良いということにはならない。そんなことはまったく言わなくて良い。私が自動車にはねられたのは悪いと、依然として言うことができる。なぜならけっきょく、自動車にはねられていなかったら、私は不死の宣告を受けていたわけではないのだから！　あと一〇年か二〇年、あるいは三〇年生きただろうということにすぎない。そして、その年月は私にとって良いものだっただろう。

そして、私が死ぬときにさえ（一〇〇歳という高齢まで生きるとしよう）、そう、一〇〇歳で死ぬときにさえ、一〇〇歳で死ぬのは私にとって悪いことだと、相変わらず言えるかもしれない。もしそのとき死んでいなければ、あと一〇年か二〇年生きて、曾孫《ひまご》や玄孫《やしゃご》と遊ぶといった、人生の出来事を依然として楽しめたかもしれないからだ。

不死が悪いと言うのは、私たちが今死ぬような年齢で死ぬのは良いことだと言うのとは違う。私たちはあまりに早く死に過ぎると、一貫して信じられることに変わりはない。遅かれ早かれ、死は最終的にもう悪くなくなるかもしれないが、それでも、私たち全員に、死は実際には早く訪れ過ぎるというのが真実でありうる。

不死はじつは望ましいものではないだろうという点でウィリアムズに同意したら、そう言うことができる。だが、ウィリアムズに同意するべきかどうかは、まだ決めていない。だから、経験する価値のあるような不死の人生を想像できるかと問う必要が依然残っている。どう想像しようと、あらゆる人生は最終的に退屈になったり、悪くなったりするというウィリアムズの主張は正しいのかと問う必要がある。

永遠の命＝永遠の退屈？

いちおう言わせてもらえば、私はウィリアムズに同意したい気がする。どんなふうに空白を埋めようとしても、それは途方もなく長い空白だと思う。ここで心に留めておくべき肝心な点は、不死の人はただとても長い時間生きるのではなく、並外れて長い時間生きるのでさえなく、文字どおり永遠に生きるということだ。そして、永遠にやりたいと思えるようなことを考えつくのは、とても難しい、いや、不可能だと思う。

あるとき、次のように私に言い切った友人がいた。彼はこれから永遠に毎日タイ料理が食べられるように、永遠に生きたいというのだ。私もタイ料理は好きだが、毎日、毎日、何千年も何万年も何億年も何兆年もタイ料理を食べるという見通しは、魅力的には感じられない。むしろそれは、一種の悪夢のように見える。同様に、すでに言ったとおり、私はチョコレートが好きなのだが、永遠に、もっと、もっと、もっとチョコレートを食べ続けなければならないと考えたら、胸がむかついてくる。

どんな活動でも良いから、考えてほしい。みなさんはクロスワードパズルが好きかもしれない。だから、毎日二時間クロスワードパズルをして過ごすのだと思うと、嬉しくなるかもしれない。だが、一〇年、一〇〇〇年、一億年、一兆年、毎日クロスワードパズルをするところを想像してほしい。いずれ、

「もうクロスワードパズルはうんざりだ」

という羽目になるだろう。私にはそう思える。たしかに、それまで見たことのない新しいクロスワードパズルはいつも存在するだろうが、それでは飽き足らなくなり、

「このパズルそのものはこれまで見たことがないけれど、クロスワードパズルはもういくつも、いくつも見てきた。本当に新しいものは一つもない。この言葉の組み合わせは見たことがないからといって、それだけでは面白みがない」

と言うだろう。

クロスワードパズルはあまり深遠なテーマでないことは認めるし、もっと知的にやり甲斐があることに取り組んでいたら、もっとうまくいくのではないかと考えることもできる。

こう言うと変わり者のようだが、私は数学がとても好きだ。だから、実のある深い類いの数学の

問題を解く時間がたっぷりあるというのは、かなり魅力的だ。とはいえこの場合にさえ、永遠に数学について考えること（さらに言えば、どう見ても数学よりもなおさら好きな哲学について永遠に考えることでも良い）を想像すると、その見通しは魅力的には思えない。永遠にし続けたいという活動は、私には一つも考えつかない。

もちろん、これまでの話にはまやかしがあった。たった一つのことを何度も繰り返しやり続けて永遠の時間を過ごさなければならないなどとは、誰も言っていない。永遠の時間をかけてひたすら数学の問題だけやり続けるべきだなどとは、誰も言っていない。五〇年、八〇年、一〇〇年といった、現在の人生でさえ、一種類の活動だけをして日々を埋めているわけではない。食べたり、哲学をしたり、家族や友人といっしょに過ごしたり、旅行したりと、さまざまな活動をして日々を埋めている。それならば、あれこれ混ぜ合わせる必要があるのかもしれない。永遠に毎日タイ料理を食べる代わりに、月水金の昼にタイ料理、火木の昼はイタリア料理、土曜の晩はエチオピア料理という具合に、あれこれ食べるのだ。午前中に三時間哲学に取り組み、それから午後に二時間数学の問題を解き、夜は映画を見たり、劇場に行ったりする。それはとても楽しい人生に思えると言わざるをえない。

だが、これもたいして役に立たない。なぜなら、これをほんの数年ではなく、数十年ではなく、数世紀でさえなく、未来永劫、けっしてそれから離れることなく、けっしてそれから解放されることなく、やり続けることを考えると、やはり嫌になってくる。一見素晴らしい不死の夢も、悪夢、けっして逃れられない悪夢に変わる。

ひょっとしたら私は想像力を十分働かせていないだけなのかもしれない。元同僚がかつて、神の下で過ごす見通しについて語ってくれた。それなら永遠に望ましいかもしれない。友人と本当に素晴らしい会話をしているところを考えてみるようにと、彼女は言った。「けっして終わらないでほしい」と願うような会話を。無限に心をそそられる、思いやりの尽きない友人であるかのように神のことを考えれば良いと言う。神と心を通わせるのは、文字どおり永遠に続いてほしいと願いたくなる、信じられないほど満ち足りた会話をしているようなものだそうだ。

まあ、私は彼女の言葉を繰り返すことはできるが、その可能性を想像して真剣に受け止めようとすると、どうしても頭に浮かばない。これまで話したことのある友人で、無限の時間をかけて話し続けたいと本当に願いたくなる人は一人もいない。

もちろん、永遠の時間ずっと話していたい友人を想像しさえすれば良いと言うのはたやすい。だが肝心なのは、それがどんなものなのか、実際想像できないことだ。永遠に望ましかったり魅力的であったりするようなものを何かしら想像しようと最善を尽くしたところで、どうしてもうまくいかない。頭に浮かぶことはけっきょく悪夢に変わってしまう。

それならば、毎週毎週同じ活動の組み合わせを順繰りに行なうのを想像するのではなく、さまざまなキャリアを一つひとつやり抜いていくことを想像する必要があるのかもしれない。五〇年か一〇〇年、職業として哲学に取り組む。次にその後五〇年か一〇〇年、職業として数学に取り組む。その次には五〇年か一〇〇年、世界を旅してまわり、続いて五〇年か一〇〇年、画家として水彩画に取り組むといった調子だ。このアプローチをとれば、望ましい人生をはるかに長く送れることは間違いないだろう。

だが、肝心の問題が残っている。永遠とは文字どおり永遠であることを思い出さなければならない。そして、これこそ自分が永遠に続けたいと願うような人生は一つとして思いつかない。

ただ快楽を得続けるような状況に置かれた場合

みなさんは反論するかもしれない。永遠に生きたいと望むだろう人、永遠の人生を楽しむだろう人は絶対に存在しうる、と。おそらくそれは正しいと思う。

科学者たちがすでに以下の方法を身につけている事実を考えてほしい。ラットを連れてきて脳に電極をつける。適切な場所に電極をつければ、電流を流したときにラットの脳内の快楽中枢を刺激して、一瞬、ラットに快感を与えられる。それはそうとう強烈な快感だ。そして、その電極から延びる電線をレバーにつなぎ、レバーを押して快感を得る方法をラットに教えることさえできる。するとラットはどうするか？　驚くまでもないだろうが、彼らはレバーを押し続ける。じつは、レバーを押し続けるだけではない。食べるのをやめる。交尾にも他のいっさいのことにも興味を失う。ようするに、そのわくわくするような快感をひたすら自らに与え続ける――やがて死ぬまで。

もちろん、ラットたちが死ぬのは気の毒だが、彼らが不死であると、どうにか想像することも可能だ（たとえば、点滴をして、栄養を摂取できるようにしてやる）。ラットたちが強烈な快感を得て、永遠にそうし続けることに満足し、いつまでもただただレバーを押し続けるところは容易に想像できる。ラットがそれをそこまで簡単に想像できるなら、私たちにも想像できないはずがないではないか。ただオルガスム発生ヘルメットを被り、電極で脳を直接刺激し、強烈な快感を覚え続けるようにすれば良いではないか。快感の爆発が永遠に続くところを、ぜひ想像してほしい。それ以上望ましいことがありうるだろうか？

だが、それについて考えてみると（みなさんにも考えてもらいたい）、じつは、これも特別魅力的な見通しには思えない。言っておくが、刺激されて永遠に快感を得続けるのが不可能だと考えているわけではない。ただ、人間にはラットとは違うところがあるということだ。私がその快感を楽しむことに疑いの余地はない。そして、とても長い間、それを楽しむことは間違いないだろう。だが、たっぷり時間が過ぎたら、変化が起こるはずだ。

人間には、自らの経験を振り返る能力、経験から一歩下がってその経験を評価する能力がある。たとえば、腰を下ろしてこれらの言葉を入力し、コンピューターの画面を眺め、窓の外の鳥に耳を傾けている今このときにさえ、私の一部は、これで言いたいことが伝わるだろうか、窓から入ってくる光が少しまぶしくないかなどと、さまざまなことを考えている。私たちはみな、直接経験していること、基本レベルで経験していることについて、その経験の最中にさえ、よく考えることができる。

だから、快感を生み出す装置の中にいるところを想像してほしい。しばらくすると、自分の一部がこう考え始めると思う。

「うーん、この感じはきのうと同じだし、おとといや先おとといとも同じだ。きっと、あしたも、あさっても、しあさっても同じ感じなのだろうな」

そして、やがてこんな疑問が頭から離れなくなる。

「人生って、本当にこれだけなのか？　こんな単純な快感しかないのか？」

ラットと違って人間は、いつまでも今のこの瞬間だけに囚われているわけではない。もっと上の、

高次の観点に立ってその快感を見下ろし、

「人生とはこれだけのものにすぎないのか？」

と自問する。そして、やがてその疑問に悩まされ、快感は損なわれて影が薄くなると私は思う。最後には、自分がこのラットのような境遇にはまり込んでしまっているのも同然であると知って、ぞっとするだろう。

もちろん、自分の中の人間らしい部分は、このラットのような境遇以上のものがあると言うことができるだろう。だが、まさにそうであるがゆえに、自分の中の人間らしい部分は、ラットのような単純な快感の果てしない連続にやがて反抗する。だから私は、そのような永遠はあまり良いものではないと思う。ラットには良いかもしれないが、人間には良くない。

もちろん、自分の思考プロセスをラットのように変えることで、この問題に対処することも可能かもしれない。適切な種類のロボトミー手術を行なえば、うまくいくかもしれない。厳密には何が必要なのか、私にはよくわからないが、適切な神経終末を切断しさえすれば、高次の思考ができなくなり、

「これだけのものにすぎないのか？」

と問えなくなるだろう。直接の快感から一歩身を引くことも、もうできない。そういう形で私たちをラットのような生き物に変えることは、間違いなく可能だ。そして、そのように変えたら、私たちは永遠にその快感を楽しみ続けることだろう。

だが問題は、永遠に幸せでいられる、あるいは少なくとも楽しんでいられるように、人間に対してできることがあるかどうかではない。今ここでその種の人生を考えているときに、自分の人生と

してそれを望みたいかどうか、だ。

みなさんは、その種の人生を永遠に楽しめるように、ロボトミー手術を受けたいだろうか？　私は絶対受けたくない。私の脳をいじくり回して、じっくり考える能力を台無しにする方法があるに違いないことは、一瞬も疑ったりしないし、もしそうされたら、私は何かしらの形の人生を永遠に楽しめるのかもしれない。

だが、だからといって私が今、そうされることを望んでいることにはならない。それは、自分に与えられた恩恵のようには見えない。むしろ、無理やり押しつけられた、何か身の毛がよだつような種類の罰に思える。ありとあらゆる熟考が可能な人間から私を落ちぶれさせ、ラットのようなものに変えてしまう罰だ。だから繰り返すが、

「永遠に送りたいと思うような種類の人生があるか？」

という疑問を投げかけられたら、それは今ここにいるみなさんが、永遠に送りたいと望むような人生があるかと問われているのだ。もし、今ここで望んでもいないようなものにみなさんを変えることで、その永遠の人生を望むようにできるというだけなら、それでは不十分だ。

永遠の退屈を凌ぐために私たちができること

別の可能性も紹介しよう。本質的には、不死にまつわる問題は、退屈が避けられない点にあるらしい。問題は退屈にあるのだ。しばらくすると、数学に飽きる。一〇〇年後か、一〇〇〇年後か、一万年後か、いつの時点かはともかく、いずれこう言うことになる。

「ああ、これはまだ解いたことのない数学の問題だけれど、それがどうした？　数学は嫌と言うほ

どやってきたから、もう興味が持てない」

あるいは、世界中（あるいは宇宙中）の素晴らしい美術館はすべて見てまわってしまい、「ああ、もうピカソの作品は何十も見た。レンブラントもゴッホも、それ以外の作品も見た。信じられないほど優れた芸術作品を何千も、何万も、何億も見た。思う存分楽しんだ。何か新しいものはないのか？」

と言う。ところが、あいにく一つもない。もちろんまだ見ていない作品もあるが、それは依然として新鮮な興味を掻き立てられるほど目新しくはない。

この問題はどうすれば解決できるのか？

答えは、特殊な種類の健忘症かもしれない。絶えず順繰りに進行し続ける記憶喪失だ。一〇〇歳、一〇〇〇歳、いや、五万歳の私がいるとしよう。人生にかなり飽きてきている。だが、ここで進行性の記憶喪失を導入し、私は一万年前にしたことをもう思い出せなくなる。一〇〇万歳になったころには、五〇万歳の若造だったときに何をしていたか、もう覚えていない。一五〇万歳を迎えたときには、一〇〇万歳のときに何があったか、もう記憶にない。たぶん生きてはいたのだろうが、それ以上のことはすべてぼやけてしまっている。過去五〇〇〇年か一万年のことは覚えているが、それが限度だ。

せっかくだから、ついでに興味や欲望、好みも徹底的に変えてしまえば良いではないか？　好みや関心を徐々に、だが徹底的に変えるのだ（最低限の変更ではおそらく不十分だろう）。仮に今、みなさんは数学が好きだとしても、いずれ（何千年もたったころだろうか）、数学への興味を失い、たとえば漢詩に興味を持つような人になる。ジャズを好まなくなり、グレゴリオ聖歌が好きになる。自然の美しさを愛する気持ちが冷め、分子生物学の詳細に魅了される。陶芸をする気がうせ、代わりに七つの海を航海したくなる。

そんな具合ならうまくいかないだろうか？　この種の進行性で、継続的で、漸進的だが徹底的な記憶や信念、欲望、好みの改変が可能だとする。それならば、ただのラットのような境遇に落ちぶれることなく、永遠に楽しい類の境遇で過ごせるのではないか？

私は漢詩の勉強に没頭する。数学に熱中する。天文学を学んだり、トロンボーンを練習したり、セーリングをしたりと、何でもできる。それならラットの境遇よりもはるかに良い。それでいて、退屈することはけっしてない。私はそのときどきで、おおよそ、まるで別人だからだ。

これに類することが当てはまるような話をおそらくみなさんは語れると、たしかに思う。とくに、たっぷり記憶喪失を導入すれば。

だが、この話から何か思い出すことがあるはずだ。なぜなら、すでに検討したこと、すなわちメトシェラのケースと似ているからだ（訳注：この縮約版では割愛。「日本の読者のみなさんへ」を参照のこと）。覚えているだろうが、あの例では、私が何百年も生きることを想像した（あのときにはずいぶん長く思えた。永遠に生きることについて考え始める前だったから）。メトシェラのケースでは、私が三〇〇歳になったころには、一〇〇歳のときのことはろくに覚えていなかった。五〇〇歳になったころには、二〇〇歳のときの自分とはあまり似ていなかった。八〇〇歳になったころには、今とはまったく違う記憶や信念、欲望、目標、興味を持っていた。

あのケースを考えたときにわかったのは、八〇〇歳のときにもそれは依然として私（今日、これ

らの言葉を書いているのと、まさに同じ人物）であるという条件をつけたものの、それはあまり関係ないということだ。私は、

「だからどうした？」

と言った。生き延びるとしたら、そのときには、何を望んでいるのかについて考えたら、遠い将来に私である人間が存在するだけでは十分ではなかった。それは、今の私と十分似通った人格の人でなくてはならなかったのだ。

みなさんが私に言う。

「誰かがそのときに生きています。その人はあなたですが、あなたとは少しも似ていません。好みは違うし、哲学を教えた記憶もないし、哲学にも、政治にも、フォークミュージックにも興味がなく、家族への気遣いもないといった具合です」

すると私は応じる。

「それはみな、形而上学的な観点からはとても面白いですが、個人的に言えば、どうでも良いことです。生き延びること自体に私は興味がありません。そして、『ああ、でもそれは私だ！』と呪文のように唱え続けるだけでは、自分にとって、より望ましいものにはなりません。私が望んでいるのは、単に誰かが私であることではないですから。その人には、十分私に似ていてもらいたいのです」

メトシェラのケースの問題点は、ずっと先まで生きると、その人はもう十分私に似ているとは言えなくなることだ。私である人が誰か、ずっと先に相変わらず存在したところで、関係ない。その人が、今の私とすっかり違ってしまっているのなら。

ところが、わかってもらえていると良いのだが、それこそまさに、進行性の記憶喪失と、興味や目標、欲望の徹底的な変化を通して好ましいものに変えた永遠の人生のささやかな話で私たちが描

写する羽目になった事態ではないか。その話では、今から一〇万年後、五〇万年後、一〇〇万年後にも誰かがいて、その人は私だ。だが、そんな人生はどうでも良い。それでは、私が生き延びたいと願うときに望んでいるものが得られない。その人は私かもしれないが、彼は十分私に似てはいないだろうから、大切なものを私には与えてくれない。

人間が抱える不死と退屈、人格のジレンマ

私たちはこの点をジレンマの形で表せる。不死は永遠に維持する価値があるものでありうるだろうか？

もしその不死の人が私に似ているようにしたら、やがて退屈な状態に陥る。それを避ける唯一の方法は、私にロボトミー手術を行なうことだが、それも望ましくないことは明らかだ。その一方で、進行性の記憶喪失と徹底的な人格の改変でその問題を解決すれば、退屈な状態には陥らないかもしれないが、その人生は、私がとくに送りたいと思うようなものとはまったく違う。記憶を失い、人格が変わっていながら依然として私であったとしても、それは私にはどうでも良いことだ。みなさんに、

「ええ、将来は、誰か他の人がいますよ、たまたま、有機化学と無調音楽が好きな人が」

と言われたら、どうでも良いと思うだろうが、それと同じだ。

では、永遠に生きる方法として、魅力的に思えるようなものはあるだろうか？　それがどんなものになるか、私には思いつかない。不死は望ましくはないだろうとバーナード・ウィリアムズは言

ったが、私は図らずも彼に賛成しているようだ。不死はじつは、ぜひそこから逃れたくなるような悪夢となるだろう。

もちろんそう言ったからといって、今私たちが死ぬような年齢で死ぬ、すなわち五〇歳や八〇歳や一〇〇歳のときに死ぬのが良いことであるという意味ではまったくない。一〇〇〇年後、一〇万年後、一〇〇万年後、いや、何年後でも良いのだが、人生がいずれ退屈になるというのがたとえ真実だとしても、人生が五〇年後か八〇年後か一〇〇年後に退屈にならざるをえないということではない。私は死ぬまでには、自分がするのが楽しいことの表面を一撫でしただけという段階にすら至らないだろうと思う。そして、それはみなさんにも当てはまるだろうと想像している。

最善の「生」とは？

というわけで、最善の形の人生は不死のものではないだろう。不死の人生というのは、少しも望ましくないだろうと思う。

だが、最善の形の人生は、たった五〇年か八〇年か一〇〇年で終わってしまう、今の私たちの人生でもない。けっきょく最善なのは、自分が望むだけ生きられることではないかと思う。

これはおおむね、作家のジュリアン・バーンズが短篇「夢（注5）」で想像している類いのことだ。バーンズが思い描く天国は、人がやりたいことを何でもしながら好きなだけいて良い場所だ。だが、人はやがてもうたくさんと感じるだろうとバーンズは言う。そしてそのときには、終わりにできる。いつかは実際に終止符を打ちたくなるという主張は、永遠に生きるのは望ましくはないだろうという考えをバーンズなりに表現したものだ。

だが、ここで出てきた新しい考え方は、満足するまで、人生が提供しうる良いことをすべて手に入れるまで、生きられるのが良いだろうというものだ。

それならば、これらのいっさいが示唆しているのは（それは私がすでに指摘したことでもあるのだが）、剝奪説は私たちがいずれ死ぬのは悪いことだとしてはいないというのが、この説の最善の解釈であることだ。不死は望ましくなく、果てしない悪夢だろうと考えるのが正しければ、いずれ私たちが死ぬのはじつは良いことで、なぜならそれは、私たちが不死に直面しなくても済むことを保証するからだ。

だが、それにもかかわらず、私たちがやがて死ぬのは悪いことではないとしてさえ、今私たちが死ぬような年齢で死ぬのはやはり悪いことでありうる。私たちはあまりに早く死に過ぎるというのが、依然として真実でありうるのだ。

最後に、不死というテーマを離れる前に、かつてミスUSAの座を争った人の名言を紹介せずにはいられない。彼女は、永遠に生きたいですかと訊かれ、こう答えた。

永遠に生きたくはありません。
私たちは永遠に生きるべきではないからです。
もし私たちが永遠に生きるはずだとしたら、永遠に生きることでしょう。
でも、私たちは永遠には生きられません。
だから私は、永遠には生きたくないのです。

これぞ至言ではないか？

死が教える「人生の価値」の測り方

これまで私は、次のように主張してきた。

死は悪いものとなることがあり、それは、生きていれば良いことを経験できるときに死んでしまえば、その良いことを経験できなくなるからだ。だが、全体として人生がもう良いことを提供できなくなったら、つまりもし死ななかったら経験できたはずのことを足し合わせたらプラスではなくマイナスだったとしたら、そのとき、死ぬのはじつは悪いことではなく良いことになる。

死は、良いものとなるはずだった人生の一時期を奪うときには悪いものだ。だが、悪いものとなるはずだった将来を奪うなら、じつは死はけっして悪くはなく、良いものなのだ。

ところで、以上を述べるにあたって、明らかに前提にしていることがある。それは、少なくとも原則として、人生の質、すなわち自分がどれほど良い境遇にあるか、あるいは、なるだろうかという点に関してこの種の全体的な判断を下すことができるという前提だ。

人生の良し悪しは、何によって決まるのか

人生は良いことをもたらしているか、それとも悪いことをもたらしているか？

生き続ける価値があるか、生き続けないほうがましか？

人生がうまくいっているとはどういうことか？

人生（あるいは人生の一部）を悪くではなく良くするものを、どう評価すれば良いのか？

そう問うときに、何が人生を道徳的に良いものにするのか、と問うつもりはない。むしろ、その人生を送っている本人にとって、何が人生を良いものにしているのか、と問うているつもりだ。「この人生を送ることで私は恩恵を受けている」と考えるのが理にかなっている類いの人生は、何のおかげなのか？　私が問いたいのは、そのような意味合いでの良い人生は（悪い人生と違って）、何を材料や成分や要素としているのか、だ。

もちろんそれは、単に白か黒かの問題ではない。人生は良いものか悪いものかのどちらかで、それ以外のものは存在しないというわけではない。そこそこ良い人生も、やや悪い人生もある。だから、こうした微妙な比較をするのにも適した判断基準がほしい。

そこで、ほしいのは境遇の良し悪しについての理論、すなわち人生の価値の理論だ。これもかなり難解なテーマだが、ここで可能な限り議論をしてみよう。

まず、ためしに考えてみてほしい。みなさんの人生で手に入れたり経験したりする価値のあることやものは何だろうか。それを系統立て、一般的原理に行き着くことはできないだろうか。

思いつくままに挙げてみよう。仕事は持つ価値がある。快感もそうだ。お金も、セックスも、チ

ョコレートも、アイスクリームも、エアコンも手に入れたり、経験したり、食べたりする価値がある。

一方、御免こうむりたいことやものには何があるか？　たとえば、視力を失うこと、強盗に遭うこと、下痢、痛み、失業、戦争、病気などだ。

いったいどんな体系や分類法を持ち出せば、これらを網羅できるのか？　決定的な区別は、私たちがすでに出合ったものだと思う。

まず、間接的に良いものと本質的に良いもの、すなわち、それが導く結果のおかげで価値があるもの（より厳密に言えば、それが導く結果に価値があること以外に価値がないもの）と、それ自体が有益であり、それ自体に手に入れたり経験したりする価値があるものとを区別する必要がある。

たとえば仕事を考えてほしい。仕事はたしかに持つ価値のあるものだ。だが、なぜ仕事には価値があるのか？　それは何よりお金が手に入るからだ。そして、もちろんお金も手に入れる価値がある。だが、なぜお金には価値があるのか？　何と言ってもアイスクリームを買えるからだ。たしかにそのとおりだ。では、なぜアイスクリームには価値があるのか？　アイスクリームを食べると快感が得られるからだ。ここまでは問題ない。

次に、快感はなぜ得る価値があるのか？　ここで答えの質が変わる。この時点で、私たちは次のようなことを言う。快感はそれ自体に価値があるからだ、と。

他のものは手段としてだけ価値があった。突き詰めれば、それらは快感に至るための手段だったのだ。だが、快感はそれ自体に手に入れる価値がある。手段として有益なものは、間接的（手段的）に価値がある。一方、それ自体に価値のあるものは、哲学では内在的に価値があると言う。

果てしなく続く膨大な数の良いものの悪いもののリストを振り返れば、そこにある良いものの大半は間接的に良いものであることに気づくだろう。それらがもたらす結果のおかげで良いものとなっている。

もちろん同様に、リストの悪いものの大半も間接的に悪いものだ。たとえば、なぜ病気は悪いのか？　それはまあ、何より病気になると快適に過ごせないからだ。だから快感が奪われるし、痛みが引き起こされるかもしれない。また、病気だと仕事を続けられなくなり収入が途絶えるといった諸々の事情もあるだろう。

考えてみると、身近にある良いものと悪いものの大半が良かったり悪かったりするのは、それらの間接的な効果の結果にほかならないことに、みなさんはおそらく同意してくれるだろう。

だが、もし良い人生の本質、境遇の良し悪しの本質についての問題を解き明かしていきたければ、注目するべきなのは間接的に良いものと悪いものではなく、本質的に良いものと悪いものだ。そこでこう自問しなければならない。

「それ自体のために手に入れる価値があるものとは何か？　それ自体が持つに値するものとは何か？」

本質的に良いもの、悪いものとは？

一つ自然に思いつくのは快感で、快感はすでに見たとおり、それ自体を得ることに価値がある。同じように、痛みはそれ自体が避けるに値するという主張も妥当だと思われる。だから痛みは本質的に悪いものであり、快感は本質的に良いものだ。

この二つはおそらく、本質的に良いものや悪いものを並べた真っ当なリストならどれにでも入るだろう。「快感」と「痛み」は、本質的な価値を持つ（あるいは価値を直接下げる）唯一のもの、つまり人生を本質的により良く（悪く）する唯一のものではないかもしれないが、その類いのものの一つであることは確かだと思う。

ここでしばらく大胆な推測をしてみよう。

快感は本質的に良いものと悪いものとを並べたリストに入るものの一つで、痛みもリストに入るものの一つであるだけでなく、そのリストには快感と痛みしか載っていないと主張するとしよう。本質的に価値のある唯一のものは快感であり、本質的に悪い唯一のものは痛みだと仮定するのだ。その見方は、「快楽主義」と呼ばれる。

快楽主義の見方には多くの人が惹きつけられる。みなさんもそれを信じているかもしれない。それは境遇の良し悪しの本質に関する非常に単純な説を提供してくれる。良い境遇にあるとは、快感を経験し、痛みの体験を避けたり最小限にしたりすることだ。そう考えるのが快楽主義だ。

ここではまず快楽主義に目を向け、それで網羅し切れないものが出てきたら、「本質的に良いもの・悪いもの」のリストには他に何が含まれる可能性があるかを考えていくことにしよう。

もし快楽主義が正しければ、少なくとも原理上、私が以前したような判断を下すことができるはずだ。たとえば、今後の人生が全体的に悪いものなら死は悪くはない、というような判断を。

そうした判断を下すには、どうすれば良いだろう？　快楽主義者はとても単純ですっきりした答えを示している。人生がもたらすものに手に入れる価値があるかどうかを判断する場合、おおざっぱに言えば、「今後やって来る良い時間をすべて足して、そこから悪い時間をすべて引いた答えが、プラスになるかマイナスになるか」を見れば良いというのだ。
快感を全部足し、そこから痛みを全部差し引く。もし答えがプラスなら、今後の人生は生きる甲斐がある。プラスへの傾きが増し、その値が大きくなればなるほど、人生はますます生きる価値が高まる。

だが、もし答えがマイナスなら、将来は総じて快感を痛みが凌ぐ。悲しいことに、その場合には死んだほうがましだ。けっきょく、死んでしまえば快感も痛みもなくなるのだから。数学的に言えば、おそらくそれはゼロで表すべきだろう。快感がないのだからプラスにはならないし、痛みがないのだからマイナスにもならず、ただのゼロになる。快感より痛みが多ければ、そのときはゼロより悪い。それは、生きるに値しない人生だ。これが快楽主義者の言い分だ。

むろん、快感がどれもみな等しい価値を持ち、痛みがどれもみな等しい価値を持つというものではない（たとえば、爪先をぶつけたときの痛みは、偏頭痛の痛みほどではないのは明らかで、偏頭痛の痛みは拷問の痛みには及ばない）から、もっと手の込んだ公式を考え出す必要があるかもしれない。たとえば、痛みの強さの度合いをその持続時間と掛け合わせ、痛みの純然たる量を求めるというような。

あるものが間接的な価値（あるいはマイナスの価値）と本質的な価値（あるいはマイナスの価値）を併せ持つこともある。たとえば私はコンロでやけどをすると、痛い思いをするので、これ以上やけどをしないように注意する。つまりこの場合は、たとえ痛みが本質的に悪いものであっても、間接的には良いものだ（今後痛い思いをするのを防いでくれる）。

こうした例からは、物事は本質的な価値（あるいはマイナスの価値）と間接的な価値（あるいはマイナスの価値）の両方を持ちうることがわかる。

だがここでは、そうした細部を気にする必要はあまりない。基本的な考え方で事足りるはずだ。快感を足し合わせ、痛みを足し合わせ、快感の総計が痛みの総計を凌ぐかどうかを見る。両者の合計がプラス側に傾くほど、人生は良くなる。ここではそれで十分だ。

プラスとマイナスの計算から人生の価値を測る

このようなアプローチを採用すれば、私たちは人生全体の評価ができるようになる。天国の門の前で、これまでの全人生を振り返るようなものだ。少なくとも原理上は、すべての快感と痛みをそれぞれ足して、快感から痛みを差し引き、

「私はどれだけ良い人生を過ごしたのか？　この人生を送ってきた私はどれほど良い境遇にあったのか？」

と自問することができる。

そしてそれから、ことによると別の人生を思い描けるかもしれない。もし弁護士ではなく医師になることを選んでいたら、自分の境遇はどれほど良く、あるいは悪くなっていただろうか？　画家、学者、サーファー、あるいは酪農家になっていたら、自分の境遇はどれほど良く、あるいは悪くなっていただろう？　計算結果はどれほど大きく、あるいは小さくなったことだろう？

もちろん、こうした人生に正確な数値を与えられる根拠はない。それどころか私たちは、ほとん

どの人が正確な数値を実際に弾き出せる状況にあるなどとはまったく考えていない。私にしても、哲学者でなく酪農家になることにしていたらどうなっていたかをどれほど正確に言えるのか、本当のところは全然わからない。快楽主義者も、こうした計算を高い精度でできるとは言っていない。

だが少なくとも私たちは、選択に直面するとこんなふうに思案するのだ。

「私の人生はどうなるだろう？　良くなるのか、それとも悪くなるのか？」

それはたとえば、どの大学に入ろうか決めようとしている人が、イェール大学か、オハイオ州立大学か、ハーヴァード大学か、それ以外どこであれ入学を認められた大学かを選ぶにあたって、先々どうなるかを考え、こう自問することと同じだ。

「どこに行ったほうが境遇が良くなるだろう？　考えられる将来はいくつもあるけれど、そのうち、快感が多くて痛みが少ないのはどれだろう？」

快楽主義者は、私たちは将来についてそんなふうに、快感を足し、そこから痛みを差し引いて考えるべきだと言っているのだ。

ちなみに、注意してほしいのだが、自分の将来についてさまざまな選択をする場合、快楽主義の観点に立てば、過去についていつまでもあれこれ考える必要はとくにない。過ぎたことはもうどうしようもないからだ。これまでどれだけ快感を享受し、どれだけの苦しみを味わったかは変えられない。だが、将来は何とでもなる。私たちは、天国の門の前で振り返って人生全体を評価できるだけでなく、この先の人生を評価することもできる。

だから、こう問いかける。自分が選び取れるさまざまな選択肢のうちのどれが、快感と痛みという点で、より良い将来、より良い境遇に導いてくれそうか？　そして、良かれ悪しかれ、精一杯やってみる。そのような比較検討を行なうために、最善を尽くすのだ。

自分の残りの人生全体や大学進学だけでなく、次の一年、あるいは半年、さらに言えば今夜だけでも、どうなるかを考えることができる。

今夜は家で執筆に取り組むべきだろうか？　それともパーティーに行くべきか？　今夜はどこで過ごしたほうが良いだろう？　本を執筆するよりもパーティーに出るほうが楽しい（それに、本の締め切りはもう少し先だから、多少さぼってもあまり気が咎《とが》めない）、と私は判断するかもしれない。

このように、私たちは人生全体についてだけでなく、部分部分についても評価している。

快楽主義に対するシェリー先生の見解

この快楽主義の見方は、哲学が生まれたときからすでにあり、哲学者の間で人気が高い。さらに、巷《ちまた》の人々の間にも広く行き渡っている。

それ自体を経験することに価値がある唯一のものは快感であり、それ自体を避ける価値のある唯一のものは痛みであるという見方には、たしかに強い魅力がある。だがそうではあっても、その見方の人気とは裏腹に、私にはそれが間違いに思えてならない。

どうしてそんなことがありうるのか？　快感は良いものではなく痛みは悪いものではないと、私が考えているわけでは断じてない。ただ、快楽主義が間違っているのは、本質的に重要となるのは快感と痛みだけであるとしている点だ。最良の類いの人生には、快感を手に入れて痛みを避けることと以上のものがあるように思える。

ラットにレバーを押させる実験（161ページ）について話していたとき、私はすでに自分がそう考えていることをさらけ出してしまったかもしれない。もし自分がその実験装置につながれたら間違いなく楽しむだろうが、それにもかかわらず、私自身はそのような人生を望まないと言った。なぜか？　人生には快感ばかりで痛みがないことより、もっと大切なことがあるからだ。というか、私にはそう思えるのだ。

むろん快楽主義者にしても、レバーを押して得られる快感が、この世に存在する唯一の快感ではないことを指摘できる。芸術に触れたり、美しい夕日を見たり、夢中になるほど面白い小説を読んだり、驚くべき発見をしたりする経験から得られる快感もある。みなさんはどう思うか知らないが、少なくともあのレバーの装置を想像したとき、それから得られるのは単純で単調な快感のように私には思える。

だから実際には、それが最高級の快感、つまり友情を育み、語り合い、睦《むつ》み合い、愛し合うといった、人間が真に切望する快感を私たちに与えるという目的を遂げることはないだろう。これらは、レバーを押しても与えられなかった快感だ。

では、快楽主義がなお正しいということがありうるだろうか？　私たちが適切な種類の快感を得ることに重きを置いている限り、快感こそが本当にすべて、快感こそが唯一絶対のものではありえないのだろうか？　いや、やはりそれが正しいとは思えない。だがそれを理解するためには、ラット用のレバーの装置よりもっと手の込んだものに目を向ける必要があるだろう。

ここで役立つ思考実験はロバート・ノージックが提唱したものだ。ノージックは二〇〇二年に亡くなった哲学者で、長年ハーヴァード大学で教鞭を執っていた。

快楽は、私たちの人生に価値を与える唯一絶対のものになりうるか

ノージックは私たちに、ある体験装置を思い浮かべることを提案した（注1）。

科学者が、脳内にある小さい特定の快楽中枢を刺激する方法だけでなく、何から何まで現実そっくりの完全そのものの疑似体験ができる方法を開発したとしよう。その装置を使うと、自分が実際に○○○（ここには、何でも良いから好きなことを入れる）したなら感じられていただろうものとまったく同じように（「頭の中で」）感じられる。

たとえば、もしエヴェレストに登っていたら体験しただろうことと、まったく同じ体験ができる。顔には刺すような風が吹きつけているのを感じる。もちろん、現実には風など感じない。厳密に言えば、風を感じることなどできないのだ。それは、風が吹いていないからであり、むろん実際にはエヴェレストに登っていないからだ。実際には、心理学者の実験室で、頭に電極をつけてタンクの中に浮かんでいる。だが、タンクの中で浮かんでいるという自覚はない。装置につながれ、自分はエヴェレストに登っていると信じている。そして、頂上を極めたスリルを味わい、息を呑むような眺望に畏敬の念を覚え、満足感と達成感を味わい、登攀《とうはん》中にロープが切れて危うく死にかけたことを思い出して身震いする。

それはＩＭＡＸ《アイマックス》（訳注：通常の映画のフィルムより大きなサイズで記録・上映できるシステム。以前にはなかった美しさや臨場感が体感できる）の劇場（あるいは、よくあるヴァーチャルリアリティの設備など）にいるのとは違う。

ＩＭＡＸはどれほど現実に近いものであっても、観客には自分があくまでも劇場にいるという認識がどこかにある。だが体験装置につながれている人は実験室にいるだけであるということを自覚していない。そのとき使用者の脳は刺激され、自分が本当にそのようなことをしていたら味わってい

るだろう体験と、まったく同じ体験を（頭の中で）している。

望みどおりの最高の体験ができる装置の中の人生は、完璧か

では、体験装置につながれて送る人生を想像してみよう。まず、望みうる最高の体験がすべて入ったデータファイルをダウンロードする。どういう体験かはみなさんの想像に任せる。もちろん、その内容は人それぞれかもしれないが、自分が本当に最高の体験だろうと思える体験を何でも含めれば良い。

たとえば、アメリカ文学の傑作を書くことを望んでいるならば、次のような体験をすることを想像してほしい。夜更けまで眠らず、どのようにストーリーを展開させるか考えあぐね、書きかけの紙を丸めては投げ捨てる、あるいはパソコンから草稿を削除するなど、どんなものであれ、アメリカ文学の傑作を書いているときの体験を自分がすることを。

それとも、癌の治療薬を発見したいのなら、研究所で働いていればまさに味わっただろう体験をすることを想像してほしい。どんな組み合わせにすると適切なタンパク質分解酵素阻害剤ができるかにとうとう気づき、突然、素晴らしい大躍進を遂げるとか、その他どんなものでもかまわないのだが、そういう体験だ。

あるいは、とても美しい夕日をすべて見てみたかったり、異国情緒あふれる地域を訪ねたりしたかったのなら、本当にそうしていれば間違いなく味わっただろう体験をするのだ。

はたまた、私が今言ったことを全部した上に、愛に満ちた家庭も築きたいとする。それならば、体験装置につながれている間に、本当にアメリカ文学の傑作を書いたり、世界中を旅したり、癌の

治療薬を発見したり、そして家庭を築いたりしていれば味わっただろう体験とまったく同じ体験を味わえることになる。

それが体験装置につながれているときの人生だ。本人はそのどれも行なってはいない。実験室のタンクの中で浮かんでいる。だが、体験は本物そっくりだ。

さて、自分の人生を体験装置につながれて過ごしたいかと自問してほしい。もし体験装置につながれて自分の人生を過ごしていたと知ったらどう感じるか、自問してほしい。


ここで補足説明を加えなければならない。非の打ち所のないこの見事な哲学の例が、近年、映画『マトリックス』（訳注：一九九九年公開のアメリカ映画。コンピューターによって作られた仮想現実の世界を舞台とした、アクション系のＳＦ映画）によって、台無しになってしまっている。今では私がこの体験装置の話をすると、聞き手はいつも、

「ああ、あの悪魔の装置ときたら、せっせと人間の体を電池代わりに使っているのですよね」

とか、何であれ映画の中で起こっていたことを言い始める。そうかと思えば、

「そんな体験をしている隙に、エイリアンがこっそり私の肝臓を食べていたらどうしよう？」

などと心配する。だからお願いしたいのだが、どうかそのようなことはいっさい想像しないでほしい！　悪意に満ちた科学者が意図的に人を騙《だま》して非道な実験を行なっているなどということではけっしてない。

また、ついでに言っておくが、自分が体験装置につながれている間、世界の貧困やこの世の正義はどうなるのかなども心配しないでほしい。誰もが体験装置につながれ、みな望みうる最高の体験をしているところをただ想像してほしい。

問題は、体験装置につながれた人生は、人生で手に入れる価値のあるものをすべて与えてくれるか、だ。そう、すべてを。

それは人間の存在の仕方として最も望ましい形態なのか？

快楽主義者なら、そのとおりと答えるしかない。体験装置につながれた人生は、適切な体験のファイルをダウンロードしている限り完璧だ。前提として、素晴しい快感と、信じられない、夢のような体験との、この上ない絶妙なバランスが得られることになっている。体験装置が私たちにそうした体験を与えてくれることが前提なのだ。そして快楽主義者によれば、人間の境遇の良し悪しにとってはそれがすべてだから、当然それ以上のものなどありえないことになる。欠けているものなどあるはずがないのだ。

だが、自分が体験装置につながれた人生を送りたいかどうかと考えると、私はノーと答える。そしてこの事例について私が議論した人々の大部分は、それと同じことを尋ねると、やはりノーと答える。

答えがノーであるなら、快楽主義は間違っているに違いない。もし体験装置につながれた人生が、人生で手に入れるに値するものをすべて私たちに与えてくれるわけではないとすれば、望みうる最良の人生には、頭の中で適切な体験をすること以上のものがあるはずになる。

体験装置は快感をきちんと与えてくれる。体験を正しく把握し、精神状態を適切にし、頭の中をふさわしい状態にするが、もし体験装置につながれた人生が、人生で望むに値することのすべてではないなら、望みうる最良の人生には、頭の中をふさわしい状態にすること以上のものがあるわけだ。だから快楽主義は間違っている。

もちろん、私はこの種の例について長年論じてきた。だから、イエスと答え、適切なデータファイルを再生している限り体験装置につながれた人生は完璧だと言う人が必ずいることはわかっている。だが、圧倒的多数の人はノーと答え、そのような人生には何かが欠けていると言う。それは理想的な人間の在り方ではない。それは、自分が送ることを想像しうる最良の人生ではないのだ。

「完璧な人生に欠けているもの」の正体

もしみなさんも私と同じように何か欠けていると思うなら、何が足りないのかと自問しなくてはいけない。体験装置のどこが悪いのか？　答えは人それぞれだと思う。

ページに余裕があったなら、境遇の良し悪しに関して競合する説をあれこれ詳しく説明できるのだが。それらの説は、「体験装置には何が欠けているのか？」と「体験装置に欠けているものは、なぜ獲得する価値があるのか？」という問いにどう答えるかという点で、興味深い形で異なる。だがここでは、それらの代替説を体系的に考察する代わりに、その種の人生から欠けているように見えるもののいくつかを、単に指し示すだけにさせてほしい。

第一に、そして、これがいちばん明白かもしれないが、もし科学者の実験室のタンクの中に浮かんで人生を過ごしているだけなら、自分が人生で達成していると思っているものを、実際には何も達成していない。

山に登りたかったのに、実際には山に登ってはいない。アメリカ文学の傑作を書きたかったのに、文学の傑作は書いてはいない。ただ、そこで浮かんでいるだけだ。癌の治療法を見つけたかったのに、実際には癌の治療法を見つけてはいない。ただ、そこで浮かんでいるだけだ。愛されたかったのに、実際には愛されていない。ただ、そこで浮かんでいるだけだ（その科学者以外は誰もみなさんが存在していることさえ知らない！）。宇宙の中での自分の居場所を知りたかったのに、その種の知識さえも持っていない。なぜなら、自分は小説を書いているとか、癌の治療法を見つけているとか、エヴェレストに登っているとか、思っているだけで、そうしたことのいっさいについて完全に騙されているからだ。だから、自分という存在に関するその種の知識さえない。

したがって、体験装置での人生に欠けているように見えるものとして、以下のことが言える。第一に、私たちには何一つ実績がない。さらに、自己についての知識がない。私たちは愛情に満ちた関係に身を置いていない。境遇の良し悪しを適切に説明するのなら、そこにはこれらも、それに通常伴う経験に加えて、価値あるものとして含まれると考えるのが妥当に思える。

もちろん境遇の良し悪しについての諸説は、それらに価値がある理由に関してそれぞれ異なる説明を提示する（たとえば、それらは私たちが望んでいるものだから価値があるのか？　あるいは、私たちはそれらが独自に貴重なものだと認めるから、それらを望むのか？）。それに、はっきりさせなければならない詳細はいくらでもあるだろう。

たとえば、実績を例に取ろう。たいていの人は、実績は重要だと考えるが、月並みな実績のどれもが重要であるわけではない。もし誰かが、アメリカ東部で最大の輪ゴムのボールを造るという目標を設定したとしよう。それを成し遂げれば、ある意味で実績なのだろうが、格別価値のある人生につながる種類の実績には思えない。だから、月並みな実績と本当に価値のある実績とを区別する方法が必要だ。

同様に、ありとあらゆる知識が等しい価値を持つわけでもない。宇宙の中での自分の居場所を知ることや、物理の根本的な法則を知るというのも一つの知識だ。一九八四年のバンコクの平均降雨量を知るというのも一つの知識だが、その種の知識が人生に大きな価値を与えてくれるかどうか、自信がない。だから、ただの雑学的知識から、重大で真に価値のある種類の知識を見分ける方法が必要だ。そしてそれと同じように、友情や愛情に基づく価値のある種類の関係を、些末でつまらない関係と区別する方法も、私たちは必要とする。

こうしたことはみな、解明するのがかなり厄介だ。だが、とにかく解明できたことにしておこう。肝心なのは、最善の種類の人生を得るには頭の中を適切な状態にするだけでは十分ではないということだ。そういう人生のためには、適切な種類の実績と知識と関係が必要となる。外側もしっかり押さえることが求められる。最高の人生には、経験（「内面的な」良いこと）だけではなく、「外面的な」良いことも欠かせないのだ。

私はここで境遇の良し悪しについての妥当な説を練り上げようとはしない。だが、仮にそのような説があったとしたら、どんな実践上の困難があろうと、少なくとも原理上は、競合するさまざまな人生をやはり評価できるだろう。良いことと悪いことのすべてを合計し、その差し引きがどうなっているかを見てみる方法について、依然として語ることが可能だろう。

ただ今度は、良いことをまとめた、前よりいくぶん幅が広くて統合的、包括的なリストと、悪いことをまとめた、やはりより幅が広く統合的なリストを持つことになるというだけの話だ。経験の内面的な良いことと悪いことだけでなく、さまざまな外面的な良いことと悪いこと（そのリストが実際にはどのようなものになるにせよ）も考慮に入れることになる。

あなたの人生は、プラスとマイナスどちらに振れる？

そういうわけで、さまざまな代替の人生あるいは人生のさまざまな部分を依然として比較できる。私の人生は、医師になる代わりに酪農家になったほうがうまくいっただろう。あるいは、この一〇年間はもっとうまくいっただろうが、その後はもっと悪くなっただろう、という具合だ。同様に、これからの二週間、家にとどまる代わりに休暇に出かけたらどうなるか自問することもできる。

このような疑問に答えるには、（良いことと悪いことの、どんなリストが自分の好みであれ）なるべく丁寧に、良いことを足し合わせてそこから悪いことを引く。すると、人生全体だけではなく、人生の部分部分についても、最善の推測に基づく相対的評価が得られる。

それらの総計はどうなるか？　これが経験的な疑問で、厳密な答えは人ごとに異なるとみなさんが思ったとしてももっともだ。だが、人間全員に一般化できると考えている人もいることは指摘に値する。

あらゆる人にとって、あらゆる状況で、総計はいつもプラスだと考えるのが楽観主義者だ。「人生は常に生きる価値がある。存在しないことに、いつでも優《まさ》る」

楽観主義者はそう考える――自分個人に関してだけではなく、あらゆる人について。総計は常にプラスになる、と。

逆に、悲観主義者もいる。あらゆる人にとって、あらゆる状況で、全体的な差し引きは常にマイナスになると考える人だ。悲観主義者たちも、人生には良いことがあると認められる（楽観主義者が、人生には悪いことがあると認められるのとちょうど同じだ）が、彼らは良いことよりも悪いことのほうがいつも多いとひたすら信じている。悲観主義者はこう言う。

「私たちはみな、死んだほうがましだ。それどころか、誰にとっても、そもそもまったく生まれなかったほうが良かっただろう」

　この楽観主義者と悲観主義者の間に、穏健派がいる。彼らは次のように言う人々だ。

「一概には言えない。差し引きがプラスの人もいれば、マイナスの人もいる。そしてそれは、人生全体についても、人生の特定の時期についても当てはまる」

　だとすれば、穏健派によると、具体的なケースについての事実を検討しなくてはならないということだ。たいていの人は、生きる甲斐のある人生を送っているかもしれないが、そうでない人もいるかもしれない。たとえば、病気の末期にあって、大変な痛みに苦しんでいる人を想像してほしい。おそらく寝たきりで、何も成し遂げられず、家族にもう見捨てられているかもしれない。たとえその人の人生は全体として良いものだったとしても、彼を待ち受けている未来が良くないことは十分ありうる。穏健派ならそう言うだろう。ケース次第だ、と。


　この議論をどう解決するにせよ、これら三つの立場がすべて共有している前提がもう一つあることに注目してほしい。生きているのがどれほど良いことかは、人生の中身と呼べるものをすべて合計して求められるという前提だ。

　痛みと快感、実績と失敗（など、など）を合計し、総計を求める。そうすれば人生の価値を決められる。人生の中で起こっていることが重要なのだ。生きていることそのものには価値がない。実際には、人生は器にすぎず、私たちはさまざまな良いこと、悪いことでそれを満たしていく。そして、人生にどれだけ価値があるか、生きていることが自分にとってどれほど良いかは、中身の価値の合計で決まる。器そのものは、文字どおり器にすぎない。それ自体には価値はない。

　私がここまで前提としてきたものは、人生の価値の「ニュートラルな器説」と呼べるかもしれない。快楽主義はこのニュートラルな器説の一バージョンだ。どれほど良い境遇にあるか、人生にどれだけの価値があるかは、中身、すなわち快感と痛みで決まる。私たちは先ほど、人生の中で起こりうる良いことと悪いことのリストを拡張したが、それにもかかわらず、依然としてニュートラルな器説が正しいアプローチであることを前提としている。

「人生そのもの」にどれほどの価値があるのか

　だが、人生の中身の価値について考えることに加えて、人生そのものに送る価値があることも念頭に置かなくてはならないと考える人もいる。人生の中で何が起こっているかという問いとは別に、生きていること自体の恩恵というものがある。そう考える人々は、現に生きているという、ただそれだけの事実が人生にさらなる価値を与えると主張する。それは「価値ある器説」だ。

　もちろん厳密に言えば、このような見方では、価値があるのは生きていることそのものであると言うのはおそらく正しくない。なにしろ、草の葉も生きているのだし、価値ある器説の熱烈な支持者でさえ、草の葉のもののような人生を送ることが私にとって少しでも価値があるとは考えないだろう。「生」自体に価値があるかもしれないが、それは単に生きていることではない。私たちが望むのは、人間らしい人生、人格を持った人間としての生涯の類いだ。

　だから、生きていること自体に価値があると言う人がときどきいるにしても、おそらく彼らが本当に意味するものは、人格を持った人間として生きていることだろう。とはいえ、話を簡単にするために、これらの見方について論じるときには、私も人生そのものに価値があるという主張がなされているかのように語ることにする。

じつは、もっと極端な見方さえありうると思う。それは、生きていること自体に価値があるという見方で、私には妥当には思えないが、そう考える人が存在することは注目に値するだろう。「脳が徹底的かつ不可逆的な損傷を負って、もう何一つ知ったり経験したり達成したりできず、誰とも関係を結べなくなったとしてさえ――この種の、二度と回復する見込みのない植物状態に陥ったとしてさえ、少なくとも私は生きている、そしてそれには価値がある」というのだ。

そのような見方をする人は、想像できる。だが、それはかなり信じ難い見方に思えると言わざるをえない。だから、人生といってもじつは人格を持った人間としての人生そのものに価値があるとするような価値ある器説のバージョンだけを扱うことにする。

だが、先ほど指摘したとおり、話を簡単にするために、この見方は、それ自体で価値があるのは生きているというまさにその事実であるとしているかのように、これからも説明し続ける。

それでは、価値ある器説を受け容れると、どういうことになるかを考えてみよう。もし人生そのものにプラスの価値があるのなら、人がどれだけ良い境遇にあるかを判断するためには、ただ人生の中身を合計するだけでは駄目だ。快感をすべて足し合わせて痛みを引いたり、実績や知識や意義のある関係も合計して失敗や無知や欺瞞《ぎまん》を引き算したりしても、十分ではない。そのようにして中身の差し引きを突き詰めれば、たしかに当を得た小計が依然として求められるが、その小計はもう全貌ではない。価値ある器説を受け容れれば、それ以上のものも加えなければならない。すなわち、生きていることそのものの価値も考慮しなければならないのだ。だから、まず中身の小計を求めた上で、単に生きていること自体のために、特別のプラスのポイントを加えるのだ。

生きているという事実そのもののために特別のプラスのポイントを加えているのだから、たとえ中身の小計がマイナスでも、総計は依然としてプラスになりうることに留意してほしい。たとえば、生きていること自体には、仮にプラス一〇〇ポイントの価値があるとしよう。それならば、たとえ中身の小計がマイナス一〇ポイントでも、生きているほうが良くないことにはならない。なぜなら、そのマイナス一〇ポイントに、生きているというただそれだけで与えられる特別なプラス一〇〇ポイントを加えれば、プラス九〇ポイントという、依然としてプラスの総計が得られるからだ。

死んだほうがましかどうか、つまり、全体として、何か良いことが死によって剝奪されるかどうかを判断するときには、人生の中身だけに的を絞るのは不十分であるかもしれないこと、すなわち、生きているという純然たる事実の価値を考慮に入れるために、中身の小計以外の、プラスのポイントを加えるのが重要かもしれないことに注意を喚起するのが、価値ある器説を受け容れる可能性について考える最大の理由にほかならない。

ただ生きているだけで生じる価値とは？

では、どのぐらいのポイントを足すべきなのか？　ここで価値ある器説のさまざまなバージョンを区別しなければならなくなる。ここでは二つのおおまかなタイプにだけ触れておこう。

価値ある器説の控えめなバージョンによれば、生きていること自体は良いことであっても、人生の中身があまりに悪くなれば、それが生きていることの価値を凌ぎ、総計がマイナスになりうるという。

つまり、「控えめな器説」では、生きていることには一定の価値はあるものの、原理上、それよりもマイナスのほうが大きくなりうるのだ。マイナスのほうがその価値を簡単に凌ぐのか、それとも、凌ぐのがとても難しく、内容が恐ろしく悪くなくてはならないかは、生きていること自体にどれほど価値があると考えているかにかかっている。

それでも、控えめな器説に共通している考え方がある。それは、生きていることにはプラスの価値があるものの、マイナスがそれを凌ぎうるという考え方だ。

それに対して、生きていることそのものには信じられないほどの価値があるので、中身がどれほど身の毛がよだつものでも、総計はいつもプラスになると考えている人も想像できる。まるで、生きていることのほうが、中身についての疑問と比べて、計り知れないほど大きな価値を持つかのようだ。

これは、もっと控えめなバージョンに対して、「夢のような器説」と呼ぶことができる。この呼び名から、私がこの説に関してどう結論したいかがわかるだろうと思う。私にしてみれば、夢のような器説は夢物語であり、荒唐《こうとう》無稽《むけい》で信じ難い。どうしても信じる気になれない。

といっても、価値ある器説にはまったく共感できないというわけではない。たしかに私はしばしばニュートラルな見方に惹かれ、気がつくと、人生自体にはまったく価値がないと考えている。だが、人生そのものが本人にとって良いという考え方にたしかに惹かれることもある。それでも、価値ある器説に惹かれているときにさえ、魅力を感じるのは控えめなバージョンと決まっている。夢のようなバージョンに惹かれることはけっしてない。

そしてまた、「なぜ死は悪いのか」を問い直す

こうした区別ができたところで、これまで自問してきた肝心の問題、すなわち、なぜ死は悪いのか、に戻ることにしよう。

剝奪説によれば、死が悪いのは、今死ぬことで剝奪されるのが、送れれば良かった人生の一部だというのが真実であるときだという。だが、その一方で、死に剝奪されるのが、本人にとって悪かっただろう未来であれば、けっきょく死は悪くはなく、良い。

そして、今何がわかるかと言えば、それは、自分が直面するのがそのどちらなのか（あるいは、さらに言えば、両方が可能なのか）を知りたければ、ニュートラルな器説と控えめな器説と夢のような器説のどれを受け容れるかを決めなければならないということだ。

もしニュートラルな器説を支持するなら、決定的に重要な疑問は、来週、来年、あるいは今後一〇年の人生の中身がどうなりそうか、だ。それが経験する価値のあるものとなるのなら、つまり、人生の次の一時期が経験する価値のあるものとなるのなら、来週、来年、あるいは今後一〇年を生きる代わりに今死んだら、死は悪いものとなる。

一方、今後の差し引きがマイナスになるようであれば、送る価値のない人生を送りながら生かし続けられるよりも、今死んだほうが本人にとってましだ。ニュートラルな説の支持者はそう考える。

控えめな器説の支持者なら、人生における次の一時期の中身を見てみなくてはならないという点には同意するが、同時に、特別なポイントを総計に加算するのを忘れてはならないと主張する。た

とえば、次の五年が、人生の中身の点で本人にとって多少悪いとしても、そのマイナスの小計を、生きていること自体の価値が相変わらず凌いでいて、生き続けるほうが依然として優るかもしれない。その場合にはもちろん、死が今訪れたら、本人にとってそれは実際、悪い。その反面、今後の中身が本当に悪く、生きていることの特別なポイントを加算した後でさえ総計がマイナスのままならば、今死ぬほうがましだ。

ちなみに、控えめな見方を受け容れたら、不死の価値にまつわる疑問を再検討する必要も出てくる。なぜなら、不死は本人にとって悪いというバーナード・ウィリアムズの主張にたとえ同意したくなったとしても、今や私たちは、ウィリアムズが語っていた内容が不死の人生の中身だけにかかわるものにすぎないと気づくことができるからだ。

そして、控えめな器説を受け容れれば、中身だけでは問題はもう解決しない。ひょっとすると、中身は必然的に全体としてマイナスになるという点でウィリアムズに同意しながらも、それにもかかわらずそのマイナスを、生きているという純然たる事実が凌ぐと、依然として主張できるかもしれない。それならことによると、不死であるのは、差し引きを考えるとけっきょく良いことなのかもしれない。それが正しいかどうかはもちろん、死ななかったら人生が中身の点でいったいどれほど悪くなるか次第だ。なぜなら、もし価値ある器説の控えめなバージョンを受け容れたら、中身が十分悪くなった場合、人生のプラスの価値をそれが依然として凌ぎうるからだ。

それとは対照的に、夢のような器説の熱心な支持者は、不死が悪夢になるということに関してウィリアムズが正しくても、あまり関係ないという。不死であることがたとえ途方もなく退屈で単調なもの、あるいはそれよりなお悪いものになるとしても、かまいはしない。生きていること自体の価値がそれを凌ぐので、生きているほうが常に優る。中身がどれほど身の毛がよだつようなものだろうと、より長く生きるほうが常に優る。このような見方をとれば、明らかに、不死であるのは本当に良いことになるだろう。死は常に悪いことなのだ。

もちろん、すでに述べたとおり、私は夢のような器説が妥当だと思っていない。だから、不死の人生の中身が最終的にどれほど悪くなるかという疑問をあっさり無視できるとは考えない。だが、それを脇に置くとしても、控えめな器説を受け容れる気になっているときにさえ、生きていること自体がどれほどプラスの価値を持っていたとしても、いずれ不死の人生のマイナスの中身がそれを凌ぐだろうという気持ちに、依然として傾いている。

つまり私は、不死はいずれ、私たちの誰にとっても、全体として悪いものになるだろうと、相変わらず思いたい気がするということだ。

「みないずれ死ぬ」は恩恵――ただし、問題は死が訪れる時期にある

というわけで私は、人間がみな死ぬのは良いことだと依然として言いたい。なぜなら、いずれ不死は身の毛がよだつようなものになるだろうから。

だが、それでもこの立場は、死はあまりに早く訪れ過ぎるという考え方と矛盾しない点には注意してもらいたい。人生が悪いものに変わらないうちに私たちはみな死んでしまうというのは、依然として正しいかもしれないのだ。あと一〇年、あるいは二〇年（さらに言えば五〇〇年）生きられたほうが良かったかもしれないときに、私たちは死ぬのかもしれない。

不死は悪いことだろうと考えるのは、じつは死はいつもあまりに早く訪れ過ぎると考えるのと両

立しうる。

だがもちろん、この時点で楽観主義者と悲観主義者と穏健派との区別を思い出す必要がある。たしかに、もし不死の人生がいずれ悪いものになるとしたら、極端な楽観主義者（どんな未来も良いものに違いないと考える人）の立場は、退けざるをえなくなる。とはいえ、条件付きの楽観主義者（私たちが実際にはどんな人生を送っているかを思えば、あと数年長く生きるのは、差し引きを考えると、じつは常に良いことだと考える人）を思い浮かべることは依然として可能だ。もし彼らの考えが正しいなら、私たちが実際に送っている人生では、死はいつもあまりに早く訪れ過ぎる（楽観主義者は死は常にあまりに早く訪れ過ぎると考えているので、「楽観主義者」というレッテルが理想的なものではないかもしれないのは明らかだろう。だが彼らは、次にやって来る人生の一時期は必ず良いものになると考えている点で楽観主義者だ）。

一方、悲観主義者は、死は誰にとってもけっして一瞬たりとも早く訪れ過ぎることはないと言う。人生の次の一時期は常に、得る価値がなく、ないよりも悪い。

とはいえ、どれほど意味があるかはわからないが、私は穏健派に共感する。私たちの多くには、いや、ひょっとするとほとんどの人には、死があまりに早く訪れ過ぎるのは明らかだと思う。だが、全員にとってそうというわけではないだろう。悲惨なことに、人生を送るうちに、はなはだしく体が不自由になったり、健康が損なわれたり、痛みに苦しめられたりし（回復の現実的な見通しがまったくなく）、生き続けても何の恩恵も得られないように見えるところまで至る人もいる。

どれほどありふれているのか、あるいは稀なのかにかかわらず、そのようなケースでは、実際、死が早く訪れ過ぎるということはない。ぞっとするほど遅い場合も、現にあるのだ。

私たちが死ぬまでに考えておくべき、「死」にまつわる6つの問題

剝奪説によれば、私たちにとって死が悪いということがあれば、それは主に死が良いことを剝奪するからだという。もちろん私は当初、この考え方を紹介するときに、死は人生における良いことを剝奪すると述べたが、人生そのものも良いかもしれないという可能性に注目するために、それを少し修正したがる人もいることも今やわかった。だが詳細はどうであれ、基本的な考え方を押さえるには、死が悪いのは主に、生きる価値のある人生を剝奪するという事実（それが事実であるときには）にあると言えば事足りる。

たしかに私はこれまで、「死が悪い」ことである主な、あるいは根本的な理由として、剝奪説を一生懸命挙げてきた。だが、死が悪い理由は唯一これだけではないと主張することも可能だと思う――たとえ死ぬ人にとって死がどんなふうに悪いのかに的を絞り続けるとしても。

私たちが死を経験するときには、死に伴う剝奪からは切り離せる他の特徴もあるので、今度は、こうした他の特徴は死の悪い面を募らせるのかと問わなければならない。逆に、そうした特徴のうちには、死の悪い面を緩和するもの、何らかの形でその悪さを減らすものがあるかもしれない。

1 「死は絶対に避けられない」という事実を巡る考察

一例を挙げよう。みなさんがいずれ死ぬというのはもちろん真実だ。だが、それだけではない。みなさんがいずれ死ぬのは必然的でもある。それは避けようがない。

死の必然性を、たとえば、この本を読んでいることと比べてほしい。みなさんはもちろん今この本を読んでいるが、これを読むというのは必然的ではなかった。みなさんには選択の余地があった。だが、死は違う。みなさんが何を選ぼうと、死ぬことは避けられない。だから、実際私たちはみないずれ死ぬというのは単に正しいだけではなく、必然的真理なのだ。

したがって、この死の必然性はどう考えれば良いかと問うことができる。そのせいで事態は悪化するのか？　私はここで二つの問題を区別したい。個人的な問題（自分がいずれ死ぬことが避けられない点）と、普遍的な問題（私たち全員がいずれ死ぬことが避けられない点）だ。

まず、自分が死ぬことが避けられないという事実について考えてみよう。死は、避けられないために良くなるのか悪くなるのか？　面白い話だが、この場合、可能な答えの両方の魅力が簡単に感じられるように思える。

一方では、誰かが次のように言うところを想像できる。

「まったく、いずれ死ぬだけでも悪いのに、それに関して何一つできないのだからなお悪いです。死を前にしてなす術《すべ》もないというのは、人を傷つけた上にさらに侮辱するようなものでしょう。私は死神から逃れられません。自分の存在にまつわるこの中心的な事実に関して、まったく無力であるせいで、事態はなおさら悪くなります」

その一方で、死が必然であるおかげで、じつは悪さが軽減されると言いたがる人もいる。この立場がどういうものかを理解したければ、「覆水盆に返らず」という言葉の裏にある考え方について考えてみさえすれば良い。済んだことは仕方がなく、今さら変えることはできない。これはもちろん、あることを変えられないという事実に目を向ければ、そのことに前ほど振り回されなくなるという発想だ。

それが正しく、そして、自分がいずれ死ぬという事実に関して何一つできないことに気づいたら、そう気づいたときの激しい苦悩も、一部が取り除かれるかもしれない。

格別明快な例がある。2＋2が4になる事実を残念がろうとしてほしい。その事実を変えられない自分の無力を、残念に感じようと努力してほしい。たとえば、2＋2が5であってほしいと願っていたとしよう。答えが4である事実に、怒りや落胆、動揺の気持ちを湧き上がらせることができるだろうか？　たぶん無理だろう。変えようのないことがこれほど明白な事柄にいきり立つのは不可能だ。

哲学者のスピノザは、人生で起こることはすべて必然的であるという事実（少なくとも、スピノザにとっての事実）に気づくことができさえすれば、私たちはその事実から一種の感情的距離を置けると考えた。もういきり立たずに済むのだ。私たちはもう、物事に落胆しない。ある出来事に落胆するためには、別の展開になりえたことが前提になっているからだ。そして他の展開はありえないといったん気づけば、それについて悲しむことはできないとスピノザは考えた。それならば、死は避けられないと気づいてその事実をしっかり頭に根づかせれば、死はそれほど悪くなくなるかもしれない。

これは正しいのかもしれないが、私は自信がない。みなさんはドストエフスキーの『地下室の手記』（江川卓訳、新潮文庫、二〇一三年、他）という短い小説を読んだことがあるかもしれない。地下室で暮らす男は、2×2が4になる事実に苛立っている。いや、2×2が4になることに関して自分には何一つできないという事実に苛立っている。自分はあまりに無力で、2×2が4になる事実を変えられないことに憤っている。

同様に、デカルトは神の全能について考えたとき、神に数学的な事実を変えられないのなら、その全能は不十分だと主張した。自分には変えられない必然的な事柄につきまとわれていたら、それは神が弱い証拠となるとデカルトは考えた。だからデカルトは、神は2＋2が5になるのが正しいと決められただろうに、そうしなかったと主張する。それならば、ドストエフスキーは事実上その考えを引き取って、さらにそれを推し進めたわけだ。彼の描いた地下室の男は、何かが避けられなくても、じつは助けにならないと言う。事態を悪くするだけだ。

先ほど言ったように、私はこの議論の両方の側の魅力を感じられる。そのときの気分次第で、どちらにも気持ちが傾く。

死の不可避性——だから良い？　それとも悪い？

それでは、一人ひとりがいずれ死ぬのが避けられないだけではなく、私たち全員がいずれ死ぬのが避けられないという事実についてはどうだろう？　死の普遍性のおかげで、物事は良くなるのか悪くなるのか？　ここでも私は、両方の見方に惹かれる。

一方では、自分がいずれ死ぬのは悪いと言いたい気がするが、私は人でなしではないから、他の誰もがやはり死ななければならないことを思うと、なおさらつらい。あるいは、不死についてこれまで考察したことに照らせば、私たちはみな（あるいは、少なくとも私たちの大半は）あまりに早く死に過ぎるのがつらいと言うべきかもしれない。そのせいで、事態はなおさら悪くなる。

その一方で、率直に認めよう。「同病相憐れむ」という言葉も知られている。この望ましくないことが自分だけに当てはまるのではないと気づけば、いくぶん慰められる（そうではないか？）。この世界が自分だけを狙い撃ちにして、あまりに早過ぎる死を見舞ったわけではないのだ。世界はほとんど誰に対してもそうする。その事実には多少の慰めがあるかもしれない。

2　なぜ「寿命」は、平等に与えられないのか

死には、考える価値のある面が他にもある。死のばらつきはどうか？　けっきょく、私たち全員が死ぬというだけではない。どれだけの長さの人生を与えられるかには大きなばらつきがある。八〇歳、九〇歳、一〇〇歳あるいはそれ以上といった高齢まで生きられる人もいる一方、二〇歳や一五歳、一〇歳で、あるいはさらに幼くして死ぬ人もいる。

たとえ死は避けられないにしても、死は人生の長さを人それぞれに変える形で訪れなくても良さそうなものなのだが。なにしろ、死にばらつきがあるべき理由などないように思える。誰もが同じ年齢、たとえば一〇〇歳で死ぬ世界は想像できる。この種のばらつきがあるせいで、事態は悪くなるのか、それとも良くなるのか？

寿命のばらつきがもたらすのは幸せか、不幸か

道徳の観点からは、この種のばらつきによって事態は悪くなるというのがごく当然のように思える。なにしろほとんどの人は、不平等は道徳的にあるまじきことと考える傾向にあるからだ。本人のせいではないのに、貧しい人もいれば豊かな人もいるというのは悪い。だが、もし不平等が道徳的にあるまじきことならば、このようなきわめて重大な不平等があるのは道徳的にひどく恐ろしいことだと私たちが考える可能性はとても高い。五歳で死ぬ人もいれば、九〇歳まで生きる人もいるのだから。

とはいえ、死の悪い点について考えるにあたって、これまでずっとそうしてきたように、この道徳的な疑問は脇に置き、死にばらつきがあるのは本人にとってどれほど良いか悪いかを考えてみたい。

この状況は二つの基本的な観点から眺められる。平均よりも短い寿命の人と、長い寿命の人の観点だ。

短い寿命を与えられた人の観点に立てば、これは明らかに悪いことだ。あまりに早く死ぬだけでも悪いのに、平均より短い寿命しか与えられていないのだからなお悪い。これが余計悪いことは明確だ。

だが今度は、平均より長い寿命を与えられた人はどうなのかと考えることができる。寿命の中央値、すなわち五〇パーセントの人がそれ未満、五〇パーセントの人がそれを超えるという、厳密な年数を見つけるとしよう。そうすれば、中央値よりも寿命が短い人の一人につき、中央値よりも長い

い寿命を与えられる人が必ず一人いることになる。その人は、あまりに早く死ぬことになるのは残念だが、少なくとも、平均よりは長生きできると言える。これはプラスと見なせるだろう。

ひょっとすると、この等式の両辺は互いを相殺するかもしれない。平均以下の寿命を与えられ、基本的には搾取された人と、平均以上の寿命を与えられて得をした人がいるのだ。だから、個人にとっての死の悪さについては、プラスマイナスゼロかもしれない。その可能性はある。

ただし、人間の心理には、他にも重要な事実があるように思える。言わば、釣銭を少なく渡されるほうが、多く渡されるときよりも、私たちは気になる。何かを平均よりも少ない量しか持っていない人が傷つく度合いは、平均よりも多い量を持っている人が得をする度合いよりも大きいのではないかと思う。

そして、もしそれが正しければ（死のようなものに関してはとくに、それは正しいそうだ）、ばらつきがあって、平均よりも少ない量しか得られない人がいるせいで悪いことが余計生じ、それは、一部の人が平均以上の量を得ることで生じる利益を凌ぐ。

3 「自分に残された時間」を誰も知りえない問題

死の重要な特徴はまだある。私たちは必然性については考えたし、ばらつきも見てみた。では、予測不能性はどうだろう？　死ぬのは必然であるだけではなく、また、長命の人と短命の人がいるだけではなく、自分にあとどれだけの時間が残っているのかわからないというのも真実だ。

ばらつきについていったん考え始めたら、予測不能性はすでに取り上げたことになると考えても、致し方ないだろう。だがじつは、そうではない。論理的に言って、ばらつきは予測不能性の必要条件ではあるものの、それだけでは予測不能性は保証できない。完全に予測可能なばらつきもありうるからだ。

たとえば、赤ん坊が生まれると必ず手首に自然に痣《あざ》ができていて、それがその赤ん坊の死ぬ厳密な年月日・時間を正しく示していると想像してほしい。そのような世界はたしかに想像できる。死は相変わらず必然で、誰もが手首に日付を記されている。そして、ここが肝心なのだが、依然としてばらつきがありうる。八〇年生きる人もいれば、五七年生きる人や二〇年生きる人もいる。だが、予測不能性は存在しない。生まれつきの痣のおかげで、誰もがあとどれだけ生きられるかを正確に知っている。

もちろん、私たちの世界はそんなふうにはなっていない。この世界にはばらつきがあるだけでなく、予測不能性も存在している。そのおかげで、事態は良くなるのだろうか？　それとも、悪くなるのだろうか？　自分がいつ死ぬかを知っているほうが良いのだろうか？

「いつ死ぬか」がわからないから悪い？　わからないから良い？

予測不能性には少なくとも事態を悪くする可能性がある。

一つには、人は自分にあとどれだけ時間があるのかわからない点だ。もちろん、統計に基づいて推測することはできる。平均寿命を計算することができる。今現在、アメリカでは寿命の平均が七九歳だとしよう。つまり、仮にみなさんが二〇代末なら、平均であと五〇年残っていることになる。だがすでに指摘したように、平均というのは膨大なばらつきの上に成り立っている。みなさんは一生懸命この計算をしながら通りを渡っていて、トラックにはねられ、死ぬかもしれない。それは起こりうる。そうではないか？

予測不能性のせいで、本当にいつ死ぬかは知りようがない。そして、知りようがないので、適切な計画を立てるのが難しい。

とくに、自分の人生をどんなペース配分で送るかを知るのは難しい。メディカルスクールに行って医師になろうと決める。そこで、まず大学に行き、その後メディカルスクールに通い、実習期間を経て、インターンとして研修を積む。そのすべてに時間がかかる。息の長い献身的な取り組みだ。それは長期計画であり、もし二〇代の初めに病気になって死んだら頓挫してしまう。もちろんこれはかなり劇的な例だが、同じ種類のことが原理上、誰にも起こりうる。

人生の計画を立て、生涯に何を達成したいのかを見極め、そしてそこへ突然、予想外の死が訪れ、計画が台無しになる。あと五〇年ではなく二〇年しか残っていないと知ってさえいたら、違う種類の人生を選んでいただろう。予測不能性は事態を悪くする。

それほど明白ではないが、逆方向の展開もありうる。一生の計画を立て、それを実行するが、その後、死ぬだろうと思っていた歳になっても全然死なない。ずっと生き永らえ、人生はひたすら下降線をたどる感じになる。あまりに早く頂点を極め過ぎたのだ。

自分は俳優のジェームズ・ディーンのように、さっさと燃え尽きて若くして死ぬと思っていたのだが、間違っていた。若死にせずに、あと七〇年生きるのがわかってさえいたら――もし九四歳という高齢まで生きることになると知ってさえいたら、違う人生を選んでいただろう。

4 人生の「形」が幸福度に与える影響

こうした点を考えることによって私が事実上主張しているのは、人生の全体としての価値は、これまでまだ検討してこなかった特徴に影響されうるということだ。それは、人生の全体的な形は重要だというふうに言い直しても良い。少しばかり違う言葉を使って同じ考えを表せば、人生の「浮き沈み」がその全体的価値を変えうると言えるだろう。

この点を、ごく単純なグラフで説明しよう。現実に即したものとして描いたわけではないが、基本的な考え方はつかめるだろう。一九世紀のアメリカの作家ホレイショ・アルジャーがよく書いたのが、最初は貧しかったものの、その後（勤勉、献身、努力を通して）出世し、富と成功を手にする人々の物語だ。貧乏から大金持ちへ——それは素晴らしい、人を奮い立たせる人生だ。

その人生をグラフに描いてみよう（図7・1（1）参照）。

Y軸はその時点でどれだけ良い境遇にあるかを表し、X軸は時間を表している。図7・1（1）のグラフでは、無一文から始まり、信じられないほど良い境遇で終わる。それは素晴らしい人生だ。それがホレイショ・アルジャーの人生だ。

さて、ここで別の物語を考えよう。今度は貧乏から大金持ちになる代わりに、大金持ちから貧乏へと転落する。何不自由ない状態から始まるが、無一文で終わる。それがホレイショ・アルジャーとは正反対の、アルジャー・ホレイショの人生だ。図7・1（2）のグラフがこれに相当する。

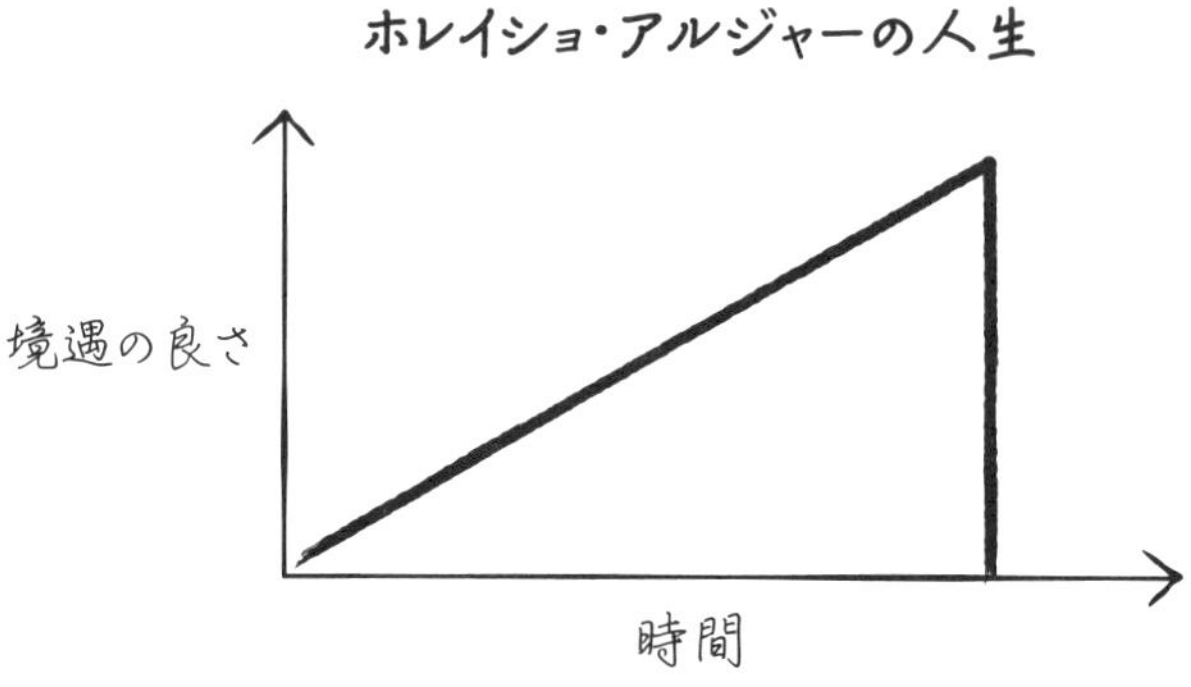

図7・1(1)

さて、この二つの選択肢について、心底無関心でいられる人はいないだろう。これら二つの人生のどちらでもかまわないという人はいないはずだ。ほとんど誰もが最初の人生を選ぶことと思う(注1)。だが、人生の中身の点では、あるいは、少なくとも局所的な中身の点では、どちらの人生を自分が手にするかを気にするべきである理由を見つけるのは難しいことに注意してほしい。

どちらの人生にも、同じ量の苦しみがある。どちらの人生にも、同じ量の成功がある。二つのグラフはもちろん、鏡像の関係にあり、一方の良い時期の一つひとつには、もう一方にもそれに呼応してまったく同じ良い時期があり、悪い時期の一つひとつにも、それに対応する悪い時期がある。おおまかに、とはいえ直感的に言って、二つの人生の中身は同じだ（数学的に言えば、それぞれの線の下の面積が等しい）。

そして、たとえ価値ある器説を受け容れ、そのために、生きていること自体にも価値があると言ったとしても、どちらか一方の人生を好む理由は依然として得られない。どちらの人生も同じ年数だけ続き、どちらの場合にも同じ特別のポイントが加算されるからだ。

もし私たちがこの二つの人生の良し悪しを感じずにはいられな

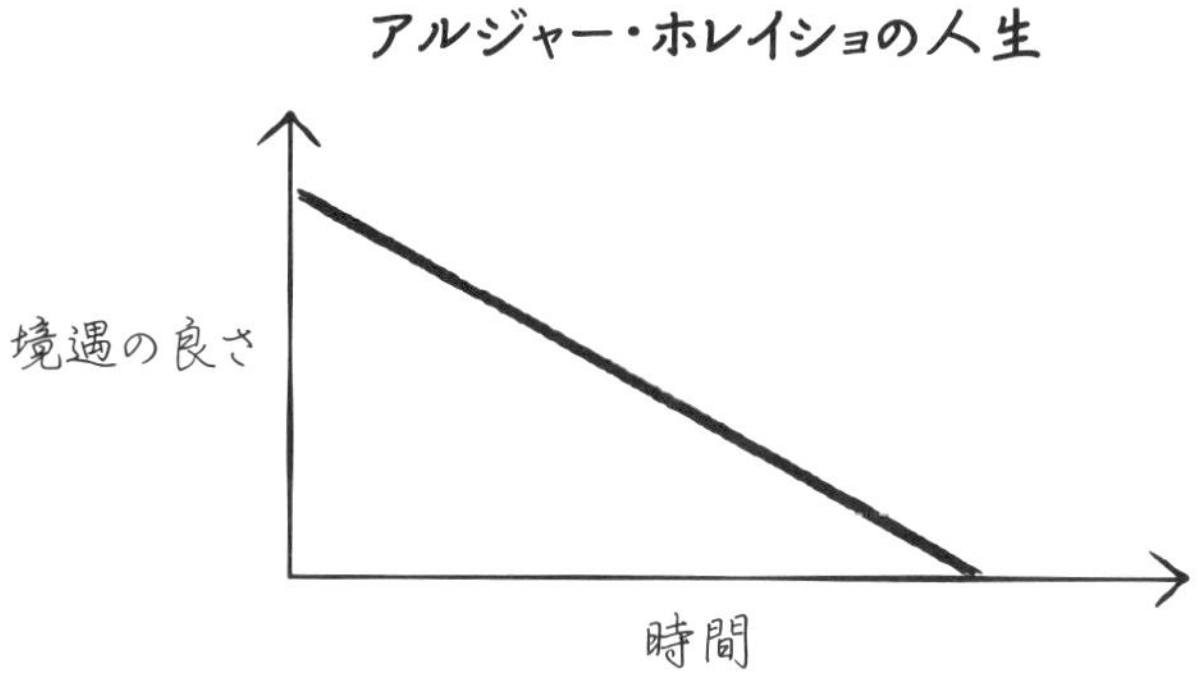

図7・1(2)

いのなら、それは私たちが、「局所的な」良さ（さまざまな時点でどれだけ幸せか、あるいは不幸せか）が人生の価値を左右するだけではなく、人生の全体的な形も重要であると考えていることを示しているように思える。

人生の浮き沈みは重要だ。「悪いものから良いものへ」という物語が、私たちが自分の人生に望む物語であり、「良いものから悪いものへ」という物語は、自分の人生には望まない物語なのだ。

「良いこと」と「悪いこと」——総量が同じでも、幸不幸に分かれる理由

そこで興味深い疑問が生まれる。なぜ私たちはそれを気にかけるのか？ そしてこの疑問からはもちろん、ルクレーティウスの難問（132ページ）が思い出される。なぜ私たちは過去に存在しないことよりも未来に存在しないことを気にかけるのか？

その理由は明らかではないが、悪いことは過ぎてしまえば、未来に悪いことが待ち受けているときほど厄介には思えないという事実は残る。

同様に、私たちは悪いことは後に来るよりも先に来てほしいようだ（痛みを伴う手術についてのデレク・パーフィットの話も思

い出してほしい。悪いことを未来に経験するか過去に経験したかに関して、私たちは無関心ではいられない）。その説明が厳密にはどのようなものになるのであれ、私たちは人生の全体的な形と道筋を気にかけるというのが、純然たる事実のようだ。

ところが、これが真実だとすると、死の予測不能性のおかげで、人生が理想的な形をとれずに終わってしまう可能性を心配しなければならなくなる。図7・2に示した人生を考えてほしい。ここでは、この人があまりに早く頂点を極めてしまう点が問題だ。頂点に達したものの、そのクライマックスの後、あまりに長く生き残ってしまうのだ。

多くの人は、そのような人生には不満だろうと私は想像する。自分の人生を小説であるかのように考えてほしい。その人生のグラフは、長大な物語の筋のようになっている。私たちは、大団円が最後のページに来なければならないと考えているわけではない。大団円の後、物語がしばらく続くのはかまわない。だが、クライマックスが第二章に来て、その後さらに六、七章続くとしたら、その小説の構成はいただけないと思うことだろう。

人生の頂点を極めるべきタイミング

人生の全体的な形を気にかけている以上、私たちは人生が全体として適切な形をとるかどうか心配になるだろう。みなさんは実績の点で、人生がいつどこで頂点を極めることを望むだろうか？

それは重要だが、あいにく人生は予測可能ではないので、頂点をどこに持ってくれば良いかわからない。頂点をずっと後のほうで迎えることを目指したら、そこまで生きられないかもしれない。

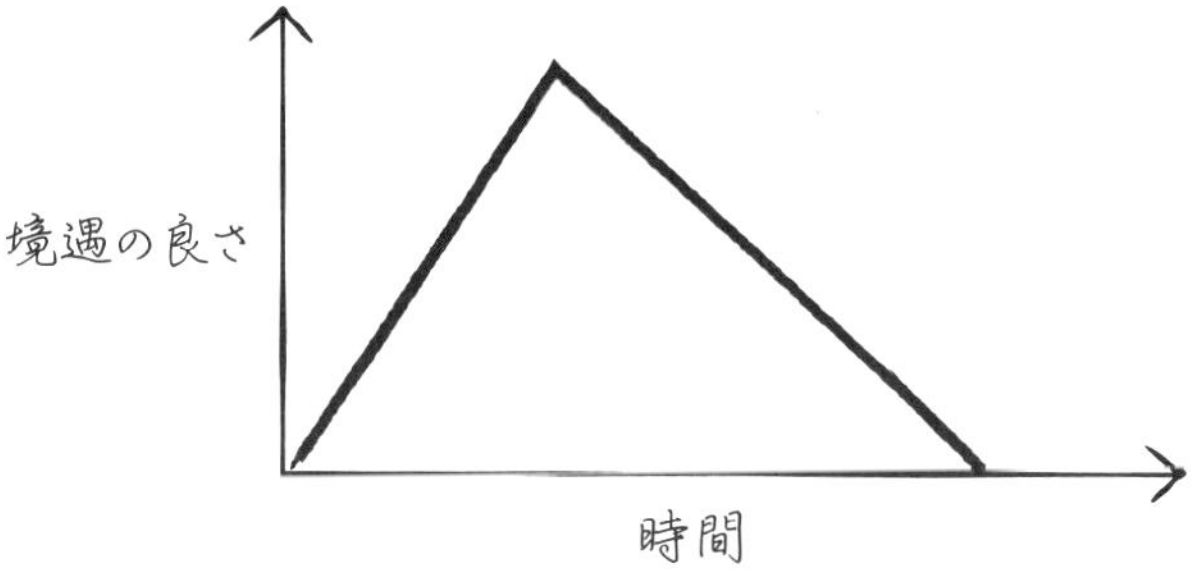

図7・2

逆に早く迎え過ぎたら、その後あまりに長い間、生き続けることになりかねない。

したがって、死の予測不能性のせいでさらなるマイナス要素が加わることになる。最善の形で人生を送ることを計画するのが、なおさら難しくなるからだ。そして、その観点に立つと、あとどれだけ時間が残っているのかを知っていたほうが良いように思える。

だがその場合、それを知っていたほうが本当に良いのかと尋ねる必要がある。みなさんは、あと厳密にはどれだけ時間が残っているか本当に知りたいだろうか？　私たちは先ほど想定していたような種類の痣を持って生まれ、死ぬまでにあとどれだけ残っているかが常に正確にわかるとしよう。もしその種の痣があったら、あと五〇年、四九年、四八年、四七年……というように、残り時間を知っているという重荷を一生涯背負い続けることになる。じつは多くの人がそれを重荷と感じるのではないかと思う。いつもそれが頭の片隅にあり、人生を楽しむことを妨げる。

「あなたの余命はあと1年です」——そのとき、あなたは何をする？

それでは、話を少し変えてみよう。簡単に目にできて、内容が読み取れる痣の代わりに、適切な検査を行なえば調べられる遺伝子マーカーがあったとする。その気があればDNAを調べてもらい、自分にはあとどれだけ時間が残っているかを正確に知ることができる。みなさんはその検査を受けたいだろうか？

もちろんこれはSFの世界の話で、これからもSFであり続けると思う。だが実際、さまざまな病気の原因となる遺伝子についてわかってくるほど、多くの人がそうした遺伝子を自分が持っているかを調べる検査を受けたいかどうかという問題に直面する。

恐ろしい遺伝性疾患があって、特定の遺伝子を持っている人は四〇歳で死ぬとしよう。みなさんは二〇歳で、自分がその遺伝子を持っている可能性が五〇パーセントあることがすでにわかっている（親の一方がその遺伝子を持っていて、早死にしている）が、自分にその遺伝子があるかどうかは、まだ知らない。もしあったら、あと二〇年で死ぬ。

みなさんは検査を受けたいだろうか？　答えを知りたいだろうか？

もう一つ、これと密接に関連した疑問がある。自分にはどれだけ時間が残されているかを現に知っていたら、今とは違った行動をとるだろうか？　知っているせいで、自分にとっていちばん重要なことの実行に注意を向け直すだろうか？

この疑問について考えれば、人生で自分が何を最も重視しているかに気づくことができる。自分にはあと一年か五年か一〇年しか残っていないと知っていたら、何をすることを選ぶか、自問すると良い。

コメディバラエティ番組の「サタデー・ナイト・ライブ」には、こんなお決まりの寸劇があった。俳優の一人が医師の診察室にいて、あと二分しか生きられないというじつに悲惨な宣告を受ける。すると彼は、

「一生分の楽しみをその二分に詰め込みます」

と言う。そしてもちろん、その寸劇には落ちがある。彼はその二分を楽しみに行くために、エレベーターのボタンを押すのだが、エレベーターが来るのを待つ間に一分半が過ぎてしまうのだ。

もし、あと一年か二年しか残っていなかったら、みなさんはその時間で何をするだろう？ 学校に行くか？ 旅行に出るか？ 友人たちともっと時間を過ごすか？

この疑問に直面しなければならなかった人の、並外れて感動的な例が、私がイェール大学で教えている死についての講座で見られた。数年前、その講座には死を目前にした学生がいた。本人も自分が死ぬことを知っていた。一年生のときに癌という診断を受けていたのだ。医師は、回復の見込みがないに等しいことを告げ、しかも、あと二年しか生きられないと伝えた。そうと知った学生は、自問せざるをえなかった。

「さて、残された二年で何をするべきか？」

彼は、自分がしたいのはイェール大学の学位を取ることであると見極めた。そして、死ぬまでに卒業するという目標を立てた。その一環として四年生の後期に、死についての私の講座を受けたのだ（それを知って私は畏れ多い気がした。彼のような立場にある人が死についての講座を選び、毎週毎週、私が教壇に立って、魂は存在しない、死後の生は存在しない、私たち全員がいずれ死ぬの

は良いことだ……と語るのを聴くことにしたのだから)。

というわけで、彼は私の講座に出席していた――春休みまでは。春休みを迎えたころには具合がかなり悪くなり、医師に学業の継続は無理だと言われていた。彼は自宅に帰らなければならなかった。医師は事実上、家に帰って死ぬ時が来たと告げたわけだ。彼は自宅に戻り、その後、病状は急速に悪化した。

その学期に彼が取っていたさまざまな講座の教員は全員、管理部門からの問い合わせに直面した。学期のその時点までの実績に基づいて、学期全体としてどのような成績を彼に与えるつもりがあるか？　もちろん、どの講座の単位が取れて、どの単位が取れないか次第で、彼が卒業できるかどうかが決まるからだ。けっきょく、彼は十分な成績を収めていたことがわかった。そこでイェール大学は、見上げたものだが、管理部門の職員を一人、死の床に派遣し、彼が死ぬ前に学位を授与した。

これはなんとも感動的で印象的な話だ。自分がいちばんやりたいのは、残る数年を大学で過ごすことだと考える人がどれだけいるだろうか？　学業ではないのなら、いったい何をしたいのだろう？　みなさんなら何を選ぶか？

そして、もともとの疑問に戻れば、あとどれだけ時間が残されているかを知れば、そうした選択を喜んで受け容れて、人生を最も有意義な形で終えられるだろうか？　それとも、それは重荷になるだろうか？

自分に残された時間がどれだけあるかをたいてい知らないという事実について考えたとき、それが私たちの直面する種類の疑問なのだ。それは、死の悪さを募らせるのか、それとも、それをいくぶん減らしてくれるのか？

5 突発的に起こりうる死との向き合い方

死については、さらに別の特徴もある。必然性とばらつきと予測不能性に加えて、私に言わせれば、死には遍在性が伴う。これは、私たちの周りじゅうで人が死んでいるという事実だけを指しているわけではない。むしろ、私たち自身がいつ死んでもおかしくないということだ。今死ぬ可能性から逃れる術はない。たとえ予測不能性があったとしても、死が必ずしもこのように広く行き渡っていなくてはならないということはない。ここで私の頭にあるのはこういうことだ。私たちはたとえ自分が安全そのものだと考えているときにさえ、もちろん、脳卒中で死にうる。心臓麻痺で死にうる。若くて丈夫な人でさえ、動脈瘤《どうみゃくりゅう》で死にうる。

あるいは、私が気に入っている例を一つ挙げれば、居間に座っているときに、突然飛行機が家に墜落して、死んでしまうこともありうる。ときどき新聞にその手の話が載っている。自分は安全だと思っていて、テレビで再放送を見ていたら、次の瞬間にはもう死んでいたというケースだ。

これには予測不能性以上のものがある。自分がいつ死ぬかわからないという事実には、いついかなるときにも死ぬ可能性があることまでは含まれていない。だが実際には、それもまた私たち全員に当てはまるのだ。

別の例を挙げよう。これまた私のお気に入りの例だ。あるとき私が高速道路を走っていると、一台の自動車が確認もせずにこちらの車線に入ってきて衝突した。私の自動車は弾き飛ばされ、ぐるぐる回りながら三車線を横切る形になった。すべて、ほんの一瞬のことだったが、自分がじつにはっきりと、「ああ、死ぬ」と考えていたのを覚えている。幸い、私は死なずに済んだ。無傷でこの事故を切り抜けられたし、自動車の損傷も驚くほど少なかった。だが、そんなふうにして命を落とすこともありうる。

死（死の可能性）は遍在している。至る所にある。だから、そのせいで事態は悪くなるのかと問わなければならない。私には、これまた死の悪い面であるように感じられてならない。息抜きできるときがあるに越したことはないだろう。そこにいる限り絶対死なない特定の場所、特定の保養地を想像してほしい。そういう場所に出かけて、束の間であっても、

「ああ、そうなんだ、今は心配しなくて良い。死が頭をよぎる必要さえない」

と言えたら、どんなに素晴らしいだろう。

もちろん、死とは無縁のそういう場所があったとしたら、大混雑になるだろう。だから、例を変えたほうが良い。死とは無縁の場所の代わりに、死とは無縁の時間を想像するのだ。どういう理由からか、正午から一時までは誰も死ぬことがないとしよう。その間は死を頭から追い出すことができる。素晴らしいではないか。たしかに、一時には再び重荷を背負わなければならなくなる。だが、死ぬ可能性が万に一つもない時間帯が毎日あるのは素晴らしいではないか。

あるいは、死とは無縁の活動があるとしよう。たとえば、哲学の文献を読むというのがそれで、そうしている間にはけっして死なない。あるいは、祈りを捧げている限りは死なない。そんなことがあれば、素晴らしいではないか。

はたまた、万事を逆転させることもできる。ほとんどのとき、ほとんどの活動は死と無縁だが、

特定の活動には死ぬ可能性が伴うと考えるのだ。だから、特定の活動を行なわない限り死なない。永遠に生き続けうるという意味で、私たちは潜在的に不死だが、永遠に生きることを強制されはしない。一部の活動（たとえば、銃を自分の頭に向けて引き金を引く）を行なえば、人生を終えられる。だから、たとえ不死が悪くても、特定のことをすれば、不死に終止符を打てる。

「これで死ぬなら本望だ！」と言えることは何か

だがこの架空の世界では、死を確実にするこうした特別な活動以外に、死の危険を伴うだけのさまざまな活動が他にあるとしよう（そうした活動には、現実の世界においてと同様のレベルの危険が伴うということだ）。それをしているときは、絶対に死なないという保証がなくなる。そこで自問してほしい。死ぬ危険を伴うことがわかっている活動があるとして、それがどのような活動ならやるか？

「とても重要なので、それをやるためなら、死の危険を冒す気になる」というものがあるとすれば、それはどういうことか？

ひょっとしたら、みなさんは芸術が好きかもしれない。芸術がとても重要なので、傑作を鑑賞する覚悟ができるだろうか――その作品を楽しんでいる間は死ぬかもしれないが、それ以外は絶対死なないと知っていても？

セックスは、している間に死ぬ危険を冒す覚悟ができるほど価値があるか？　それをすれば、しない場合にはないもの、すなわち死の危険が生じるとしてもなお、とても価値があるのでやってみる気になるのはどんな活動かと自問すれば、自分が何を最も価値のあるものと考えているかがわかる。

このようにこの質問を提起するにあたって、私は、死の危険を伴うにもかかわらず私たちがやるだろうことがあるという前提に立ってきた。

さらに問うべきこともあるだろう。すなわち、まさに死の危険を伴うからこそ、する価値のあることはあるか？　たしかにこんな疑問はずいぶんと奇妙に聞こえる。すでに一〇万年生きてきて、人生が提供してくれるものをすべて経験し尽くしていれば話は別だろうが、少なくとも、その可能性を除けば、奇妙に聞こえる。今、人生が提供できるものがまだとてもたくさんある間に、まさに死ぬ可能性があるからこそ何かの活動を行なう人がいるとは信じ難い。とはいうものの、まさにその理由から人々が行なう活動が、たくさんではないにしてもいくつかはあるように私には思える。

一例として、きっとみなさんが衝撃を受けるような話をしよう。みなさんは、飛行機から跳び出す人がいることを知っていただろうか？　たしかに彼らは、跳び出すときには、死なずに済むそこの可能性を与えてくれる小さな布切れを持っている。だが、その手のものは、うまく機能しないことがある。パラシュートが開かずに死んだ人の話がときどき新聞に載る。そんなとき私は、なぜ、と自問する。自分と死とを隔てるものは小さな布切れ以外に何もないという状況で、いったい何が人を飛行機から跳び出させることができるのか？　最も妥当に思える答えは、死ぬ可能性がかなりあるという事実こそが、人がそうする理由を説明する助けになるというものだ。

もちろん、飛行機から跳び出す人に話を聞けば、彼らは、

「いや、違います。全然違います。眺めがじつに見事だからですよ」

とか何とか言うだろう。だが、これはとても信じ難いと思う。飛行機に乗って飛び立てば、そのじつに見事な眺めを機内から安全に楽しめるからだ。スリルの一部は、その時点で死の危険が増している、まさにその事実にあるに違いない（あるいは、そのように私には思える）。死ぬ可能性が、飛行機から跳び出す動機の一部になっているのだ。

死ぬ可能性こそが、快さの根源!?

だが、もしそれが正しいとしたら、死とは無縁の時間や場所、活動があれば素晴らしいと先ほど言ったのは間違っていたのかもしれない。死が至る所にある、すなわち死が遍在的であるのはつらいと言ったのは、間違っていたのかもしれない。もし死の可能性が快い刺激のようなものをつけ加えてくれるのなら、ひょっとすると死の遍在性はじつは悪いことではなく良いことかもしれない。

とはいえ、危険があるからこそ現にパラシュート降下に惹かれる人にとってさえも、私はそれが正しいと考える気にはなれない。むしろ、そういう人にとっては、死の遍在性は背景に絶えず流れていて気づかない雑音の一種ではないかと思う。だから、死の危険がいくらかあるだけでは不十分で、通常よりも大きい危険でなくてはならない。飛行機から跳び出すのが魅力的なのは、死の危険が急増するからだ。

だが、もしそうなら、死のスリルを求める人にとってさえ、死の遍在性はそれが遍在的であるがゆえに、あまり良いことではなくなる。死の危険が至る所にあるから、その危険は背景に紛れ込んでしまうのだ。

6　生と死の組み合わせによる相互作用

死について検討したい面がもう一つある。死は生の後に来るという事実だ。これはおそらく、人間の境遇にまつわる根本的な事実だ。私たちは生きるだけでもなければ、ある時点で存在しなくなるだけでもない。人間とは、生き、それから死ぬものなのだ。

そして、私はこう問いたい。この事実についてどう考えるべきか？　なにしろここには一種の形而上の複合物、生と死の特別な組み合わせがある。生だけではなく、死だけでもなく、この組み合わせの全体的な価値について問う必要があるのだ。

ここで自然に思いつくことの一つは、複合物の価値をはっきりさせたいときには、さまざまな構成要素の価値を特定してそれらを足し合わせるだけで良いという考え方だ。したがって、生の後に死が続くという人間の境遇の全体的な価値を理解したければ、まず生自体の価値をはっきりさせ、次に死の悪い点をはっきりさせ、それから両方を足し合わせるべきであるということになる。これら二つの部分の価値を見定め、合計がどうなるか調べるというわけだ。

もちろん、この戦略を使ったとしてさえ、合計については意見が分かれかねない。楽観主義者はおそらく、合計がプラスになると考えるだろう。

「ええ、死は悪いです。けれど、生は良い。十分良いから、いずれ死ぬという事実から生じる悪さを凌ぎます。だから、差し引きを考えると、生まれるのは良いことになります」

と彼らは言うかもしれない。

一方、悲観主義者はおそらく、合計がマイナスになると言い張るだろう。「差し引きを考えると、死の悪さが生の良さ（そんなものがあれば！）を凌ぎます」と彼らは主張するだろう。そして穏健派は、答えは個々のケースの事実次第だと言うかもしれない。

足し引きだけで人生は評価し切れない

だが私は、単に合計を求めるだけでは足りないと思う。人間の境遇を全体として評価するには、人生の良さと死の悪さをただ合計する以上のことが必要だ。

じつは問題はもっと複雑で、それは、複合物や組み合わせの価値は、ただそれぞれの部分を別個に考え、それから個々の価値を足し合わせて得られる合計とは異なる場合があるからだ。全体の価値を求めるためのこの単純な「加算」方式は、いつも正しいとは限らない。

一つ例を挙げてこの点を説明しよう。この世の食べ物で、私には大好物が二つある。ピザとチョコレートだ。もちろん、チョコレートがどれほど好きかはすでに述べたが、ピザについては、まだ言っていなかったと思う。だが、この二つが私の大好物だ。ピザ――美味しい！　チョコレート――美味しい！

さて、この二つの美味しい食べ物を持ってきて、チョコレートで覆われたピザにする。むかつく！　なんともおぞましく聞こえる。少しも魅力を感じない（注2）。みなさんもこれがおぞましいと思ってくれると良いのだが。

それでも、ただピザの価値とチョコレートの価値を別個に考えただけでは、このむかつくようなものには気づかないかもしれない。チョコレートで覆われたピザの価値は、それを構成する部分の価値をそれぞれ求めて足し合わせるだけでは得られない。「相互作用効果」とでも呼べるものについて考えなくてはならないのだ。

だから、人間の境遇、すなわち生の後に死が続くという事実について考えるときには、考慮に入れるべき相互作用効果があるかどうか自問しよう。おそらく、主な可能性は二つある。現に相互作用効果があるのなら、それはマイナスで、この組み合わせ全体の価値を減らすかもしれないし、あるいは逆にプラスかもしれない。

プラスの相互作用　有限だから生をより大事にできる

まず、プラスの相互作用効果の候補に一つ触れることで、手短に始めよう。

人はいずれ死ぬ以上、当然ながら、将来得られる人生の量には限りがある。人生は稀少な資源だ。生は貴重だ。だから、人生の価値はまさにそれが貴重だからこそ増すという考え方に惹かれるかもしれない。なにしろ、ものの価値は、それが壊れやすかったり稀だったりすると大きくなるというのは、じつにありふれた考え方だから。

それならば、人生は貴重であり、長続きしないというまさにその事実のおかげで、人生の価値は実際に上がるかもしれない。

SF作家のオースン・スコット・カードにはこんな短篇がある。宇宙のあらゆる生命体のうちで、死を免れないのはこの地球上の私たちだけだというのが、この作品の基本構想だ（注3）。そしてそのせいで、私たちは宇宙中の生命体に羨《うらや》まれる。不死が魅力的でなかったり、退屈だったりするわけではない。不死には文句のつけようがない。だがそれでも、宇宙中の生命体が、限られた寿命を持つ私たちに嫉妬する。私たちにあって、彼らにはないものは、各自にとって貴重なものであり、私たちがそれを持っている限られた時間を通して大切にしなければならないものだからだ。

私がこの考え方に賛成するかどうかは怪しいが、それの持つ魅力はたしかに見て取れる。もしこの考え方が正しいなら、私たちがいずれ死ぬというまさにその事実が私たちの人生と相互作用し、人生をより脆弱ではかないものにし、その結果、より貴重にする。

この最初のプラスの相互作用効果を受け容れようと受け容れまいと、マイナスの相互作用効果も存在する可能性が残る。私がしばしば妥当に思う主張をさらに二つ紹介しよう。

マイナスの相互作用① 味見は味見にすぎない

第一の考え方には、「味見は味見にすぎない」という見出しがつけられる。それは、私たちはしばらく生き、人生が提供しうる、ありとあらゆる素晴らしいことの味見をしたかと思ったら、いわばその直後にすべてを取り上げられてしまうという所見から始まる。味見しかさせてもらえないのだから、ある意味で、人を傷つけた上にさらに侮辱するようなものだ。腹を空かせた人の前にご馳走を並べ、しっかり眺めさせ、美味しそうな匂いを嗅がせ、おまけにほんのわずかだけ与えてどれほど素晴らしい料理か味わわせたあげく、すべてさっさと取り上げてしまうようなものだ。

味見させてもらっただけで食事を全部食べるのを許されないぐらいなら、味見など全然しなかったほうがましだと誰かが言ったら、その気持ちは理解できる。

ところが、もし味見したときの味だけに的を絞っていたら、このマイナスの特徴にはまったく気づかないかもしれない。なにしろ、食事の味そのものはプラスだから。同様に、食事を食べられないことにだけ的を絞っていたら、このマイナスの特徴には気づかないかもしれない。けっきょく、食事を食べないのは、特定の経験がないことにすぎない。その剝奪は相対的に悪いが、それ自体は悪くはない。

味見させてもらってからそれ以上食べさせてもらえないという意地悪がどうしてこれほどひどいことかを理解したければ、両方を組み合わせて考える必要がある。それは相互作用効果だ。だから同じように考えて、人間の境遇にまつわる悪いことの一つは、人生の味見をさせてもらったものの、それ以上何もできないうちに、その人生を奪い去られてしまうことだと言える。これが第一の考え方だ。

マイナスの相互作用② 高貴な身分からの没落

私が紹介したいマイナスの相互作用効果の第二の可能性には、「高貴な身分からの没落」という見出しがつけられる。現時点では、みなさんと私に関しては驚くべきことがある。私たちは人格を持った人間なのだ。私たちの知っている宇宙の中で、これははなはだ稀で並外れた身分だ。当然ながら、宇宙にはどんな生命体が存在するか、自信を持って語ることは不可能だが、少なくともこの地球上では、人間であるのはおそらく私たちだけだろう（いや、断言はできない。イルカや、大型の類人猿の一部も人間かもしれない――哲学的な意味で。だが、いずれにしても、人間と呼べる生き物はごく限られている）。

もちろん、物理主義者にとっては、人間は特定の種類の機械にすぎない。だが、すでに説明したとおり、ただのありふれた機械ではない。私たちは驚くべき機械なのだ。私たちは愛することができる。詩を書くことができる。宇宙の最果てについて考え、その宇宙における自分の居場所を問うことができる。人間は驚異的だ。けれど、それでもなお、私たちはいずれ朽ち果てる。死体になる。私たちのような驚くべきもの、高貴で貴重なものが、一片の腐肉のような卑しくてつまらないものになり果てうると考えると、ぞっとする人は多い。

この考え方に思いを巡らせるといつも、頭に浮かんでくる光景がある。権力の座を追われた王がニューヨークでウェイターをして食いつないでいく羽目になった姿だ。ウェイター暮らしはこの世で最悪なものではないと言う人もいるだろうし、それはもっともだ。だが、そこには同時にもう一ひねりある。傷つけられた上に、さらに味わわされる屈辱だ。ウェイターは自分がかつて、支配者という並外れた存在だったことを思い出さなければならない。とはいえ、支配者としての人生だけを考えれば、つまりその組み合わせのうち、その部分だけを別個に考えれば、おそらくとても良いものに見えるだろう。そして、ウェイターとしての人生も、単独で眺めてみればそれほど悪くはない。

だから、この運命にまつわる問題、すなわち、付加されうるマイナスの特徴に気づきたければ、ここで評価されているのは一つのパッケージ全体であるという事実を考慮に入れなければならない。つまるところ、王からウェイターへという転身には、特別屈辱的なものがある。そして、その運命(あるいは、それよりも悪い運命)が私たち全員を待ち受けている。私たちという驚くべきものは、驚くべきものであり続けはしないというのが、人間の境遇にまつわる事実なのだ。私たちは腐敗して崩れる肉の断片と化す。

というわけで、人間の境遇を評価するときに考える価値のある相互作用効果の候補は、少なくとも三つある。


たぶん、この三つについて人の見方はさまざまだろう。楽観主義者は、マイナスの相互作用効果を考え合わせたときでさえ、人間の境遇は全体としてプラスであり続けると言うだろう。だから、たとえ生の後に死が続いているとしても、生まれるのは実際、良いことだ。

当然ながら、これに対して悲観主義者は、人生のマイナスの面は（とくに、マイナスの相互作用効果を加味したときは）あまりに大きいので、生まれてこないほうがましだったと言うだろう。私たちがいずれ死ぬという事実が人生に、あるいはことによると生と死の複合物全体に染み込んできてそれを毒するというのが、事実上、悲観主義者の見方だ。全体として考えると差し引きはマイナスになると彼らは断言する。

生の後に死が続くというこの組み合わせのパッケージを手に入れるよりも、人生など少しも経験しなかったほうがまし、生まれなかったほうがまし、と（それならば、第4講に出てきた、ただの可能性にとどまり、けっして生まれることのないラリーを気の毒に思う代わりに、羨むべきかもしれない）。


私はと言えば、人生はかなり素晴らしいものになりうると考える程度には楽観的だ。もっとも、厳密に言えば私は楽観主義者ではなく、むしろ穏健派だ。誰もが生まれてきたほうが良い、あるいは、誰もが生まれてこなかったほうがましだ、と言うのがふさわしくなるような、人間の境遇に与

える べき単一の全体的価値はない。悲しいことに、それは人それぞれの人生にまつわる事実次第なのだ。

だがそれでも、多くの人は生きる価値がたっぷりある人生を達成するように思える。そして、マイナスの相互作用効果のどちらかを考慮に入れるのを忘れてはならないことに同意したい気分になっているときにさえ、私たちの多く（ひょっとすると、私たちのほとんど）にとって、すべてを考慮すると、状況は良いように見える。

そうであれば、人生が提供しうるものをそれなりに味見できる幸運な人々にとっては、生の後には死が続かざるをえないという事実があるにせよ、けっして生まれてこなかったよりも生まれてきたほうが良いと思う。

「生まれてこなかったほうがまし」と「自殺」はまったく交わらない

あるいは、たとえ悲観主義者の結論を受け容れるにしても、生まれてこなかったほうがましだと気づいたことへの適切な反応が自殺であるとは結論できない点は強調しておきたい。そう結論するにはもっと論拠が必要だろう。

そんな論拠は必要ないという考え方には、もちろん魅力がある。つまり、もしけっして生まれてこなかったほうがましだと判断したら、後は苦もなく、自殺は人間の境遇に対する適切な反応だと結論できると考えたくなる。

だがじつは、少なくとも論理の上では、けっしてそう結論できない。なぜなら、少し考えてみさえすれば、生の後に死が続くという、人間の境遇の根本的な性質を自殺が変えないことは、簡単に見て取れるからだ。自殺をすれば、どういうわけか、けっして生まれなかったことになるなどということはない！　たとえば、味見をするだけであることに何か身の毛がよだつようなものがあるとしても、自殺したところで、味見しかできなかったという事実は残る。それどころか、自殺したら、味見できる量をなおさら減らしてしまったことになる。同様に、いずれ死体になる人間であることに何か屈辱的な面があるとしても、自殺したところでやはりその根本的事実は変えられない。侮辱を受けるのを早めるだけだ。

だから、けっして生まれてこなかったほうがましという悲観主義者に仮に同意したとしても、古いジョークの文言に倣って言えば、それほどラッキーな人が万一いたら、会わせてくれと、依然として言う必要がある。なにしろ、私たちはみな現に生まれてきたのだから。そして、けっして生まれてこなかったほうがましだったという事実（仮にそれが事実であったとしても、そして、仮にそれが事実だと私たちが同意したとしても）からは、自殺が適切な対応であるという結論には断じて行き着かない。

だからといって、もちろん、自殺が私たちの状況に対する適切な対応ではけっしてないことにはならない。それは第9講で取り上げるテーマになる。

だが、その疑問について考えるのは今しばらく先送りしよう。

まず、これまで私が並べ立ててきた、死にまつわるさまざまな事実に照らすと、私たちはどう生きるべきかという、より一般的な疑問を投げかける必要があると思う。実際、私たちの生き方は死に影響されるべきかどうかも問う必要がある。

第8講

死に直面しながら生きる

いずれ死ぬという事実は、私たちの生き方にどんな影響を与えるだろうか？　重大な影響を与えるはずだと考えるのは自然だ。だが、それはまったく正しくないかもしれない。だから、死と生について、本当に考える必要があるかどうかを、真っ先に問う必要があるかもしれない。

もちろん、私の親愛なる読者であるみなさんにとっては、もう手遅れなのは承知している。本書をここまで読み進めてきた人なら、そもそも死についてこれだけ時間をかけて考えるのが本当に賢いことだったかどうかを今さら問うても、遅過ぎることだろう。

それでも、少なくとも理論家としては、死についてのさまざまな事実に対する正しい対応は、死についてまったく考えないことであるという理論上の可能性に、依然として関心を持つことができる。

原理上はけっきょく、どんな事実の組み合わせに対しても、否定する、対応する、無視する、の三つの異なる反応がある。

死に対する3つの立場

これまで、死の本質について、じつに多くの主張をしてきた。当然ながら、とくにはっきり主張したのは、私たちはただの物体であり、それが特定の形で壊れると私たちは存在しなくなるということだ。

それならば、これまで私が述べてきたことのいっさいへの反応の一つとして、事実についてあっさり私に反対する手があることは明らかだ。魂が存在すると考えている人もいるだろうし、私たちはただの身体ではあってもその身体はいつか復活するので、死は終わりではないと信じている人もいるだろう。こうした点を持ち出して私の主張に反対するのなら、もちろん私はその人が間違っていると思う。事実を否定したり、取り違えたりしていると見るだろう。

だが、こうした人を相手に死の本質について、ここではこれ以上言うことはあまりない。だから、この最初の反応は脇に置くことにする。

別の反応として考えられるのが、事実を認めて、その後でそれに即して生きる、つまり、適切に生きることで事実に対応するというものだ。

もちろん、死にまつわる事実を認め、考慮に入れるなら、どう生きるべきかは、まだ自問していない。この疑問には後ほど目を向ける。

もう一つ、考察に値する、中間の可能性がある。事実を誤って否定したり、受け容れてそれに即して生きたりする代わりに、単に、事実については考えないことにする——つまり無視するという選択肢もある。死の本質への最善の対応は、それをただ頭から締め出すことかもしれない。それについて、何一つ考えないのだ。

それが適切な対応であるはずがないと苦情を言う人もいるだろうし、それはもっともなことだ。どんなテーマであれ、それにまつわる事実を無視したり、頭から締め出したりするのが、どうして適切だなどということがありうるだろうか？

だが、無視することを咎める立場は、気高く高尚に見えるかもしれないが、間違っているに違いない。これまでの人生で学んだ事実のうち、考えなくても良いものはいくらでもある。無視するのが不適切でなく間違ってもいない事実はたくさんあるのだ。

子どものころ無理やり覚えさせられた馬鹿らしい事実のうちでも、私のお気に入りの例は州都だ。私もだいぶ長らく生きてきたが、全米五〇州の州都を思い出さなければならなかったことは、記憶にある限りではこれまで一度としてない。だから、ふだんは州都についてはまったく考えない。実際、州都について考えるのはだいたい年に一度だけで、それはまさにこの主張が正しいことを証明するために、ほかならぬこの例を挙げるときだ。そしてそのときには、州都をいくつ覚えているだろうと、思わず自問する。答えは、そう多くはない、だ。かつて、州都という事実を知っていたが、じつを言うと、それについて考えないのはけしからんなどということは、全然ない。

それでは、生と死についての事実はまさに私が説明したとおりのものであることに、同意したとしよう。そのうえでさらに説明を加えるまでは、州都についての事実とちょうど同じように、ただ生と死に注目してから頭のどこかにしまい込み、その後、忘れてしまうべきではないとは言い切れない。
だが、反対に「そうするべきだ」、つまり頭のどこかにしまい込んで、忘れてしまえというのは、奇妙な提案のように思える。それどころか、間違っているようにさえ思える。

生と死について考えずに生きるのは、けしからん？

これはいったい、なぜだろう？　生と死にまつわる事実は単に脇に押しやって無視するべきだと考えるのが間違っているように思えるのはなぜなのか？

それはおそらく、死に関する事実は（それが何であろうと）、人の生き方に影響を与えるはずだという考え方に、私たちが惹かれているからだろう。適切な生き方は、少なくとも部分的には、私たちがやがて死ぬという事実、永遠には存在し続けないという事実によって形作られる。もしそれが正しいのなら、そうした事実をあっさり無視するのにはどこか不合理で不適切なところがあるように思える。

もちろん、事実を無視するという決断が、十分理解可能だということもあるだろう。

誰かが次のように言うところを想像してほしい。

「死の本質、すなわち、この地上で与えられたのは五〇年か八〇年、あるいは九〇年だけで、それですべてであるという事実について考えたなら、ただただ圧倒されてしまうでしょう。私は打ちのめされてしまいます。それ以上生きていかれなくなります」

人々はたしかにそのような主張をときどきするし、だから、死については考えないに限るとも言う。トルストイの『イワン・イリイチの死』を思い出してほしい。このトルストイの小説の登場人物は、人は必ず死ぬという事実を頭から締め出したように見える。それはなぜか？　おそらく、その事実に直面したら、打ちのめされ、圧倒されてしまうばかりだと考えているからだろう。だからそういう人は、あっさり事実を無視し、それについて考えないようにすることで、死に対処する。

だが、この反応はどこか不適当に思えてならない。いずれにしても、トルストイが私たちに気づかせようとしていたのがその点であることは確かだ。適切な対応がいったいどんなものであるかはともかく、必ず死ぬという事実に直面してそれに即して生きることなしに送る人生には、どこか間違ったところ、本物らしからぬところがある。そうした事実を無視することには、奇妙で不適切なものがつきまとう。州都についての事実とは違い、死についての事実は重要だからだ。

絶対に無視できない「隠された重要な真実」とは？

重要な事実を無視すると決めることの奇妙さを、きっと味わわせてくれるだろう話を二つ紹介しよう。どちらも、死そのものとはまったく関係ない。

では、まず、みなさんがある女性（ペギー・スーと呼ぼう）と熱々のデートに出かけるところだとしよう（みなさんの性的指向次第では、ビリー・ボブという男性の話に変えてもらってかまわない）。ルームメイトが封筒を一つ差し出し、こう言うところを想像してほしい。

「この封筒の中には、ペギー・スーについての事実がいくつか書いてある。それがどういう事実かはまだ教えてあげない。事実はこの封筒の中にある。けれど、封筒はあげるから、開けて読んでもかまわない。ただし、一つだけ言っておきたいことがある。君がそれらの事実を読んだり、それについて考えたり、封筒の中に書かれたことを知ったりしたら、ペギー・スーとは出かけたくなくなるだろう」

次に、みなさんはルームメイトを信じていると想像してほしい。封筒の中に何と書かれているかは知らないけれど、何であれ、書かれていることは正しいと、みなさんは本気で信じている。たとえば、ルームメイトがすべてでっち上げ、書かれていることは嘘か中傷だとは思っていない。そう、封筒の中に書かれていることは真実だ。そのうえみなさんは、封筒の中に書かれたことを読みさえしたら、気が変わってもうペギー・スーとは出かけたくなくなることも承知している。

ここまでの話がすべて本当だとして、それでもみなさんがルームメイトに、

「そんな封筒は見せないでくれ」

と言ったなら、奇妙に思える。筋が通らないように思える。振る舞い方を変える気にさせる事実があるとしたら・・・、そしてまた、それらの事実のせいで気が変わるだろうと知っていたら・・・、それを無視することがどうして合理的でありうるだろう？


では、次の話だ。みなさんは、ミルクシェイクを飲もうとしている。だが、ルームメイトが駆け込んできて、こう言う。

「研究所から報告書が届いたよ。そのミルクシェイクは怪しいと思ったんで、サンプルを取って急いで研究所に行ったんだ。報告書が手に入った」

みなさんは、今にも飲もうとしている。暑い日で、ミルクシェイクは大好きだが、ルームメイトが言う。

「この封筒の中には、そのミルクシェイクについての事実が書かれている。もし君がその事実を知

っていたら、もうそのミルクシェイクは飲まないだろう。請け合うよ」
そこでみなさんは、
「ああ、良かった。封筒は開けないでくれ」
と言って、事実を無視してミルクシェイクを飲む。これまた不適切に思える。

事実については、「いつでも考えるべき」か

では、私たちは自分がいずれ死ぬという事実に直面しさえすれば、今とはずいぶん違った形で人生を送るというのが、本当に正しいとしよう。そのときには、そうした事実を無視することが、どうして私たちにとって理にかなっているなどということがありうるだろうか？　無視するのは不適切に見える。不合理に思える。

それならばここからは、死についての事実を無視するという選択肢は、それほど知的に立派なものではないことがわかるだろう。ひょっとしたら、死の本質について私が主張してきたことを否定するか、あるいは、その主張が本当に正しいと仮定して先に進み、その主張に照らして、どう生きるべきかを問うかの、どちらかなのかもしれない。事実を無視するというのは、知的に許容できる選択肢としては受け止めようのないものなのかもしれない。

だが、そう結論するのは、やや時期尚早だろうと思う。事実が私たちの行動に影響を与えるときには、じつは二通りの形があるからだ。そして、その区別は重要なものだとは思うが、うっかりしているとそれをおろそかにしかねない。その二通りとは以下のようなものだ。

一方では、特定の事実は、もしそれを知っていたら、それが原因で行動の仕方を変えるが、じつ

はそうする根拠は与えてくれない。それが第一の可能性だ。

その一方で、第二の可能性として、事実が、行動の仕方を変える根拠を与えることによって、行動を変えさせることがありうる。

最初の可能性の例を一つ示させてほしい。なぜならそれは、死にまつわる事実を無視するのは理にかなうことがまったくありえないと想定するときに、見過ごしてしまっていると思われる可能性だからだ。

さて、みなさんがペギー・スーにキスをしていると、ルームメイトが飛び込んできて、こう言う。「ほら、この封筒。この中に書かれている事実について君が考えたなら、もう彼女にキスしたいとは思わなくなるだろう」

そのルームメイトの封筒の中の事実とはいったい何かを、ここで教えてあげよう。それは、ペギー・スーの消化器系についての事実だ。彼女はすでに夕食を済ませており、みなさんがそこに座ってキスしている間にも、食物はペギー・スーの消化管の中を進み、便に変わっていく。いずれ、排泄される。そして、みなさんがペギー・スーの消化管内の糞便や、いずれ彼女が尻からその糞便を拭い落とすだろう事実を思い浮かべ始めたら、彼女とキスし続けるのは難しくなるかもしれない。

さて、消化器系の話はただの事実だ。そうだろう？　どれ一つとして私がでっち上げたことではない。だが、このおおざっぱな描写でさえ読んでむかつく人もいたことだろう。だから、（みなさんのルームメイトの封筒にそっくり入っている）完全で生々しい描写を最後まで読み、記されている事実について考えさえしたら、ペギー・スーにキスしたいという欲望が本当にすっかりうせてしまうかもしれない。

では、消化器系にまつわるこれらの事実のどれを選ぼうと、そのせいで、他の人にキスするのが不適切になるだろうか？　もちろん、そんなことはない！　だが、それにもかかわらず、それらの事実について考えると、その人とのキスを楽しみ続けるのがかなり難しくなる。だから、それについて考えると何かをしなくなる（たとえばペギー・スーにキスしなくなる）ような、消化管についての特定の事実があるわけだ。

だがそれは、彼女にキスをしないという、真っ当な根拠があるからではない。人間の消化プロセスにまつわる事実について考えると、行動を変える根拠がそこから得られなくても、考えたことが原因で行動を変えかねないのだ。

だから、ルームメイトが封筒を手に駆け込んできて、

「この封筒の中に事実が書かれている。もしそれを読んで、それについて考えたら、君はペギー・スーにキスするのをやめるだろう」

と言うとき、みなさんがルームメイトにぶつけるべき疑問は、

「その事実は、私がしていることを変える原因となるだけか、それとも、行動を変える真っ当な根拠を与えてくれるのか？」

だ。もしそれが、ペギー・スーは多くの人と関係を持っておいてそれを吹聴するのが好きだ（彼女は友人たちに誰がキスが上手で誰が下手かを話すかもしれない）ということにまつわる事実だったなら、みなさんはそのせいで、していることを続けるのをやめる根拠を得ることになる。だが、それを知ればその事実によってみなさんの行動が変わるということしか私たちが知らなければ、それだけではまだ、それが根拠を生み出す事実かどうかはわからない。

それがただの原因で、根拠ではないのなら、それらを無視しても完全にかまわないかもしれない。ルームメイトが入ってきて、人間の消化器系についての事実を語ろうとし始めたら、みなさんは、「今はやめてくれ」と言うだろうし、それは適切なことだ。ときには無視するのがふさわしいのだ。

死を思うべきとき、思うべからざるとき

では、死についての事実はどうだろう？　それらの事実は無視するのがふさわしいのだろうか？大胆な見方をすれば、ふさわしいと答えるだろう。

考えてみると、死にまつわる事実は私の行動を変えるだろうが、それは行動を変える根拠を与えてくれるからではなく、単に私の行動に影響を与えるからかもしれない。もしそうなら、そうした事実については考えないほうが良いかもしれないと結論してもかまわないだろう。それがこの時点で考えうる大胆な主張だ。

たとえば、死にまつわる事実に照らしたとき、正しい生き方とは、目いっぱい人生を生きることだとしよう。だが、死について考えるとひどく気が滅入るばかりで、目いっぱい人生を生きられないとも想定しよう。

死にまつわる事実が、部屋に閉じこもってむっつりする根拠を与えてくれるわけではない。死にまつわる事実が原因となり、部屋に閉じこもってむっつりするだけだ。もしそれが本当なら、そうした事実を無視する（ひょっとしたらそれらを常に無視する）のが、適切な対応であることは十分ありうる。これはまた、かなり大胆な主張だ。私はその大胆な主張が正しいと思う気にはなれない。

では、それとは逆に、死の本質について常に考えているべきなのか？　いや、この立場もおそらく間違っていると思う。もう一度だけ先ほどの例に戻ろう。

みなさんがペギー・スーにキスをしていると、ルームメイトが入ってきて、人間の身体が死体になって腐敗する様子について語ろうとし始める。彼がこの話を始めると、みなさんはペギー・スーが死体になって腐っているところを思い描き始める。みなさんは急に、もう彼女にキスする気があまりなくなる。これは消化管の物語に似ている。私の見る限り、彼女がいずれ死体になるという事実は、みなさんが彼女にキスしない根拠を与えてくれるわけではない。彼女がいずれ死体になるという事実について考えると、それが原因で彼女にキスしたくなくなるだけにすぎない。彼女とのキスを楽しめなくなってしまうのだ。

したがって、ここでとるのにふさわしいのは、穏健派の立場だ。死にまつわる事実については、考えるべき時と場がある。誰かにキスしているときは、その時でもなければ場でもない。だから、自分が死ぬべき運命にあるという事実を常に心の目の前に置いておくべきだと言う人がいたら、その人は間違っていると思う。とはいえ、死ぬべき運命と死の本質についてけっして考えるべきではないという人がいたら、やはりその人も間違っていると思う。時と場というものが、現にあるのだ。

だが、まだ一つ疑問が残る。今は死について考えるのにふさわしい時と場だとしよう（死にまつわる事実と、死によって人生にどのような影響を受けるべきかについて考えるべき時と場が本当にあるとしたら、死についての本を読んでいる、今、この場だろう）。

それならば依然として、人はどう生きるべきかと問わなければならない。生と死にまつわる事実への適切な対応とは、どういうものなのか？

死と、それに対する「恐れ」の考察

「いずれ死ぬ」という事実に生き方が影響を受けるべきであると考えるのは自然だ。実際、死は私たちの存在にとってこれほど重要なのだから、私たちの生き方は死によって隅々まで重大な影響を受けるべきだという考えに、ほとんどの人が惹きつけられる。

　たとえばカフカは、

「人生の意義は人生が終わることにある」

と言っている。これはしゃれてはいるが不可解な言葉で、いかにもカフカらしいけれど、それが言わんとしていることは、ごくありふれたものだと思う。すなわち、自分がいずれ死ぬという事実、自分の人生はやがて終わるという事実は、自分の人生にまつわる深遠で根本的な事実であり、自分の生き方に重大な影響を持つべきだということだ。そう言いたいわけだ。

　だが、その影響というのはいったいどんなものと考えれば良いのか？　自分がいずれ死ぬという事実に気づいたら、自分の生き方はどんな影響を受けるべきなのか？

　この疑問について考えるにあたっては、死ぬべき運命にあると気づくと、私たちに実際にはいったいどんなふうに影響するのかに注目するだけでは十分ではない。むしろ私が訊きたいのは、どう反応するのが適切か、だ。他の形ではなく、ある形で行動する根拠は何か？

真っ先に考えてみたい「行動」は、厳密に言えば、行動の一形態ではまったくない。私の頭にあるのは、感情的な応答だ。なぜなら、死に対するごくありふれた反応の一つは、死への恐れだからだ。もっとも、「恐れ」という言葉は多くの場合、弱過ぎるかもしれない。恐れの極端に強い形、すなわち非常な恐怖は、死に対するごくありふれた感情的応答だと思う。だから、死に対する恐れは理にかなった適切な応答かと問う必要がある。

ここで要《かなめ》となる言葉は「適切な」だ。多くの人が死を恐れているというのは、私は経験的事実と考えており、それを否定するつもりはさらさらない。それがどれほどありふれた反応か、そしてその恐れはどれほど強いのかは、心理学者や社会学者が研究することだろうと思う。私が知りたいのは、死に対する恐れは適切な応答かどうか、理にかなった感情かどうか、だ。

そう問うにあたって、私が一つ決めてかかっていることがある。それは、さまざまな感情が適切か不適切かを論じるのが理にかなっているという、より大きな哲学的主張だ。私たちは、誰がどんな感情を抱いているかだけではなく、どんな感情を抱くべきかも問うことができる。

ところが、これは自明のことではないかもしれないので、死に対する恐れそのものに目を向ける前に、しばらくそれについて考えてみよう。

「感情が理にかなう」とは？

まず、恐れ以外の感情から始めよう。たとえば誇りだ。

誇りはたしかに感情だが、特定の条件が満たされたときにしか、何かを誇りに思うのは筋が通らないことには、誰もがおそらく同意してくれると思う。それはどんな条件か？

二つ頭に浮かぶ。

第一に、誇りに思うことは、何らかの実績でなければならない。もしみなさんが今、

「私は自分が息をしているという事実を本当に誇りに思っている」

と言ったら、私はわけがわからないという様子でみなさんの顔を見つめるだろう。呼吸するのは全然難しくないので、実績に数えるほどのことではなく、したがって、みなさんが息をしているという事実をなぜ、どうして誇りに思うか理解できないからだ。

もちろん、みなさんが事故に遭い、激しい苦痛を伴う理学療法を受けて再び肺が使えるようになったのだったら、自然に、普通に呼吸するのが、誇りに思うべき偉業であることが見て取れるだろう。だがいずれにしても、それ以外の人の場合には、それは実績にはならない。だから、誇りに思うのは適切なことではない。

また、たとえ実績があっても、それだけで十分だとは限らない。何かを誇りに思うのが理にかなっているためには、それが本人に良い評判をもたらすものでなくてはならない。みなさんが何か自分に良い評判をもたらす難しいことをやってのけたなら、誇りに思うのは当然だ。

たとえばもしみなさんが哲学のレポートでAを取り、それを誇りに思っていると言ったら、私にはそれが理解できる。哲学のレポートでAを取るのはたいしたものだし、そのレポートはみなさんが書いたものだから、誇りに思うのもよくわかる。

だがみなさんが、お金を払えば誰かが代わりにAのレポートを書いてくれるサイトをインターネットで見つけたのなら、その人が素晴らしい哲学のレポートを書いたことを誇りに思ったとしても

もっともなことだが、それがみなさんに格別良い評判をもたらすとは思えない。だから、誇りが適切であるために満たさなければならない第二の条件は、誇りに思うものや出来事、活動、特徴などは、本人に良い評判をもたらすものでなければならない、だ。

だからといって、それが本人の実績でなければならないということではない――少なくとも、単純で狭い意味では。たとえば、みなさんがわが子の実績を誇りに思うのは理にかなっている。みなさんと子どもとの間には適切な種類のつながりがあるからだ。子どもの実績は重要な形で親とつながっている。

さらに他のケースでは、つながりが十分緊密かどうか、そしてまた、そのつながりは厳密にはどのような性質のものでなくてはならないかを考えても良い。みなさんがアメリカ人なら、オリンピックでアメリカ人が何かの種目で優勝したらそれを誇りに思い、

「まあ、自分が出場したわけではないけれど、私はアメリカ人で、アメリカ人が勝ったのだから、誇りに思う」

と独り言を言う。これは理にかなっている。みなさんがそのつながりは十分緊密だと考えているのは理解できる。一方、もしみなさんが、

「ドイツ人がオリンピックのこの競技で勝ったから、本当に誇りに思う」

と言ったら、私は尋ねるだろう。みなさんはドイツ人なんですか？　ドイツ系なんですか？　ドイツのオリンピックチームを支援するために、お金を出したんですか？　もし、答えがすべてノーだったら、適切さという条件が満たされているようには見えない。だから、誇りに思うのは筋が通らない。

誇りに思うのが理にかなっているための厳密な条件を検討するために、さらに時間をかけるのは簡単だろう。だが、もちろんそれはここでの本当の目的ではない。誇りについて考察したのは、感情を抱くのには本当に特定の条件を満たす必要があるという考え方が妥当であることを示すためにすぎなかった。

それらの条件は、感情を抱くためになくてはならないものに関する必要条件では必ずしもないことに留意してほしい。それはまた、別の問題となる。むしろこれらの条件がなくてはならないのは、その感情を抱くのが理にかなっているため、その感情を覚えるのが合理的であったり筋が通っていたりするため、その感情が自分の状況や境遇に対する適切な応答であるためだった。

どんなとき、人は恐れを抱くべき？

だから今度は、恐れを抱くのが適切であるための条件は何かを問うてみよう。

関連条件を満たす必要性がわかったところで、死に対して恐れを感じるのが適切かどうか、尋ねることが可能になった。だが最初に、関連する必要条件がどういうものかを知る必要がある。この疑問について考えると、私の頭には三つの条件が浮かんでくる。

条件①　恐れているものが、何か「悪い」ものである

第一の条件は、恐れを感じるのが理にかなったことであるためには、恐れているものは悪いもの

でなくてはならない、だ。この最初の条件には、ほとんど異論がないのではないかと思う。もし誰かに、

「今日、仕事の後で、ある人からアイスクリームがもらえることになっているから恐ろしい」

と言われたら、私は今度もわけがわからないという様子でその人の顔を見つめるだろう。そして、

「なぜそれが恐ろしいんですか？　それを怖がるなんて、全然理にかなわないではないですか？」

と訊く。この場合もちろん、理解可能な答えがありえないわけではない。その人が、

「減量しようとしているんですけれど、私は意志が弱いんで、アイスクリームをもらったら我慢できずに食べてしまい、今週のダイエットが台無しになってしまいますから」

と言ったなら、私も腑に落ちる。ダイエットをしている人にとって、アイスクリームは悪いものだから、適切な恐れに関する第一の条件は満たされる。

だが、そういう理由もなく、その人がほとんどの時間私たちの大半と同じであり、アイスクリームはとても良いもので、束の間ではあるものの少なくとも本物の快感を与えてくれるのなら、アイスクリームをもらうのを恐れる妥当な理由があるとは思えない。それは理にかなわない。


何かを恐れるのが適切であるためには、それは悪いものでなくてはならない。さまざまな種類の病的恐怖（クモに対する恐れ、埃に対する恐れ、ウサギに対する恐れなど）を抱いている人々を私たちが信じられない思いで眺める理由の一つもそこにある。まったく理にかなわないではないか、と私たちは思う。こんなに小さくてかわいいウサギなのに。危険は少しもない。そのウサギを怖がるのは不適切だ。たしかに毒グモはいるが、ここコネティカット州の郊外で私たちが出くわすクモはけっして毒など持っていない。だから、クモを恐れるのも適切には思えない（もしオーストラリ

アに住んでいるのなら話は別だ。そこでは毒グモがもっとよく見られるから)。繰り返すが、この種の感情的反応をクモやウサギに対して人が見せることがありえないというわけではない。ただ、理にかなっていないというだけだ。

もし私が頭痛持ちだったら、偏頭痛が起こるのを恐れるのは理にかなっている。一方で美しい夕日を眺める心地良さを恐れるのは不合理だ。

条件② 身に降りかかってくる可能性がそれなりにある

第二の条件は、悪い状態に陥る無視できないほどの可能性があること、何か悪いことが身に起こる無視できない可能性があることだ。恐れが理にかなった反応であるためには、論理的に起こりうるだけでは十分ではない。

たとえば、みなさんがシベリアトラたちに八つ裂きにされて死を迎える可能性には、論理的に矛盾するところも、一貫しないところもない。それは矛盾を孕む状態ではない。ただ、あまりにありそうにない(これが起こる可能性は無視できるほど小さい)ので、もしみなさんが、こういう形で命を落とすことを本当に恐れていると言ったら、そんな恐れは理にかなわない、適切ではない、としか私には言いようがない。

この場合にも、何か特別な背景があれば話は違ってくる。みなさんは、死についての哲学書を読んでいないときには、野生動物の調教師として働いているとしたらどうだろう? あるいはみなさんは、サーカスに入ってトラを調教する予定かもしれない。それならば当然、私の受け止め方も変わってくる。みなさんがトラに切り裂かれて死ぬ可能性は、本当に無視できない。だから私にはみなさんの恐れが理解できる。その恐れは理にかなっている。だが、それ以外の人にとっては、トラに殺される可能性は限りなくゼロに近く、無視できる。だから、トラに食べられる恐れや、トラに切り裂かれて死ぬ恐れは、まったく理にかなわない。

肝心の点がつかめれば、いくらでも例を挙げられる。

私はアルファケンタウリからやって来た宇宙人に誘拐されることを恐れているとしよう。彼らは、私を自分たちの研究室に連れ帰り、あちこちさんざん検査したあげく、生きたまま解剖するだろうから、それが怖いとする。たしかにその可能性はあるだろう。それは論理的にありえないことではない。だがやはり、それが起こる可能性はあまりに小さいので、もしそれが起こることを私が本気で恐れていたなら、そんな恐れは不適切だと、みなさんは私に指摘できる。それは、まったく正しい。私の恐れは合理的ではない。

だから、恐れが適切であるためには、悪いことが実際に起こる可能性が、ある程度大きくなくてはならない。ある程度というのがどの程度なのかについて、議論の余地があることに疑いはないが、少なくとも、ゼロに等しい可能性しかないときは、それを恐れるのは理屈に合わないということには、誰もが同意できてしかるべきだ。というわけで、これが第二の条件となる。

条件③　不確定要素がある

第三の条件にはもう少し異論があると思うが、そうであっても、依然として私には正しく思える。

恐れが適切であるためには、その悪いことが実際に起こるかどうかについて、ある程度の不確実性が必要とされる。

どれだけの不確実性が求められるかは定かではないが、その悪いことが実際に起こるかどうか、あるいはそれがどれほど悪いものになるかに関して、少なくともある程度の不確実性がなくてはならない。

この第三の条件の意義を見て取るためには、悪いことがいずれ起こるケース、しかもそれが起こることがじつは完全に確実なケースを想像する必要がある。いや、それどころか、それがどれほど悪いものになるかさえもわかっているケースだ。そんな状況では、たとえ最初の二つの条件がともに満たされているときでさえ、恐れは適切な感情的応答ではない。そうではないか？

こういうことが起こるとしよう。あなたは毎日、弁当を持って出勤し、オフィスの冷蔵庫に入れる。弁当の袋にはデザートも入っている。クッキーということにしておこう。そして、毎日一時に冷蔵庫から弁当を取り出して袋の中を見ると、毎日クッキーが誰かに盗まれている！

まあ、これは悪いことが起こっているわけだ。たしかに、この世で最悪のことではないが、誰かにクッキーを盗まれるというのは悪いことだ。そのうえ、明日もクッキーを盗まれる、無視できないほどの可能性がある。だから、最初の二つの条件は満たされている。

それどころか、じつは明日もクッキーを盗まれる、無視できないほどの可能性があるだけではなく、それはほぼ確実だ。毎日毎日盗まれてきたのだから。したがって、悪いことは確実に起こるし、それがどれほど悪いかもわかっている（クッキー以外がなくなっていたことは一度もない）。では、このようなケースでは、恐れるのは理にかなわないのではないだろうか？

注意してほしいが、怒りや憤りのように、おそらく理にかなった、他のマイナスの感情はあるだろう。私のクッキーを盗むとは、誰であれ、この泥棒はなんとずうずうしいんだ！ そんなことをする権利があると思っているのか？ 怒ることもあれば、憤ることもあるだろう。毎日毎日デザートを食べられないので、悲しむこともありうる。

だが、恐れるべきではない。恐れるのが理にかなっていることは、そこには何もないのだから。悪いことが起こるのも、それがどれほど悪いことかも、確実にわかっているときに、恐れるのは理屈に合わない。

それに対して、泥棒がランダムに犯行を重ね、違う曜日に違う袋から違う人のデザートを盗むので、次に誰のデザートが盗まれるのかわからないというのであれば、明日は自分のデザートが盗まれるかもしれないと恐れたとしても、それは無理もない。

あるいは、このクッキー泥棒の例があまりに馬鹿らしく思えるのなら、誰かがあなたの近所のアパートに次々と押し入り、ノートパソコンを盗んでいるという状況を想像してほしい。この場合にも、恐れるのは理にかなっている。次にあなたのパソコンが盗まれることをあなたが恐れるのは、筋が通っている。というわけで、この場合には三つの条件がすべて満たされている。恐れられているのは悪いことで、その悪いことが起こる、無視できないほどの可能性があるが、それにもかかわらず、その可能性には不確実性がつきまとっているからだ。

一方、映画で見かけるような状況を考えてみよう。名人の域に達した泥棒がいて、たいした腕自慢なので、自分の盗みを予告する。たとえば「ニューヨーク・タイムズ」紙に「四月二七日水曜日に○○さんの部屋からコンピューターを盗む」という広告を出す。そして、事前にどんな対策を講じても、いつも何かしら手違いがあり、指名された人のコンピューターが必ず盗まれてしまう。もし翌週の盗みの対象として挙げられたのがあなたの部屋だったら、あなたが腹を立てたとしても当然だろう。どうすれば適切な対策を施せるのかがわからずに、頭にきたり、苛立ったり、自分を無能のように感じたりすることもあるだろう。だが、あなたの名前と日付の載った広告が出て、その泥棒は過去一年を通してずっと、予告した盗みをいつもやってのけてきていたとしたら、恐れるのは理屈に合わないのではないか？　なぜなら、被害の大きさが正確にわかっていて、害に見舞われるのも承知しているのなら、恐れるのはもう適切ではないからだ。

私が小型の拷問機、小さな苦痛発生器を持っていたとしよう。みなさんの手を置いて、電極につなぎ、ダイヤルを回し、スイッチを引くと、みなさんは電気ショックを感じる。もしショックの強さがさまざまなら、次のショックがどんな感じになるかと恐れるのは理にかなっている。

だが、この装置にはオンかオフかの二つの設定しかなく、電気ショックはいつもまったく同じように感じられ、私がみなさんにすでに何度かショックを与えたので、みなさんはそれがどんな感じかすっかりわかっていて、この後さらにきっかり三回、そのショックを受けることになるのを知っているとしたら（ひょっとすると、みなさんはお金をもらって、奇妙な心理学の実験に参加しているのかもしれない）、恐れるのは筋が通らないと思う。自分がいったいどういう目に遭うか、それがいったいどういう感じかが完全にわかっていたら、自分の身に起こっていることをもちろん嫌に思うだろうが、恐れるのは不適切だ。

さて、実験が終わった。みなさんは、参加料として一〇ドル受け取るが、まだ帰してもらえない。

「もう一度だけやりますが、前より悪いことはありません」

と私は言う。明らかに、みなさんが私を信じない可能性はある。本当は、次の最後のショックは、これまでのショックより悪いかもしれない。それなら、不確実性の要素が生じるので、恐れるのは適切だろう。だが、あと一度だけ痛みを感じ、その痛みはこれまでに感じたものとまったく同じだという私の言葉を、みなさんが本当に信じていたら、怒っても無理はないし（みなさんは、一回余分にショックを受けることに同意してはいなかった！）、憤るのも自然だし、その痛みを感じるのを悲しく思ってもおかしくないが、恐れるのは筋が通らない。

「恐れ」の感情と「死」の接点

そんなわけで、恐れが適切であるためには三つの条件が満たされなければならないと思う。恐れの対象が悪いものであること、それが起こる無視できない可能性があること、だが、それが起こるかどうか確かでないこと、だ。その悪いことがどういうものかを完全に承知しており、それが起こることにも確信があったなら、恐れるのは理にかなわない。

おそらくついでに触れておく価値がある点が、もう一つある。たとえ恐れるのが理にかなっているときでさえ、釣り合い条件というものも心に留めておくべきだ。たとえ害に見舞われる無視できない可能性があり（ただし、確実とまではいかない）、多少恐れるのは適切だとしても、その可能性が小さいのに恐れが途方もなければ、恐れの量は依然として不適切になりうる。危険がわずかなら、軽く心配するだけで十分だ。

同様に、恐れの量は悪いことの大きさにも釣り合う必要がある。たとえばクッキー泥棒のケースでは、自分が次の被害者になるかどうかはっきりしないので、多少恐れてもおかしくないときでさえ、その恐れはわずかなものにとどまるべきだ。それ以上の恐れはみな、不適切な反応となる。

こうした点を押さえたところで、死を恐れるのは適切かどうかを問う準備が整ったようだ。とはいえ、じつはまず、ある大切なことをはっきりさせておく必要がある。

私たちは死を恐れるとき、厳密には何を恐れるのか？

その恐れの対象は厳密には何か？

じつは、この疑問には重要な形で異なる答え方があり、そのどれが頭にあるか次第で、恐れるのが適切にも不適切にもなると私は思っている。

死に伴う痛みが恐ろしい

私たちが心配する可能性のあることの一つは、死のプロセスだ。人生の終わりに迎える実際のプロセスは痛みを伴う不快なものだと思う人もいる。トラに八つ裂きにされて死ぬ可能性はすでに挙げたし、それははなはだ不快な死に方だとたしかに思う。だから、痛みを伴う死に方をする無視できない可能性がある限り、ある程度恐れる余地は間違いなくあるように見える。

もちろんその場合には、痛みを伴う死に方をする可能性はどれだけあるのかと問わなければならない。すでに述べたように、たいていの人にとって、トラに八つ裂きにされて死ぬ可能性はないに等しい。そのため、その死に方を本当に恐れるのは不適切だと思う。

そして、それを言うなら、アルファケンタウリのエイリアンの手で、痛みに満ちた解剖で死ぬのを恐れるのも適切ではない。

それでも悲しいことに、痛みを伴う死に方をする人も世の中にはいる。末期には痛みを伴う疾患が当然ながらあるからだ。人生の最終段階に適切な鎮痛薬を投与しない病院が多いことを知ったら、不快に思う人もいるはずだ。なぜか？ それはかなり込み入った問題だが、この事実に照らして、自分も苦しい最期を迎えるかもしれないのが恐ろしいと誰かに言われたら、その反応はたしかに理解できるだろう。

それでも、その恐れは釣り合いのとれたものでなくてはならない。自分がそういう目に遭いはしないかと思うと恐ろしくて夜も眠れないと言う人がいたら、それほど大きな恐れは不釣り合いに思える。

死そのものが恐ろしい

誰かが「死を恐れている」と言うときに、本当は死ぬプロセスを恐れているという場合はたしかにあるかもしれないが、ほとんどの人がそう言うときには、違うことを指しているのではないかと思う。彼らは、死そのもの、死んでいるところを恐れているのだろう。死んだらどのようになるかを恐れている。そしてそれに関して、恐れが適切であるための関連条件は満たされていないと私は主張したい。

ここで念頭に置くべき大切な点は、死んでいるところに似たものはじつは一つもないということだ。死んでしまえば、どんな種類の経験もできない。これはもちろん、第3講ですでに考察した点だ。死んだときに、何らかの経験をするが、それは通常の経験とは異なるので想像できない、厄介な謎である、というわけではない。違う。ここには謎など全然ない。死んだらもう、いかなる経験もまったく存在しないのだ。

だがそれは、死んだ後の状態が「どのようであるか」は、じつは本来それ自体悪くないということを意味する。それは、死んだらどのようにもならないからにほかならない。だから、死を恐れるときに恐れているのが、死んだらどのようになるかということであれば、そんな恐れはどれも不適切になる。恐れるのが適切であるための第一の条件（恐れられているものは悪くなくてはならないという条件）が満たされない。恐れの対象、すなわち死んだ後の状態は、じつはまったく悪いものではないからだ。

この主張は、私が本書の前半（この縮約版では割愛）で定義した死の本質についての見方が正しいことを前提としている。死後の生がある、あるいは死後の生がある可能性がかなり高いと信じていたら、様相はすっかり変わる。

たとえば、自分が地獄に行くかもしれないと心配しているとしよう。その種の見方をすれば、死んだらどのようになるかを恐れるのはもっともだ（もちろん、地獄に行くことを確信しており、どれだけの罰を受けるかもはっきりわかっているなら、話は別だ。その場合には、今度は、恐れるのが適切であるための第三の条件が満たされないので、恐れるのは相変わらず不適切になる）。

だが、私が信じているように、人は死んだら本当に何も経験しなくなるのなら、恐れるのが適切であるための第一の条件が満たされないように思える。死んだらどのようになるかを恐れるのは筋が通らない。死んだら、どのようにもならないからであり、したがって、悪くもなりようがないからだ。

もちろん、死について悪いところが何もないと言っているわけではない。私は死んだらどのようになるかを恐れるのは筋が通らないと主張してはいるものの、死が悪いことを否定してはいない。それどころか、剝奪説を受け容れており、その説によれば、死んでいなければ経験できただろう良いことを奪われてしまうという事実のせいで、死は悪いことになる。ようするに、死が悪いのは、死んだらどのように感じるかのせいではなく、死は剝奪を伴うからなのだ。

だが、もしそれが正しければ、けっきょくここで恐れるのが適切である対象を特定できるかもしれない。死んだらどのようになるかを恐れる代わりに、死に伴う剝奪だけを恐れるべきなのかもしれない。

たしかに、剝奪は本質的に悪くはない。だが、すでに見たとおり、相対的に悪い。だから、死に伴う剝奪を恐れるのは、恐れるのが適切であるための第一の条件を満たすように見える。それならばけっきょく、恐れているのが死の経験ではなく死に伴う剝奪であることが明確である限り、死を恐れるのは適切かもしれない。

だが、それも完全には正しくない。第一に私は、じつは不死は私たちにとって良くないと主張してきた。永遠に生きることを運命づけられたなら、それは恵みではなく罰になる。そして、それについて私が正しいなら、私たちは必ず死ぬ、いずれ人生を剝奪される運命にあるという事実は、けっきょく実際には悪いものではなく良いものだ。だから、死に伴う剝奪を恐れるのは、やはり適切ではない。より厳密に言えば、人生を必然的に失うことを私たちが恐れているのなら、私たちの恐れている対象は悪いものではなく良いもので、したがって恐れるのはやはり見当違いなのだ。

もちろんみなさんは、不死が悪いことだという主張にまだ納得できないかもしれない。永遠に生きるのは良いことだろうと思っているかもしれない。

その場合、人は必ず死ぬというまさにその事実に組み込まれている、人生の必然的喪失は、実際、良いことではなく悪いことになる。

では仮に、不死が悪くはなく良いというこの見方を採ることにしよう。それならば少なくとも、恐れの対象は何か悪いことであり、したがって恐れるのは適切だということには同意できるだろうか?

ここで注意してほしいのだが、不死が悪いと私が考えているのがたとえ間違っていたとしても、死を恐れるのが適切だということにはならない。なぜなら私は、恐れが適切であるためには、恐れの対象の到来について不確かでなくてはならないとも主張してきたからだ。そして、「いずれ私は人生を剝奪される」という事実に関しては、不確かな点はまったくない。この相対的に悪いこと(話を進めるために、それが本当に悪いと考えることにして)がやがて起こることを私は知っている。私はいずれ自分が死ぬのを知っている。だから、恐れるのは相変わらずふさわしくない。

私がみなさんにアイスクリームをあげ、みなさんはそれが気に入ったとしよう。みなさんはもう一つほしいと思う。だが、私はもうアイスクリームは持っていないので、あげられない。だからみなさんは、一個目のアイスクリームを食べたら、もうそれ以上はもらえないことを承知している。残念だ。良いものが欠けているのだから。そして、そこでみなさんはこう言う。

「恐ろしい。最初のアイスクリームを食べた後に、二個目のアイスクリームがもらえない期間が来るという事実が恐ろしい。アイスクリームを剝奪されるという悪いことのせいで、恐ろしい」

この手の恐れはまったく理屈に合わないのが明白であることを願っている。二個目のアイスクリームをもらえないのを知っているのだから、お代わりの欠乏を恐れるのは不適切だ。それならば、死ねば人生の「お代わり」にありつけないので、死そのものが悪くても、みなさんは人生がいずれ終わらざるをえないのを知っているのだから、最終的に人生が欠如するのを恐れることもやはり不適切だ。

予想外に早く死ぬかもしれないのが恐ろしい

だが、今度は別の可能性が見えてくる。私はたった今、死は確実だからこそ、死を恐れるのは不適切だと主張した。だが、もちろん、少しも確実でないことがある。いつ死ぬか、だ。それならば、私たちが恐れるべきなのは人生の喪失そのものではなく、むしろ、思っているより遅くではなく早く死ぬ可能性なのかもしれない。

一つたとえ話を考えてほしい。みなさんがあるパーティーに出席しているとする。素晴らしいパーティーで、いつまでもその場にとどまりたいのはやまやまなのだが、これはまだ高校時代の話で、そのうち母親から電話がかかってきて、もう帰る時間だと言われるのは確実だ。

さて、自宅にいるのには何一つ悪いところはないとしよう。それは、本質的にニュートラルだ。みなさんはただ、パーティーにとどまりたいと願っている。だが、そうはいかないことを承知している。

最後に、電話は午前零時に確実にかかってくるとみなさんが知っているとしよう。それより前にも後にも、母親が電話してくる可能性はない。それならば、恐れるべきことは何もない。午前零時に母親が電話してくるという事実に憤るかもしれないし、友人たちは一時までいられるのに自分はそうさせてはもらえないという事実に苛立つかもしれない。だが、恐れるべきことは何もない。今が一一時で、みなさんが、

「午前零時に電話がかかってくるという事実を心底恐れています。なぜならそれが、いつも母が電話してくる時間だから」

と言っていたら、みなさんの恐れはまったく筋が通らないのは動かし難い事実だ。みなさんには、適切と思えるほどの不確実性はない。何が起こるかが完全にわかっていて、それが確実に起こるのを知っているのだから、恐れるのは不適切だ。

それとは対照的に、みなさんは母親が一一時から一時の間のいずれかの時点で電話してくることしか知らなかったという場合には、ある程度恐れるのは理解できる。たいていは午前零時か零時半ごろに電話がかかってくるが、一時になるときもある。けれど、早ければ一一時半にかかってくることもたまにある。この場合には、恐れるのが適切であるための条件がすべて満たされているように思える。

何か悪いこと（思っているより遅くではなく早くパーティーから帰らなければならない可能性）があり、悪いことが起こる無視できない可能性があり（母親は現に、ときどき早く電話をかけてくる）、それにもかかわらず、悪いことが起こるのは確かではない（なぜなら、母親は早くではなく遅く電話をかけてくるときもある）。だからこの場合、ある程度の恐れを抱くのは理にかなっている（どの程度の恐れか？　それは電話が早くかかってくる可能性がどれほどあるか次第だ）。

ひょっとすると、死についても似たり寄ったりかもしれない。恐れるのが理にかなっているのは、

死が思っているより遅くではなく早く来る可能性があるからかもしれない。

ちなみに、この種の恐れは不死が私たちにとって本当に悪いのかどうかという問題をうまくよけて通っていることに留意してほしい。永遠に生きるのがたとえ悪いことであっても、私たちのほとんど、あるいは全員にとって、死は依然、あまりに早く訪れ過ぎうる。もしそうなら、死がやって来るのが遅過ぎるよりも早過ぎるかもしれないと私たちが心配しても、無理はない。私の見る限り、ここで恐れるのが適切な唯一の理由は、死が予測不能であることだ。


死の予測不能性について、さらに区別してみよう。

私は、少なくともあとしばらく長生きしさえすれば、人生は相変わらず全体としては良いものでありうるという意味で、あまりに早く死に過ぎるのを恐れているのだろうか？

それとも、私がまだ残されていると望んでも妥当と思える年数を考えると、死が遅くではなく早く訪れ過ぎるという意味で、自分が早く死に過ぎるのを恐れているのか？

あるいは、第三の可能性として、他人よりも私には死が早く訪れ、若くして死ぬことを恐れているのか？

もし恐れるのが適切だとしたら、どの程度の恐れを、いつ抱くのが適切なのだろうか？　恐れはその対象が起こる可能性と釣り合っている必要があるからだ。

「若くして死ぬ」ことを恐れるのは、それ自体が不適切⁉

たとえば、若くして死ぬことへの恐れを取り上げてみよう。人は中年に達したら、若くして死ぬことを恐れるのは不合理としか言いようがないのは明らかだ。そもそも、若死にすることなどもう不可能だからだ（私自身、六〇歳が目前だから、若くして死ぬにはとうの昔に手遅れになっている！）。

だが、若くして死ぬ可能性がまだ少なくとも考えられる若者にとってさえ、実際に死ぬ可能性は極端に低い。たとえば、アメリカの健康な二〇歳の人が今後五年か一〇年以内、あるいは二〇年以内にさえ死ぬ可能性は事実上無視できる。その可能性はあまりに小さいので、本気で恐れるのはまったく適切には思えない。もちろん、歳をとるにつれて、特定の期間内に死ぬ可能性は着実に高まるが、その場合にさえ、間もなく死ぬという恐れは、不釣り合いなまでに大きくなりやすい。八〇歳の女性でさえ、少なくともあと一年生きる可能性は九〇パーセント以上ある。

死が間もなく訪れかねないのを恐れるのは、とても病気が重い人や、とても高齢の人であれば明らかに理にかなっている。だが、それ以外の人には、たいてい不適切だと思う。それならば、とくに、みなさんがそれなりに健康であるにもかかわらず、

「死はまったく逆らいようもないものだから、私は恐ろしくてしかたがない」

と言うなら、私はそれに対して、あなたが恐ろしがっているのは本当だと思うけれど、死を極端に恐れる気持ちは適切な感情ではないように思えると答えるしかない。事実を見る限り、それは筋が通らないのだ。

抱くべきは「恐れ」とは違う感情だった？

もちろん、たとえこの点に関して私が正しく、死を恐れるのがほとんどの場合に不適切だとして

も、本当に適切なマイナスの感情が他にある可能性は、依然として残っている。

すでに述べたように、たとえ恐れはふさわしくなくても、怒りや悲しみ、嘆きなら感じるのが理にかなっている場合もありうる。だから、死について考えるときには、こうした他のネガティブな感情のどれが適切かどうかを問う必要が依然としてある。


一つだけはっきりしていることがあるようだ。不死についての私の見方に基づくならば、自分がいずれ死ぬという事実自体は悪いことではない。死そのものは悪くはなく、良い。したがって、死そのもの（自分がいずれ死ぬというまさにその事実）に対して、どんな種類であれネガティブな態度を取るのは、理にかなわないと思う。

だがその代わりに、私があまりに早く死に過ぎるかもしれない、すなわち、人生が提供してくれるものが全体としてまだ良いものであるうちに私が死ぬかもしれないという可能性に的を絞ることはできる。あまりに早く死ぬ可能性があるのは、明らかに悪いことだ。では、ここでネガティブな感情的反応として適切なものが仮にあるとすれば、それは何か？

当然思いつくのは、怒りだ。死に対する応答として、たとえ恐れが適切でないとしても、怒りは適切かもしれないと考えるのは自然に思える。

世界はこれほど豊かで信じられないほど素晴らしい場所で、それが提供してくれるものを味わい尽くすには何百年も、何千年も、あるいはそれ以上もかかるのに、私には六〇年か七〇年、あるいは一〇〇年しかくれなかったこの宇宙を、拳《こぶし》を振りながら呪いたい部分が私の中にはある。怒りは、ほどなくして私が死ぬという事実への適切な応答ではないだろうか？

ところがじつは、怒りが適切かどうかは、あまりはっきりしない。他のあらゆる感情と同じで、怒りにも適正条件があり、それがここで満たされているかどうかが明白ではない。明らかに、怒りが適切であるための第一の要件、すなわち、何か悪いことが本人に起こらなくてはならない（あるいは、起こりそうでなくてはならない）という要件は、現に満たされている。私はそのうち死ぬ可能性が高いし、それは私にとって悪いからだ。

だが、怒りが適切であるためには、他にも要件があり、満たされない可能性があるのは、これらの付加条件だ。

「早死にする運命に怒る」という立場

たとえば、怒りが適切なのは、それが人に向けられているときに限る。すなわち、あなたに対してしていることに関して、何らかの選択の自由を持っている行動主体あるいは存在に向けられている場合だ。これが、怒りが適切であるための第二の条件となる。だから、もっと注意するようにと以前に警告をしておいたにもかかわらず、オフィスの誰かがあなたのコンピューターにコーヒーをこぼし、ハードディスクを駄目にしてしまったら、怒るのも無理はない。

その怒りは、自分の行動をある程度まで制御できるはずの同僚に向けられている。同様に、職場で低い評価を下した上司に腹を立てたときにも、どれほど控えめに見積もったところで、この条件は満たされている。あなたは怒りを、ある行動主体に、すなわちあなたに対してどう振る舞うかをある程度まで制御できる個人に向けている。

私たちが無生物に腹を立てるときがあることには、むろん疑いの余地がない。職場で報告書を提出する期限が来て、あなたがそれをプリントアウトして大急ぎで持っていこうとしていたまさにそのときに、コンピューターが突然故障する。あなたはそのコンピューターに腹を立てる。この場合は、いったいどうなっているのか？　あなたはコンピューターを擬人化したのだ。よりによってこんなときに故障し、またしてもあなたをがっかりさせた人間であるかのように見ている。この種の行動は私にもよくわかる。自分も似たようなことをするからだ。

だが、もちろん人は一歩引いて考えることができる。少なくとも、いったん怒りが収まったら、一歩下がって考え直し、コンピューターに腹を立てるのはあまり理にかなっていないと気づくことぐらいはできる。なぜ理にかなっていないのか？　それは、コンピューターは人間ではないからだ。コンピューターは行動主体ではない。コンピューターには選択権も自制力もない。

怒りが適切であるための第三の条件は、次のようになると思う。怒るのがふさわしいのは、何らかの行動主体によって不当に扱われたときだけ、道徳的に不適切な形で扱われたときだけだ。低い評価を受けるのが当然のときには、不当な扱いをされたわけではないから、上司に怒るのは不適切だ。だが、上司がテニスで負かされた腹いせに低い評価を与えたのなら、それは不当な扱いだから、それに対して怒るのはもう不適切ではない。誰かに腹を立てたときには、相手から不当な扱いを受けた、相手がしてはいけない形で自分に対して振る舞ったと自分自身が考えていることが見えてくる。

これら以外にも、怒りが適切であるための要件はあるかもしれないが、ここではこれで十分だろう。だから、こう問うことにしよう。私たちはあまりに早く死に過ぎる可能性が高いという事実を踏まえたとき、怒るのは本当に理にかなっているのか？

その答えは、私たちがあまりに早く死に過ぎるという事実を誰、あるいは何に帰せられると考えているか次第だ。

私たちはなぜ六〇年か七〇年、あるいは八〇年しか生きられないのか？

その基本的な答えを二つ挙げよう。一方では、古来の宗教的な見解を受け容れることができる。この見解によると、神は宇宙を支配し、私たちの運命を決める、人格を持った存在だ。神は私たちが死ぬことを運命づけ、さらにはほとんどの人が早過ぎる死を迎えるようにしたのかもしれない。たとえば、「創世記」ではそんなふうに見える。神は罰としてアダムとイヴに死ぬべき運命を与えた。

その一方で、まったく人格を持たない宇宙を信じることもできる。この代替の見方によると、宇宙では空間に原子が渦巻き、それがさまざまな組み合わせで集まるだけにすぎないことになる。背後ですべてを支配している、人格を持った存在などない。私たちが死ぬのは、生命がたまたまそのように進化したからだ。

これら二つの可能性について考えてみよう。

まずは、有神論の宇宙像だ。この場合、怒るのが適切であるための付加条件のうち、少なくとも最初のものは満たされている。神は人格を持った存在なので、この世界が提供してくれる豊かさと比べてあまりに短い人生を私たちに運命づけた神に対して怒るのは適切だ。

だが、付加条件の二つ目はどうだろう？　神は私たちを不当に扱ったのだろうか？　神が私たちに五〇年か八〇年か一〇〇年の人生を与えたのは不当だったのか？　神は道徳的に不当な形で私たちを扱ったのか？　もしそうでないのなら、神に怒りや憤りを抱くのは筋が通らない。

同僚がキャンディを一箱持っていて、キャンディを一個くれ、それが美味しかったとしよう。彼女はもう一つくれ、あなたはそれも美味しく食べる。それから彼女は三個目をくれ、あなたはそれも楽しんだ。ところが、あなたが四個目をねだると、もらえなかったという場面を想像してほしい。彼女はあなたに悪いことをしたのだろうか？　あなたを不道徳な形で扱っただろうか？　もちろんあなたが怒ったとしても、これはよくある応答だから私は理解できるだろう。だが、適切な応答はじつは怒りの応答ではなく感謝の応答であるように私には思える。

その同僚はあなたにキャンディをあげる義務などまったくないのに、三個もくれた。あなたはもっとほしいと思うかもしれないし、それ以上もらえないのは悲しいかもしれないが、怒るのは適切だとは思えない。それならば同様に、神に対する怒りもまた不適切かもしれない。私の見る限り、神には私たちが与えられている以上の人生を与える義務はない。

今度はまったく人格を持たない宇宙という、第二の基本的な見方を受け容れるとしよう。この場合、宇宙に対する怒りは、理屈に合わない不適切な感情と言わざるをえない。それは、宇宙は人格を持った存在ではなく、行動主体ではなく、自らが行なうことに何の選択権も自制力も持たないからにほかならない。

私は拳を振りかざして宇宙を呪うこともできるが、その場合には私は宇宙を擬人化して、宇宙を私たちがあまりに早く死に過ぎるように意図的に決めた人間であるかのように扱っていることになる。だが、そのような応答がどれほどありふれていたとしても、宇宙が実際には人格を持った人間ではなく、空間に原子が渦巻いていて、さまざまな種類の組み合わせを形成しているにすぎないのなら、合理的に考えれば腹を立てるのは筋が通らない。

だとすれば、この見方をとっても、私がおそらくあまりに早く死に過ぎるだろうことに腹を立てるのは、どう見ても理にかなわない。

「早死にする運命を悲しむ」という立場

それでは、悲しみはどうだろう？　私はあまりに早く死に過ぎる可能性が高いという事実をただ悲しむべきなのではないか？

じつのところ、この種の感情は理にかなっているように思える。この世は素晴らしい場所だ。この世界が提供しうる驚くべき物事を、私たちはもっと多く経験できたほうが良いだろう。したがって、自分がこれ以上それを経験できなくなるのだから私は悲しいのであり、その悲しみは適切なものだと思う。

だが、そう考えた途端、思わずたちまち別の考えも浮かんでくる。もっと多く経験できないとはいえ、これほど多くを経験できたのはなんとも幸運だ。私の見るところでは、宇宙は膨大な数の原子が渦を巻き、さまざまな種類のものの群れを形作り、それがまた散らばったりばらばらになったりしている場所にすぎない。これらの原子の大半は、まったく生命を持つことがない。人格を持った人間になったり、恋に落ちたり、夕日を眺めたり、アイスクリームを食べたりする機会を得られない。私たちがこのような、選り抜きの幸福な存在であるというのは、この上ない幸運なのだ。

この考え方を言い表した、私のお気に入りの文章を紹介しよう。カート・ヴォネガットの『猫のゆりかご（注1）』という本からの引用だ。ヴォネガットは人が死の床で唱えられるような一種の祈りを思い浮かべた。


神は泥を作った。

神は寂しくなった。

だから神は泥の一部に、「起き上がれ！」と命じた。

「私の作ったもののいっさいを見よ！」と神は言った。「山、海、空、星を」

そして私は、起き上がってあたりを見回した泥の一部だった。

幸運な私、幸運な泥。

泥の私は起き上がり、神がいかに素晴らしい働きをしたかを目にした。

いいぞ、神様！

神様、あなた以外の誰にもこんなことはできなかっただろう！　私にはどう見ても無理だった。

あなたと比べれば、私など本当につまらないものだという気がする。

ほんの少しばかりでも自分が重要だと感じるには、どれほど多くの泥が起き上がって周りを見回しさえしなかったかということを考えるしかない。

私はこんなに多くを得たのであり、ほとんどの泥はろくに何も得なかった。

この栄誉をありがとう！

今や泥は再び横たわり、眠りに就く。

泥にしてみれば、何と素晴らしい思い出を得たことか！

他の種類の、なんと面白い、起き上がった泥に私は出会ったことか！

私は目にしたもののいっさいをおおいに楽しんだ（傍注）。

傍注
私はいつも、死についての自分の講座で『猫のゆりかご』からこのくだりを学生たちに読み聞かせることにしている。二〇〇七年四月、講義でそうした直後に、前夜、ほかならぬヴォネガットが亡くなったことを、ある来訪者が教えてくれた。私はそれを知らずに、このくだりを朗読したのだった。翌日私は学生たちに彼の死を知らせたのだが、八四歳まで生きたカート・ヴォネガットは、起き上がった泥に自分がなれてどれほど幸運だったかを、最後の最後まで感じていたことを願いたい。

正しい感情的反応は、恐れではなく、怒りでもなく、生きていられるという純然たる事実に対する感謝のように思える（感謝は怒りと同じで、人格を持った人にだけ向けられるべきなのだろうか？　もしそうで、宇宙は人格を持たないと信じていたとしたら、もちろん、厳密に言って、適切なのは感謝ではなく、自分がこの上なく幸運で恵まれていたという気持ちかもしれない）。

いずれ死ぬ私たち――人生で何をするべきか

これまでは、死に対する感情的反応について考えてきた。だが、行動はどうだろう？　いずれ死ぬという事実に照らして、私たちはどう生きるべきなのか？　すぐに思い浮かぶ答えは、まるでジョークのようだ。じつは、用心するべきだと言いたい。

昔、「ヒルストリート・ブルース」というテレビの警察ドラマがあった。毎回、巡査部長が、最近起こったさまざまな犯罪と、進行中のさまざまな捜査をひととおり挙げるところから始まり、その後決まって、

「用心しろよ」

と言いながら警官たちを送り出す。

もちろん、用心は必要だ。そうしないと、避けることができる原因で死ぬ羽目になる。用心していないと、通りをやって来て自分に衝突しかかっているトラックに気づかない。そこまでは明らかだ。

だが、早死にの原因となりかねない危険に注意するようにという、この取るに足りない意見以外に、私たちがいずれ死ぬという事実はさらに、もっと具体的な気配りも必要とするように思える。自分の人生をどう・し・て・い・る・かについて、用心しなくてはいけないのだ。

ときどき世間で言うように、人生は一度きりで、やり直しは利かない。だから私たちは、死を免れないという事実、限られた寿命しかないという事実を踏まえて、人生を台無しにしうることにも気づかなくてはいけない。私たちは、やりそこないうるのだ。

死ぬか死なないか以前に、人生を台無しにしないこと

さて、私の中には細かいことにこだわるところがあるので、このような含みを持っているのは死ぬべき運命にあるという事実そのものではないことを指摘したい。

仮に永遠に生きるとしても、それでもやりそこなう可能性はある。人生が無限に長くても、けっきょく、耽《ふけ》るようになる特定の行動や活動のパターンが、依然としてあるだろう。そして、その特定のパターンが、自分がとりうるもののうちで最善のものでない可能性が相変わらず残っている。だから、死を免れないかどうかにかかわらず、人生を台無しにしてしまう可能性、間違った種類の

人生を送ってしまう可能性は、私たちの誰にもある。

それを理解するには、次の単純そのものの例を考えてほしい。私たちが永遠に生きるとして、一、二、三、四、五、六……と、未来永劫ひたすら数を数えて過ごす人を想像すると良い。それは、たとえばもっと高度な数学をするのと比べて、永遠の過ごし方としてははなはだ価値が低い。だから、不死の人でさえ、人生を浪費しうる。


だが、そうは言っても、もし私たちが不死ではなく死を免れないのなら、人生を台無しにする危険はなおさら増えるように思える。なにしろ、もし本当に永遠に生きるなら、すでに一万年あるいは一億年を数を数えて過ごした後でようやく、それが無意味であることに気づいたとしても、いつでもやり直せる。もっと深く、もっと価値のある数学に取り組み始める時間はたっぷりある。不死ならば、やり直す機会がある。新規蒔き直しの可能性が得られる。

したがって、必ず死ぬという運命が特別厄介なのは、やり直す機会が奪われてしまう事実だと結論するべきだろうか？

だが、もちろん、これも完全に正しいわけではない。たとえ永遠に生きないとしても、いや、それどころか、六〇年か七〇年か八〇年しか生きないとしても、二〇歳か三〇歳か五〇歳のときにでも人生を見直し、針路変更が必要だと判断する機会はある。だから厳密には、私たちが必ず死ぬという運命にあること自体の結果として、やり直す可能性が消えてなくなるわけでもなさそうだ。

それでも、死が現在のようにすぐに来てしまうという事実は、私たちがとりわけ用心しなければならないことを現に意味しているように思える。私たちがやり直しを試みる時間はとても短いからだ。過ちを改めるための貴重な時間は、ごく限られている。

人生の「やり直しが利かない過ち」とは？

私たちが気づいたときにはすでに犯しているかもしれない過ちには、じつは二種類ある。

まず、何を目指すかに関して、お粗末な選択をしてしまったことに気づく場合がある。

その一方で、たとえ目標に関しては正しい選択をしていても、達成しようとしていることを実際に達成するのをしくじったことに気づく場合もある。そのため、文字どおり最初からやり直し、もう一度試みなければならなくなる。だから、私たちは二種類の用心をしなければならない。目標を選ぶときに用心し、その目標を実現するにあたっても用心しなくてはいけないのだ。なぜなら、物事を正しくやり遂げる時間は、かなり限られているからだ。

ここでまた、細かいことにこだわる私の中の部分が、こう言いたがっている。厳密に言えば、用心する必要があるのは、単に私たちが比較的短い人生（普通は、たとえば一〇〇年未満）を送るという事実のせいではない。絶対的な意味で人生が短いからといって、それだけでは、私たちが特別用心しなければならないことにはならない。

けっきょく、やり甲斐のあることがあまりなかったとしよう。そして、価値のあることも、首尾良くやるのがたいして難しくなかったとしよう。たとえば、やり甲斐のあることは五つしかないとする。そして、たとえ一回目にそのすべてをうまくやれるとは限らないとしても、せいぜい二、三回試せば成功し、しかも一回に長くても一、二時間しかかからない。これしか提供できるものがないのだから、これは見るからに、ひどく貧弱な世界だ。

それでも、本当に世の中がそうなっていて、私たちの人生が一〇〇年だったら、用心するように気を遣う必要はほとんどないだろう。やり甲斐のある五つのことの達成を目指す時間も、そのそれぞれを正しくやり遂げる時間もたっぷりあるだろうから。一〇〇年もあればお釣りがくる。二〇年さえ多過ぎるほどだ！　用心する必要などまるでない。

だから、用心が求められるのは、私たちが死を免れないという事実だけのせいでもなければ、私たちが絶対的な形で測った場合に短い時間しか生きないという事実だけのせいでもない。むしろ、目指す価値のあることがどれほど多くあり、それらを達成するのがどれほど複雑で困難でありうるかということと比べて、私たちは短い時間しか生きないという事実が重要だ。

やることがあまりに多く、適切にやるのがあまりに難しいからこそ、用心しなければならない。やみくもにあれこれ手を出し、こちらを少し、あちらを少し試すなどということをしている時間など、ありはしないのだ。

人生は、何もしないには長過ぎるが、何かをするには短過ぎる

先ほど述べたとおり、ここには本当は二つ危険がある。第一に、私たちは目指していたものが最善の選択ではなかったと最後に気づくかもしれない。

ただし、自分が達成しようとしてきたことがじつはまったくやる価値がなかったのだということに気づくというのが、この場合の最も深刻な危険ではないことに留意してほしい。むしろ、他に設定しえただろう目標に比べて、どう見てもはるかに価値が低いことに時間を無駄にしてきたと気づくことが本当の危険だ。比較的短い時間（達成する価値があるかもしれないことをすべて達成しよ

うとするには、あまりに短い時間）しか与えられていないことを考えると、最も追求する価値のあることは何かを判断する必要性という、いっそうの重荷を私たちは背負っている。

私たちはみな、やがて振り返り、目標を設定するときに、賢い選択を全然していなかったことに気づくという可能性と向かい合っている。だから、死は一つにはそういう形で私たちに用心することを強いる。

だがもちろん、それだけではない。第二に、目標が何であれ、私たちはどうそれを達成するべきかにも注意をしなければならない。人生では、やり直すことができるだけの時間をときどき与えられるかもしれないが、じつのところ、そう何度もやり直す時間はない。だからこの点でも、死は私たちに用心することを強いる。

たとえ話として、自分がミュージシャンで、録音スタジオに入り、アルバムを録音する予定であるところを想像してほしい。十分時間があって、スタジオでたとえば一か月かけられるなら、とくに用心しなくても良い。

レパートリーから数曲選んで、どんな具合になるか試すことができる。それらの曲はどれも、録音するのに最善とは言えないかもしれない。だが、かまうものか。やってみて判断すれば良い。一回目にうまく歌えなかった？　大丈夫。もう一度録音できる。三度でも四度でも試せる。あるいは、まったく別の曲を試しても良い。十分時間があれば、どの歌を録音すれば良いか、はっきりさせておくことはそれほど重要ではないし、一回で、あるいは多くても二回で全部仕上げることも、とくに重要ではない。

だが、録音スタジオで一か月ではなく一週間、あるいは一日しかかけられないとしたら、急に何もかもがずっと切迫してくる。時間がはるかに貴重になる。早々に決断を下さなければならない。どの歌を録音するのが理にかなっているか？　たしかに、代わりに録音できる歌は他にもあるが、これらのほうが良さそうだ。そして、録音するときも、うまく歌わなければならないから、不注意でいいかげんにはしていられない。最初の一回で、最悪でも二回目には、首尾良く歌い切らなければならない。

この世界が信じられないほど豊かで、どれほど多くのことを提供してくれ、追求する価値のあることにはどれほど多くの選択肢があるかを考えると、そしてまた、それらの多くを達成するのがどれほど困難になりうるかを考えると、そのミュージシャンの置かれた状況こそ、私たちの状況のように思える。

たしかに人生は十分長いので、何を目指すべきかについて考えを変えるという点でも、何であれ、自分のさまざまな目標を達成するために二度目、三度目の試みをするという点でも、何度かやり直す機会はある。だが現実には、機会はそれほど多くはないし、時間もそれほどない。だから私たちは注意を払わなければならない。用心しなければならない。

そんな人生で、あなたは何をするべきか

もちろん、そう言った途端、それでは自分の人生で何をするべきかと尋ねる必要に迫られる。今私はここにいて、注意を払っている。用心しようと努めている。だが、何をするべきなのか？　人生をどう満たすべきなのか？　何を目指すべきなのか？

申し訳ないが、ここでその疑問に答えようとするつもりはない。人生で本当に追求する価値のあるものは何かと問えば、人生の意義は何かと問う寸前まで行くことになる。どんな目標、どんな目的、どんな志が最も価値があり、最も取り組み甲斐があり、最も意義深いか？　これは明らかに重要な疑問だ。いや、それどころかひょっとすると最も重要な疑問かもしれない。だがそれは、別の本にふさわしい疑問だと思う。だから、それに触れる疑問の十分近くまで来たところで、今度はそこからゆっくり引き下がることにする。

死を免れない私たちに採れる、最高の人生戦略

いずれ死ぬのだとしたら、どう生きるべきなのか？　自然に頭に浮かぶことの一つは、あまり時間がないのだからできる限り多くを人生に詰め込むべきだというものだ。できる間に、なるべく多くを詰め込むのだ。

それはごくありふれた考え方だが、それを実践するには少なくとも二つのおおまかな戦略があると思う。

その第一は、志があまりに野心的だと失敗するという危険性を強調する戦略だ。この戦略は、野心的になる代わりに、達成することが事実上保証されている種類の目標を目指すことを勧める。食べ物や交際、セックスの喜びを目指すように言う。

「食べ、飲み、愉快にやれ。明日には死ぬかもしれないのだから」

これが第一の戦略だ。明日には死ぬかもしれないのだから、まだ生きている間に、実際に達成する可能性がとても高いことを追求して、できるだけ多くを詰め込むべきだ。

第二の戦略は、第一の戦略はけっこうなことだ、というのが前提だ。もしそれが目指したいものならば、たしかに成功する確率は非常に高いから。とはいえ、第一の戦略の問題は、確実なものしか望まなければ、達成できるのは小さいことや些細なことばかりになってしまう点だ。そこで第二の戦略は、人生における良いことのうちでも際立って価値の高いものにも目を向ける。

みなさんは小説を書いたり、交響曲を作曲したり、あるいは、結婚して家庭を築いたりしたいかもしれない。こうしたこと（良いことのうちでも、より野心的なもの）は、成功は保証されていないが、人生が私たちに提供しうることのうちでもとりわけ価値がある。第一の戦略だけで生きていく人生よりも、より大きくて確実には得られない良いことで満たされた人生には価値がある。

「食べ物や飲み物や、はかない喜びに満ちた人生か、それとも永続的な実績に満ちた人生かを選べるなら、どちらの人生を望むか？　どちらを選んでも、完全にうまくいくことを約束しよう」

神にこう言われたならば、ほとんどの人は、正真正銘の実績に満ちた人生のほうが価値があることに喜んで同意するだろうと思う。

もちろん問題は、現実の世界では、その種の人生（有意義な実績を目指す人生）は、失敗の可能性が高い点だ。アメリカ文学の傑作を書くことを目指しても、一〇年後にはまだ完成させられない。二〇年後に、自分にはそんな名作を書く才能がないと見切りをつける。だが、これだけ時間をかけながら、その成果として何を誇れるというのか？　あるいは、大繁盛する店を始めようとし、来る年も来る年も身を粉にして働き、苦労を重ねたあげく、倒産するかもしれない。

だとすれば、選ぶべき正しい戦略は何なのか？　多くの人は、じつは第三の戦略もあり、この第三の戦略こそ採用するべきだと言いたがっているのではないだろうか。

その戦略とは、大小の良いことを適切に取り混ぜることを目指す、というものだ。たしかに一方では、有意義な実績を特定の数だけ目指すべきだろう。それは、それが達成できれば人生の価値が高まるからだ。だがその一方で、同時に小さな目標もあれこれ加えるべきだ。人生から少なくとも何かしらを得ることが保証されるように。

ハイスコアの落とし穴

もちろん、この種の混合戦略が最も妥当なものだと、たとえ同意したとしても、適切な取り合わせとはどんなものなのかという疑問が残る。私はこの疑問にも答えようとはしないつもりだ。その代わり、これら三つの異なる戦略すべての根底にある共通の考え、すなわち、できる限り多くを詰め込むという考えを受け容れるのが正しいかどうかを問いたい。

良いことのうち、大きいもの、小さいもの、あるいはその取り合わせのどれについて語っているかにかかわらず、多くを加えるほど人生の価値が高まるというのは本当に正しいのだろうか？　多ければ多いほど良いと思って良いのだろうか？

もちろん私はすでに、不死はじつは良いことではないだろうと主張した。この世界は豊かで信じられないほど素晴らしくはあっても、人生における良いことは誰にとってもいずれ尽き果てるだろ

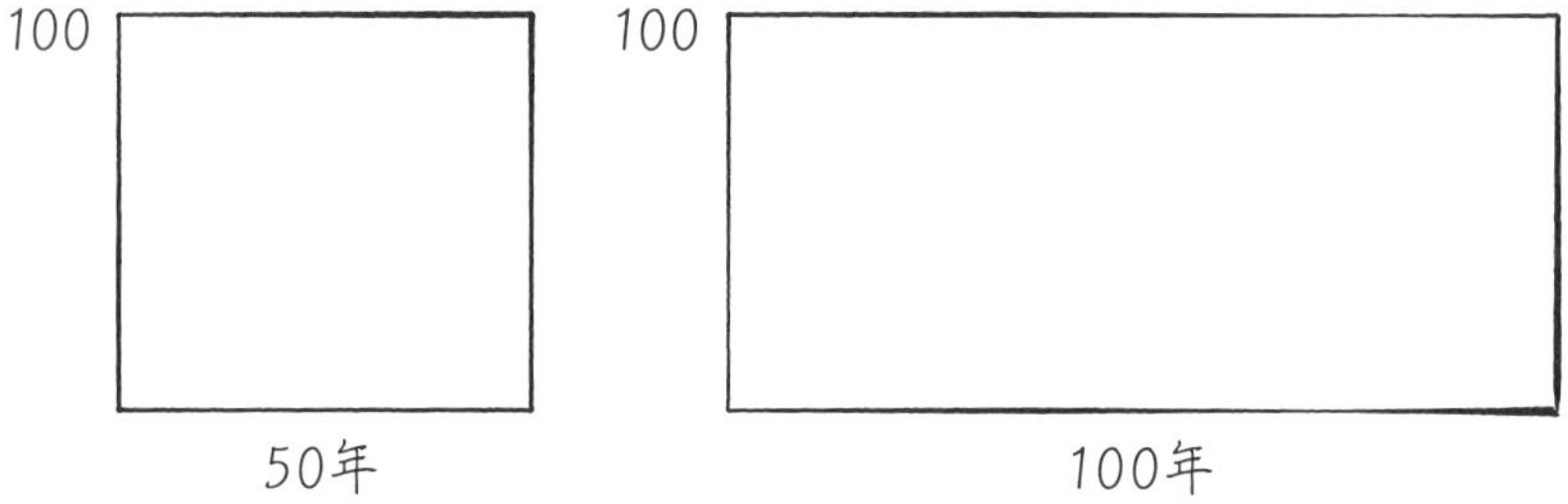

図8・1

う。だから不死は恐ろしいものとなる。

だが、ほとんどの人は良いことが尽き果てるのに近い所にさえけっして行き着かない。私たちの大半はあまりに早く死に過ぎる。たとえば、みなさんが三〇歳で死ぬのなら、四〇歳まで生きられたほうが良かっただろう。そして、四〇歳で死ぬのなら、五〇歳あるいは六〇歳か七〇歳、八〇歳まで生きられたほうが良かっただろう。だから私たちのほとんどは、他の条件が同じなら、人生は長いほど良いということに、同意しがちなのだ。

図8・1に示した二つの人生を比べてほしい。四角形の幅は人生の長さを示し、高さはそれぞれの時点で人生がどれほど順調かを表している。図に示した二つの人生は、同じぐらいうまくいっている。

話を具体的にするために、どちらもどの時点でも一〇〇ポイントの価値を持っているとし、それはかなり高いレベルの境遇だとしよう。それならば、ほとんどの人が右側の人生を望むだろうと思う。この価値のレベルで一〇〇年続く人生のほうが、五〇年しか続かない人生よりも優ることに、誰もが同意するだろう。他の条件が同じなら（そしてここでは、同じであることにしている）、人生が長くなればなるほど良い。

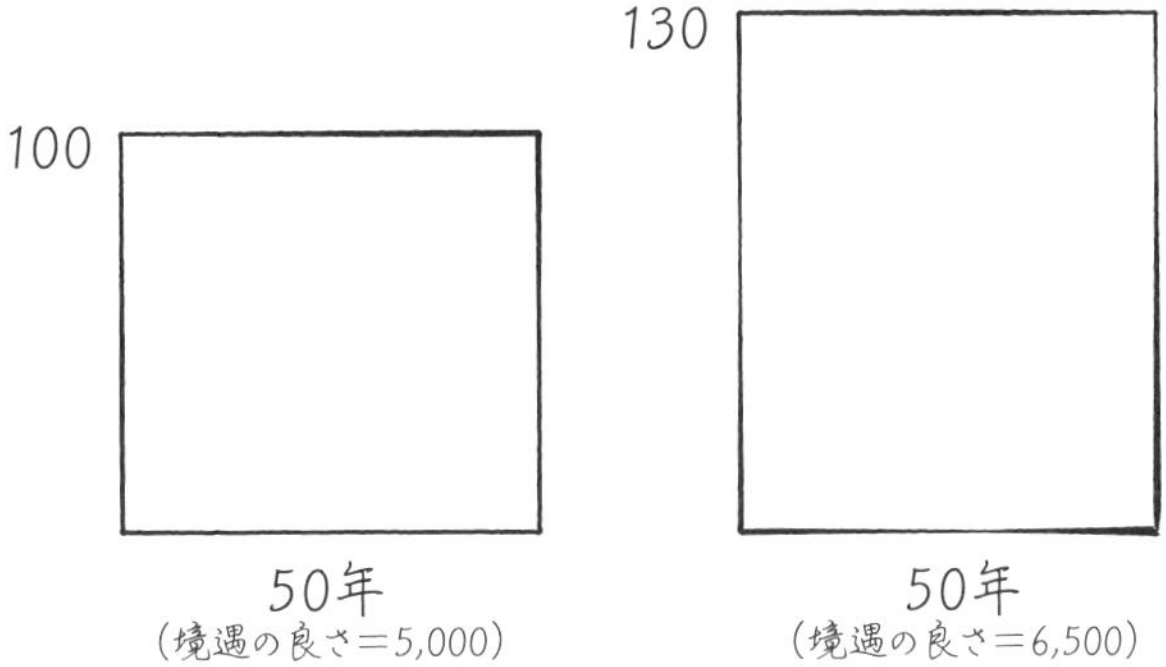

図8・2

「人生の質」の測り方

だが同時に、人生の長さだけが重要ではないことにも誰もが同意してくれると思う。人生の質も重要だ。たとえば、「質の点数《クオリティ・ポイント》」が一〇〇で五〇年の人生と、クオリティ・ポイントが一三〇で五〇年の人生のどちらかを選ばなければならないとする（図8・2参照）。おそらく、みなさんは二つ目の人生を選ぶだろう。だから、私たちが気にかけるのは人生の長さだけではない。私たちは質にも注意を向けたがる。

数学的に考えれば、境遇の良さの量は長さと質の関数だと言える。もう少し厳密に言えば、一生の間の境遇の良さの量は、その人生を表す四角形の面積で、その値はもちろん、長さと質を掛ければ求められる。だから、図8・2の左側に示した人生の場合、50×１００で、合計五〇〇〇単位の境遇の良さとなる。右側の人生の場合には、50×１３０で、合計六五〇〇単位となる。もちろん、数がこれほど正確になりうるなどとは考えなくて良い。

ここで重要なのは根底にある考え、すなわち四角形の面積が五〇年の人生に詰め込むことのできた境遇の良さの合計を表しているということにすぎない。

（もしニュートラルな器説ではなく価値ある器説を受け容れれば、

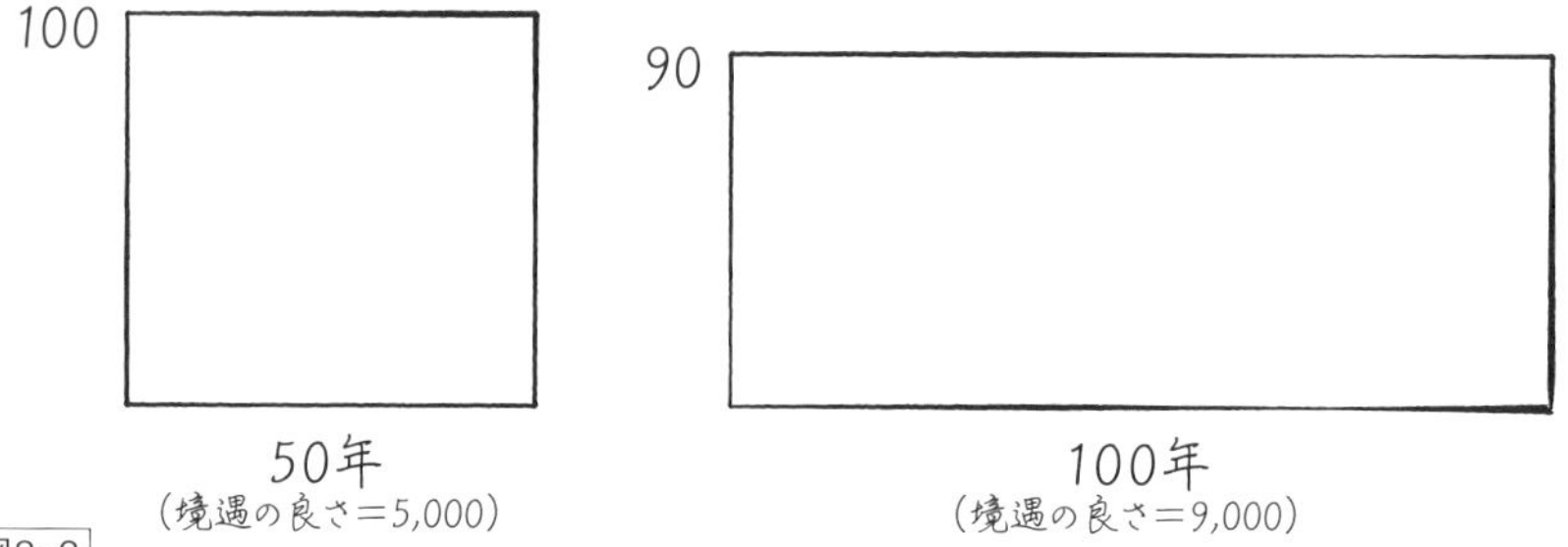

図8・3

もっと複雑な式が必要になる。人生の長さと質を掛け合わせると、人生の中身の価値が計算できるだけだ。だが、生きていること自体にも価値があるなら、総計を求めるには人生自体の価値を反映する量も加算する必要がある。おそらくこの量は、人生の長さだけの関数になるだろう。とはいえ、話を簡単にするために、ここではそれは考えに入れないことにする。また、やはり話を簡単にするために、第7講で考えた、人生の価値はその全体的な形に影響されうるという見方も脇に置いておくことにする。）

もし境遇の良さが人生の長さと質の両方の関数なら、この二つのどちらかを選ばなければならないという事実と向かい合わざるをえない。

図8・3を考えてほしい。ここでは、右側の人生のほうが左側の人生よりもずっと長いが（左側はわずか五〇年であるのに対して、右側は一〇〇年）、質の面では右側のほうがいくぶん低い（クオリティ・ポイントは左側が一〇〇であるのに対して右側は九〇）。この質の低下は、人生が長い分の利点によって相殺されて余りあるのか、したがって右側の人生のほうが左側の人生より良いのかを問う必要がある。境遇の良さの総計にだけ注目している限り、その問いにはイエスと答えられる。右側の四角形の面積（九〇〇〇

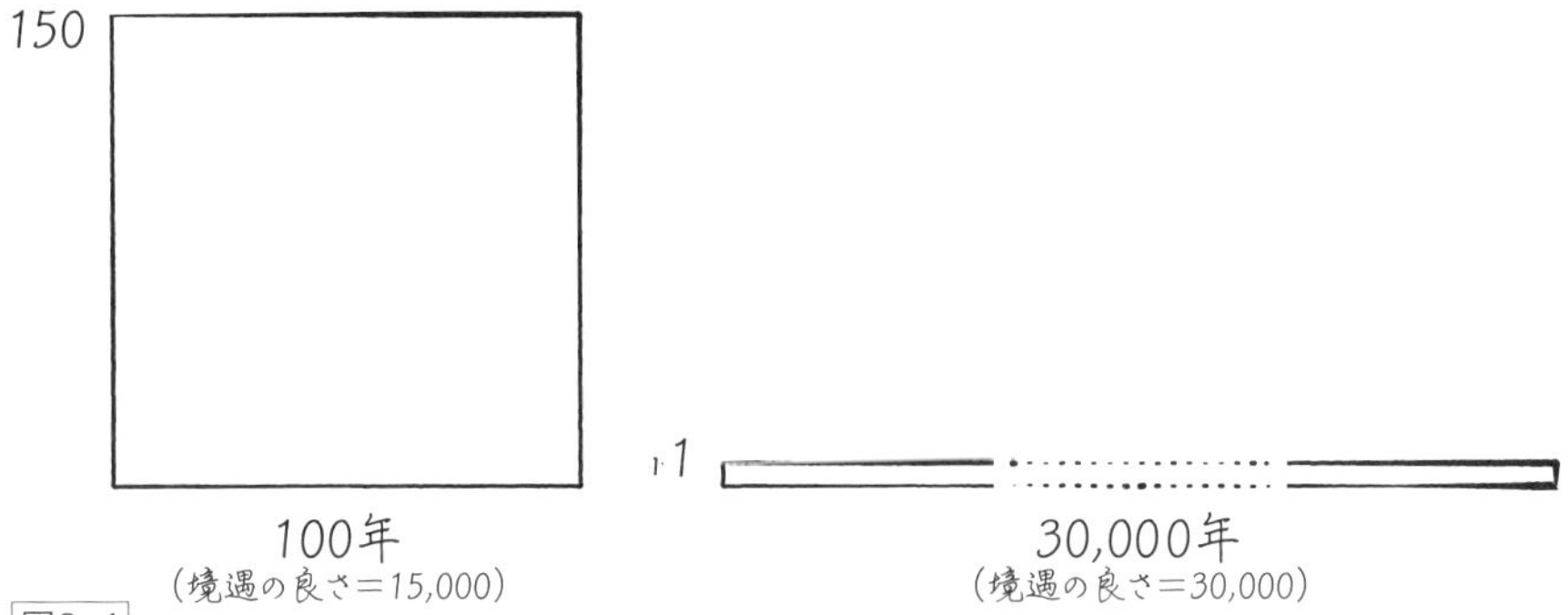

図8・4

〇単位)は、左側の面積(五〇〇〇単位)よりも大きいからだ。

境遇の良さの量(人生の質と長さの積)の観点から考えるのが、質の重要性を考慮に入れる一つの方法であることは明白そのものだ。だが、それは正しい方法なのか? このアプローチは、人生の質を適切に評価しているだろうか?

それは怪しい。

質×長さで、「人生の良さ」は比較できるか

さらに別の人生の選択を考えてほしい。図8・4の左側に示した人生では、みなさんは一〇〇年というなかなか長い人生を送る。しかも、クオリティ・ポイントは一五〇という、きわめて高いレベルを保つ。

これまで地球上で送られた最高の人生のクオリティ・ポイントは一二五だったとしよう。だから、これは信じられないほど素晴らしい人生だ。しかも、みなさんは一〇〇年も生きられる!

さて、これを右側の人生と比べてみよう。この人生の質は極端に低く、たった一だ。言っておくが、この人生でも依然として送る価値がある。一もプラスの数であることに変わりはないからだ。だが、このような人生は、どの時点でもかろうじて送る価値があ

る程度でしかない（ゼロならその人生には送る価値がない。とはいえ、存在しないより悪いわけではない。数がマイナスになったら、存在しないよりも悪くなる）。それでも、人生の質が極端に低いにもかかわらず、この人生はとても、とても長く続く。実際、あまりに長いので、この縮尺では描き切れない（だから線の途中に「……」が入っている）。この人生は三万年続くとしよう。

さて、ここで自問してほしい。左側と右側の二つの人生のどちらを自分は選びたいか？　私たちのほとんどは、左側の人生を選ぶだろうと思う。たしかに右側の人生は左側の人生よりもはるかに長いが、そうだとはいえ、どの時点でも存在しないよりはかろうじてましという程度だ。一方、左側の人生はもちろんずっと短いものの、はるかに高いレベルを維持している。どちらを選ぶかと言われたら、おおかたの人は右側の人生が長い分は、質の大幅な低下を埋め合わせられないと結論するだろうと思う。

とはいえ、それぞれの境遇の良さの量という観点にだけ立って二つの人生のどちらかを選ぶことを強いられたら、じつは右側の人生のほうが左側の人生よりも望ましいと言わざるをえなくなってしまうことに注目してほしい。つまるところ、右側の四角形の面積（三万単位）は、左側の四角形の面積（一万五〇〇〇単位）の倍で、そこには人生における良いことが合計で二倍含まれているのだ。だから、ここからは次のようなことがわかると思う。

境遇の良さの量の合計が小さいにもかかわらず、左側の人生のほうがじつは優っていることにみなさんが同意するのなら、本当は量だけがすべてではないことになる。少し違う言い方をすれば、量は質を考慮に入れてはいるものの、そのやり方が正しくなく、質に十分な重みを与えていないかもしれないということだ（注2）。

「幸福の総量」と「人生の満足度」が逆転するとき

この二つの人生を比べたときに、自然に浮かぶ考えを一つ紹介しよう。左側の人生のほうが短いが、右側の人生のどの時点でもまったく到達できないほど極端に高い、質のレベルのピークを達成している。それならば、人生を評価してどちらかを選ぶときには、良いことの量だけ見ていては駄目で、ピークや高さにとくに目を向けなくてはならない。人生について考えるにあたっては、合計でどれほど詰め込めたかだけではなく、その人生で獲得したり達成したりした最も良いことは何かを問うのが重要だ。つまり、質は量に優りうる。

このような見方を理解するには、さまざまな方法がある。少なくとも、質には割増の重みを与え、ときには（ただし、常にではない）量に優りうるようにする必要があるのではないか。

あるいは、この見方のもっと大胆なバージョンでは、質は常に量に優る。だからと言って、量は重要ではないというわけではない。素晴らしいことを達成する長い人生と、素晴らしいことを達成する短い人生のどちらかを選べるとしたら、私たちは長い人生のほうが良いことに依然として同意するだろう。質が最も重要であることを心得ている限り、量も重要であることは依然として認められる。

この説にはなおさら極端なバージョンがある。じつは重要なのは質だけだというのだ。私たちが気にかけるべきなのはピークだけだ。いずれにしても、それこそ、フリードリヒ・ヘルダーリンが「運命の三女神へ（注3）」という詩で表現した立場だ。

――偉大なる力の持ち主たちよ、私に授けたまえ、完熟した歌のために、

たった一度の夏、そしてたった一度の秋を、
私の戯れの甘美さに酔いしれて
私の心がもっと快く死ねるように。

生きている間にその神聖な正義を達成しなかった魂は、
黄泉《よみ》の国で安らかに眠ることができない。
だが、私が没頭しているもの、神聖なもの、
すなわち私の詩がいったん成れば、

そのときには、影の世界の静寂も大歓迎だ！
竪琴《たてごと》はそこまでいっしょに来てくれないだろうが、私は満足だ。
私はいったん神々のように生きた。
そしてもうそれ以上は必要ない。

ヘルダーリンは、量はまったく気にしないと言っている。何か本当に有意義なことを達成できれば、高みに昇って自分の詩で何か偉大なことができれば、それで十分なのだ。いったん神々のように生きたのなら、それ以上は必要ない。

だから、自分の人生で何がしたいかについて考えるときには、どんなものを人生で得る価値があるかを問うだけでは十分ではない。質と量にまつわる疑問にも取り組まなければならない。

質は量の一部として取り込まれている限りにおいてしか重要ではないのか？　だからじつは、重

要なのは量だけなのか？

それとも、得る価値のあるものの量が減ることになる場合にさえ、質は目指す価値のあるものとして、それ自体が重要なのか？

そして、もし質が本当に重要ならば、量もやはり重要なのか？　それとも、じつは重要なのは質だけなのか？

ヘルダーリンは、いったん神々のように生きたのなら、それ以上は必要ないと言っているが、彼は正しいのか？

業績や作品は永久に不滅か

「それ以上は必要ない」とヘルダーリンが確信している理由の少なくとも一部は、自分の詩作がするだろう永続的な貢献が頭にあったことに帰せられると思う。私たちは、何か有意義なことを成し遂げたと思ったときは、ある種の不滅性を獲得したかのように感じることがよくある。私たちは自分の作品や業績を通して生き続ける。

だから、死と向かい合いながら生きるための戦略について考えるにあたって、次にやりたいのは、この種類の不滅性は追求するに値するかどうかを問うことだ。「種類」という言葉を強調したのはもちろん、厳密に言うと、自分の作品や業績を通して、あるいは子どもなどを通して生き続けるとしたら、文字どおり生き続けるのとは違うからだ。それはせいぜい、半不滅性あるいは準不滅性だろう。この種のことの価値を信じない人は、疑似不滅性と呼ぶのではないか（ウディ・アレンが言うように、「私は自分の仕事を通して不滅性を達成したいとは思わない。死なないことで成し遂げたいのだ」)。

「半不滅性」の価値にこのように訴えるには、二つのおおまかな形があるようだ。ある人がたとえ文字どおり生き続けなくても、その人の一部が継続している限り、それにとても近いことが起こっていると言われる場合がある。

たとえば、もし私に子どもがいれば、私の一部が文字どおりその子どもに入っている。私の細胞の一つが、別の人の中で存在し続ける。そして、もし私の子どもに子どもができれば、子どもの細胞が、その子どもの中で存在し続け、その子どもの細胞も、さらにその子どもの中で存在し続け……という具合に続いていく。アメーバが分裂を繰り返すところを思い浮かべれば、最初のアメーバの一部は、ずいぶん多くの世代にわたって存続しうる。文字どおり自分の一部が存在し続けるという考えに慰めを見出す人もいる。

たとえ私が子どもを持たなくても、少なくとも私の原子はリサイクルされ、再び使われる。最終的には私は宇宙に再吸収されるが、私はけっして完全には消えてなくならない。そう考えて慰められる人もいる。

ドイツの哲学者ショーペンハウアーは、これによって死の苦痛がいくぶん和らぐはずだと考えた。彼は、

「だが、こう問われるだろう。『ただの塵、ただの物質の永続が、どうして私たちの真の内面的本質の継続と見なせるのか?』」

と言っている。彼の答えは以下のとおりだ。

ああ！　それではあなたはこの塵を知っているのか？　それが何か、そしてそれに何ができるか、ご存じか？　見下す前に、学んで知っておくことだ。今は塵や灰としてそこにあるこの物質は、水に溶ければほどなく結晶を形作る。金属になって光り輝く。そして電気の火花を散らす。……それればかりか、自発的に自らをもって植物や動物を形成する。そして、その神秘に満ちた子宮からその生命を育むのだが、それが失われることを心の狭いあなたはこれほど心配し、不安に思っている（注4）。

これはまた、ずいぶんと感動的なくだりだが、私は同意できないと言わざるをえない。自分の原子が依然として存在し続け、何か別のものに再利用されると考えても、まったく慰めを感じない。だから、文字どおり自分の一部が存在し続けるという考えに慰めを見出すという、この第一の種類の半不滅性は、破れかぶれで藁をもつかもうとする類いのことに思える。

「ああ、間もなく私が死ぬのはそれほど悪いことではない。少なくとも私の原子が相変わらず存在するから」

もしショーペンハウアーがそう考えているのなら、自分を騙しているのだと思う。いずれにしても、私には通用しない。

もっとも、半不滅性には第二のアプローチがある。ある人が死んだ後も、その人のさまざまな部分が存在し続けるという考えに慰められるというよりも、その人の実績が残り続けるというものだ。ヘルダーリンが書いた詩は、二〇〇年ほどたっても、依然として読まれている。人は、二〇年、五〇年、一〇〇年、あるいはそれ以上読まれる小説を書くことができる。数学や哲学や科学に貢献し、五〇年後か一〇〇年後にも、人々がその哲学的主張や数学的成果について語っていることもありうる。

そしてもちろん、他にも多種多様の永続的実績がある。たとえば、自分の死後も残るような建物の建設を手伝うことができる。死んでからずっと後になっても、自分たちが建設に携わった建物が建っていると思うと、誇りと慰めが得られるという石工たちのインタビューを読んだことがある。あるいは、自分の死後も続くような会社を築き上げようとすることもできる。

はたまた、子どもを育てたという実績に喜びと慰めを見出すことも可能だ。この場合、自分の細胞が子孫の中に存在することが肝心なのではなく、むしろ、別の真っ当な人間を育てたのが重大な実績なのであり、それが人生で行なう価値のあることなのだ。そしてその実績は、本人が死んだ後にも残る。

この第二のタイプの半不滅性については、どう考えるべきなのか？　正直に言うと、私はまだ心を決めかねている。塵と原子の場合（もし自分のさまざまな部分が死後も存在し続けると気づいて慰められるというのなら、それは自己欺瞞に違いないと私は思っている）とは違い、第二の種類の半不滅性には正真正銘の価値があるという考えに、思わず惹かれてしまう。たとえこの世での人生が短いものであっても、もし自分が成し遂げたことが残り続けるのなら、私の人生はその分だけ良いものになる。

私はその見方に魅力を覚えるし、私が哲学の文章を書く理由も、部分的にはそれで説明できるように思える。自分が書いたことが、死後二〇年や五〇年たっても、あるいはもし運が良ければ一〇〇年たっても、まだ読まれているという希望が持てるからだ。

だが、気分によって――特に陰鬱な気分のときには、この考え方を疑わしく思うことを認めざるをえない。ショーペンハウアーが例の短いくだり、「塵に寄せる歌」を書いているところを思い起こし、私もショーペンハウアーがしたのとちょうど同じように自分を欺いているのではないかと心配になるのだ。自分の死後も残るようなものを達成することにはどこかもっと壮大なところ、有意義なところ、価値のあるところがあるというのは、自分を騙しているだけだと、つい思ってしまう。

だが、それは特定の気分のときだけだ。そして、少なくともほとんどの時間は、気がつくとヘルダーリンに同意している。たしかに、量はまったく重要ではないという彼の意見には賛成することはない。彼は素晴らしい作品を一つ書けば十分で、傑作をさらに書いても、加算されるものがまったくないと主張しているが、それは言い過ぎに思える。量も大切だ。だが彼が、後に残るような何か有意義なことを成し遂げたら、人生に価値と意義が加わると言っている点は正しい。それは本当に、そのとおりのように思える。

人生の価値をできる限り高めるための戦略とは？

死に向かい合うためのアプローチを、最後にもう一つだけ手短に紹介させてほしい。この最後の戦略にはほんのわずかしか時間を割かないが、それでも間違いなく触れる価値がある。これまで考察してきた戦略はどれも、その根底には共通の信念があった。「人生は良いものである、あるいは良いものとなりうるので、自分の人生をできる限り価値のあるものにしようとするのは理にかなっている」という信念だ。

これらの戦略は、詳細には違いがあるものの、人生の喪失についてはどうしようもないから、与えられた人生をできる限り価値のあるものにすること——実際、その人生を生きている間にその価値に気づくこと（そしてそれを高めること）——が正しい対応であるという点では意見が一致していた。

だが、それらとはかなり違うアプローチも採用できる。その代替アプローチも、私たちはいずれ人生を喪失するし、それは身の毛がよだつようなことに思えるという点は認めている。だが、それが真に身の毛がよだつようなことであるのは、人生が、失うのが本当に悪いものであるときだけだ。けっきょく、人生は本当は、大切に受け容れる価値のある、潜在的に価値に満ちた貴重な贈り物ではないのなら、それを失ったところで、実際にはまったく喪失ではないだろう。

この考え方は、じつは本書ですでに目にした見方と緊密に関連している。剝奪説によれば、死が悪いのは主に、生きる価値があっただろう人生のさらなる時期を剝奪するからだという。だがそれならば、もし悲観主義者が正しくて人生は送る価値がないなら、人生を剝奪されるのはけっきょく、悪いことではなく良いことであるわけだ。

だとすれば、人生をできる限り価値あるものにするのではなく、むしろ、人生は全体としてプラスではなくマイナスだと気づくことがカギとなる。

死と仏教、キリスト教

さらに、物事を単純化し、過剰に一般化すれば、以下のようにも言えるかもしれない。

最初の基本的な見解（それによれば、人生は良いもので、そのため人生の喪失は悪いことであり、生きているうちにできる限り人生を有効に過ごすのが答えとなる）は、おおざっぱに言えば西洋的な見解だ。

同様に、ごくおおまかに言うならば、第二の見解（それによれば、じつは人生は通常思われているほど良いものではなく、そのため人生の喪失はけっきょく悪いものと見る必要はないことになる）は、おそらく東洋的な見解だ。これこそが東洋的見解の真髄だとするのは、間違いなく単純化が過ぎるが、少なくともこの見解は、西洋の思想よりも東洋の思想で、もっと頻繁に示される。

第二の見解の有名な例が、仏教の特定の流れの中に見られる。仏教では「四諦《したい》」という四つの真理を説く。その第一が「苦諦《くたい》」で、人生は苦であるという真理だ。仏教徒（あるいは少なくとも一部の仏教徒）は、人生の根底にある本質について懸命に考えれば、喪失と苦しみは至る所にあることがわかるだろうと信じている（注5）。

この世には苦しみがある。病がある。死がある。痛みがある。たしかに、私たちはほしいものもあり、運が良ければ手に入れられる。だが、それから失う。そして苦しみや痛みや惨めさを募らせるばかりだ。それならば全体として、人生は良いものではない。

仏教徒はこの判断に基づき、こうした良いものへの愛着から自分を解放し、それらを失ったときの痛手が最小限になるようにしようとする。それどころか、仏教徒たちは自己が存在するという幻想から自らを解放しようとする。自分が存在しなければ、何一つ失うことはない。

死ねば自分が消滅するのではないかと心配しているから、死は恐ろしい。だが、もし自己がなければ、消滅するものもない。

私は仏教に途方もなく深い敬意を抱いていると言っておきたい。人生は苦しみであるという前提に立てば、すべて理にかなっている。

だが、良かれ悪しかれ、私は西洋の生まれだ。私は「創世記」の産物だ。「創世記」では神は世界を眺め、それが良いものであると判断を下す。少なくとも私には、人生はネガティブなものだと認めることで喪失を最小化する戦略は受け容れられない。だとすれば、私にとって、そしてひょっとすると私たちのほとんどにとって、すでに考察したさまざまな、もっと楽観的な戦略から選ぶのが妥当だろう。

私たちは、どうすれば自分の人生を最も価値のあるものにできるかを問う必要がある。ヘルダーリンとともに、

「いったん神々のように生きた」

と言えるようにするには、何ができるだろうか？

第9講

自殺

前講で私は、人はいつか必ず死ぬという事実が、私たちの生き方にどのような影響を与えるべきかを問うた。考えられるさまざまな提案について考察したが、まだ俎上《そじょう》に載せていない選択肢が一つある。「自殺」だ。

私たちはいずれ死ぬ運命にある以上、自らの人生を終わらせるという道も開かれているのだ。

理性的に自殺を語る

厳密に言うと、死を免れないからといって、それだけで自殺が一つの選択肢として保証されるわけではない。

たとえば、誰もがきっかり八〇年生きると決まっていたら、そしてそれについてできることが何もないとしたら、私たちは必ず死ぬには違いないが、自殺をするのは不可能だろう。それどころか、たとえ生きる長さはさまざまだとしても、人生の長さを変えるためにできることが何もない限り、自殺はやはり不可能だろう。だから、自殺の可能性が開かれるのは、自分が生きる長さをコントロール《・・・》できるときだけになる。

じつのところ、それは死について実際にコントロールできる、数少ないことの一つだ。その気になれば自分の人生は、早めに終わらせることができるのだ。

だから、私が死について検討したい最後の疑問は次のようになる。もし自殺をするのが理にかなっている状況があるとしたら、それはどんな状況だろうか？もし自殺をするのが適切だという状況があるとしたら、それはどんな状況だろう？

もちろん、自殺は軽蔑や恐れや非難が入り混じった目で見られてしまうので、自殺について冷静に明晰に論じることは難しいという風潮が、私たちの文化にははびこっている。自殺をするなんて頭がどうかしてしまったのだと、たいていの人は考える。それどころか、自殺を考えるということ自体が、正気ではない証拠なのだ。そして、もし正気だとしたら、不道徳ということになる。自殺はけっして道徳的に正しい行為ではないと、たいていの人は言う。

だから、このテーマについて考えると、どうしても感情論になりがちだ。それでも私は、この問題を体系的に吟味して、賛否両論の双方の立場を慎重に考察したい。

自殺というテーマについて考えるときに真っ先にするべきなのは、合理性についての問題と道徳性についての問題を区別することだと思う。私はもっぱら合理性に焦点を当ててこの議論を始め、もし自殺が合理的な行為だという状況があるとしたら、それはどんな状況だろうかと問うつもりだ。その後で初めて道徳性についての問題に目を向け、仮に自殺が道徳的に正当なときや、道徳的に許されるときがあるとしたら、それはいつだろうかと問うことにする。

自殺にまつわる「合理性」と「道徳性」

合理性と道徳性との区別をするにあたって、これら二つの問題は別個にできる、あるいは少なくとも別々に検証する必要があるということを前提としているのは言うまでもない。一方には合理性についてのさまざまな疑問があり、もう一方には道徳性についてのさまざまな疑問があるというわけだ。

たしかにそれらはすべて、言うなれば「べき、べからず」について問うものであり、評価の問題だ。だが少なくともたいていの人は、一方の疑問を提起するときには、もう一方の疑問を提起するときとは違う評価基準に頼っていると考えるものだ。

多くの場合、合理性と道徳性が切っても切れない関係にあることは間違いない。そして、合理性の本質と道徳性の本質については哲学的な見方があり、それによると両者は常に密接に関連している。だが、少なくとも原理上は、両者は実際には切り離せると、多くの人は考える傾向にある。

たとえば、所得税をごまかす可能性を考えてみよう。所得税申告が調査される割合は、ごく少なく、たとえ偽りがばれたとしても罰金はたいした額ではないことが多い。だから、少なくとも合理的な自己利益の見地からは、ごまかすという決断は理にかなっていると言って良い（おそらくばれないだろうし、たとえばれたとしても、罰金は高が知れているではないか？）。

だが、仮にごまかすのが合理的だということで意見が一致したとしても、たいていの人は即座に、だからといって所得税をごまかすのが道徳的に受け容れられることにはならないとつけ加えたいと思うだろう。つまりこれが、合理的にはやらなくても良いこと（税を全額払うこと）を、道徳的にはやらなければならないケースではないだろうか。

むろん、合理性をそんなに狭く解釈するのは間違いかもしれない——合理性とは、人の合理的な自己利益に合う行動をとることにすぎず、それ以上のものではないかのように解釈するのは。特定の行為をする（あるいは特定の行為をするのを控える）のには、その行為をする人のいちばん得になるのは何なのかという問題以上の理由が、おそらくありうるだろう。だが、それは複雑な哲学的問題で、ここで解決しようとする必要はない。

その代わりに、単純に決めておこう。合理的な見地から自殺の評価にとりかかるときには、「自殺を考えている人にとって何が得になるのか損になるのか」という、合理的な自己利益の問題だけに注意を向けていくことにする。

たとえ合理性とは単に、自分にとって最善のことをするだけではないとしても、自殺の合理性を判断するには、少なくとも通常は、自己利益を考察することが最重要だと考えて良いだろう。したがって、話を簡略にするために、もっぱらこうした考察に的を絞ることにする。

もっとも、そうすると完全に脇に押しのけてしまうケースが出てくる。たとえば、価値があって満足のいく人生を送っているにもかかわらず、心酔している大義を推進するためや、友人や愛する人々を守るために自殺するというケースは、考えに入れないことになる。厳密にはそうしたケースも自殺の例と見なされるべきだと思うし、自殺について余す所なく論じようとするなら、考察する必要があるだろう。だが、話を簡単にするためにそれらは脇に置いて、もっと標準的なケースに焦点を当てることにする。自分自身のため、つまり、死んだほうが良いと感じているから自殺をするという場合だ。

自殺が合理的かどうかについての考察を合理的な自己利益の問題に限定するのは、いくぶん簡略化し過ぎかもしれないが、こうすることによって、中心的で典型的なケースだと私が思うものに的を絞ることができる。

自殺の合理性に対する第一の疑問
——どんな状況ならば、自殺は合理的な決断になりうるか

では、仮に自殺をするのが合理的な決断であるときがあるとしたら、それはいつだろうか？　ここでも真っ先に、二つの異なる疑問を区別したい。

第一の問いは、次のようなものになる。仮に死んだほうが良いというのが真実であるときがあるとしたら、それはいつか？　人生がとてもひどいものになっていて、もう生きていないほうがましというケースだろうか？

この第一の問いへの答えが、これこれの状況下では本当に死んだほうがましだろう、というものだったとしよう。それでも、第二の問いが残る。自分がそうした状況下にいるという判断を信頼するのは、本人にとって合理的でありうるだろうか？　その判断に基づいて行動することは、本人にとって合理的でありうるだろうか？

ひょっとするとこの第二の問いに対する答えは、論ずるまでもなくノーかもしれない。死んだほうがましなほど人生がひどい状況に陥ったとき、人は明晰な思考ができないと思われるからだ。そして、明晰な思考ができないからこそ、実際にそうしたケースに当てはまっているという自分の判断を信頼するべきではないことになる。これが妥当な主張かどうかには、後ほど取り組んでいく。

第一の問い（死んだほうがましというのが正しいことがありうるか？）と、第二の問い（そうした状況に本当に当てはまるという判断に基づいて行動するのが、本人にとって合理的であるということがありうるか？）を区別して考え、両方の問いにイエスと答えることができないなら、自殺を遂げるのが合理的になることなどけっしてない。

「死んだほうがまし」なのはどんなとき？

そこで、真っ先に問わなければならないのは、死んだほうがましというのが正しいことがありうるか、だ。これまでさまざまな哲学者が、以下の論法で自殺について論じてきた。

「仮にこれこれのことが起こるとしたら、彼の境遇はもっと良くなるだろう、あるいはもっと悪くなるだろう」という比較をするためには、その人がすでにどんな状況や状態にある（あるいは、これから置かれる）のか、そして（もしその変化が起こったとしたら）どんな状況や状態に置かれるのかについて語れなくてはならない。二つの状況や状態を記述して比較できなくては、そもそもその比較は意味を成さない。これを「二状態要件」と呼ぼう。

（むろん、比較をするときに、まず本人が何かをしなければどちらの状態にもならないだろうことも、往々にしてある。だが、そうした場合でさえ、第一の選択をしたとしたら置かれるだろう状態を、第二の選択をしたとしたら置かれるだろう状態と、比較できて当然のように思える。つまり、ここでも、「二状態要件」が重要になる。）

いずれにしても通常は、何かをしたほうが良くなるのか悪くなるのかの判断をするときには、二

状態要件を満たすことになる。たとえば、減量をするかしないかを決めようとしているとしよう。みなさんは、

「さあ、今、体重オーバーでこういう健康状態だ。そして、体重を減らしたとしたら、こうした健康状態になるだろう」

と考える。二つの状態を比較すると、二番目が一番目よりも良いことがわかる。それによって、体重を減らすほうが良いだろうということが真実になる。

そして、恋人と結婚しようか、仕事を辞めようか、離婚をしようか、田舎に引っ越そうかといった他の決定を下そうとするときにも同様のことが起こる。生じるだろう二つの状態を比較して、どちらがより良いかを考える。そうすることによって、

「そのほうが、より良くなるだろう」

あるいは

「いや、より悪くなるだろう」

と言えるのだ。じつのところ、より良くなるだろう、あるいはより悪くなるだろうというのが真実となるのは、生じうる状態が二つあって比較できるからこそのように見える。

だが、私が自殺を考えていて、死んだほうが良いかどうかについて話し始めるとしたら、二状態要件は満たされない――比較できる状況がないように思える。

それは、状態や状況は存在を前提とするからだ。だから、私たちは以下のように問うことができる。みなさんは幸せですか？　悲しいですか？　退屈していますか？　わくわくしていますか？　こうしたことはすべて、みなさんの存在を前提とする。眠っていることさえ、みなさんが経験しう

る状態や状況だ。なぜなら眠っている間もみなさんは存在しているのだから。

一方、死が本当に終わりならば、すなわち死んだ後に私は本当に存在しないのならば、私が死んだ後に置かれるような状態や状況はないので、記述のしようがないのだ。だからシェリー・ケーガンの第一の状態や状況と比較するべき第二の状態や状況など何もないように思える。すると当然、比較をするための二状態要件は満たされないことになる。それならば、「私は死んだほうが良いだろう」という判断がどうして理にかなうなどということがありうるだろうか？

この論法に魅了される哲学者は多い。だが私は、その論法は間違っているに違いないという考えだ。剥奪説について考察しているときにどんなことを言いたかったかを考えてほしい。それは、死がたいていの人にとって悪いものになるのは、そのときに死にさえしなければ享受できるだろう人生における良いことを、死が奪うからということだった。この主張はたしかに、自然のように思えた。

だが、二状態要件を信じるのなら、異議を唱えなければならない。なにしろ、

「たった今死ぬのは私にとって悪いことだ」

と言うのは、

「私は生き続けているほうが良い」

と言うのと、同じことになるように思えるからだ。

そして、二状態要件を信じるのなら、こういった判断（私は生き続けているほうが良い）が理にかなっているのは、仮に私が死んだとしたら、死ななかったとしたら置かれるだろう状態と比較できる状態があるときだけということになる。だがもちろん、存在しないことは状態ではないので、

二状態要件は満たされない。だから、私は生き続けているほうが良いと言うことはできない。死は私にとって悪いものだと言うことはできない。

なぜ哲学は、「死なないほうが良い」ことを論証できないのか

これには誰もが考えさせられることだろう。二状態要件を受け容れたら、ある人が死んだほうが良いと絶対に言えないということになるだけなら、話は別だ。それなら受け容れられるかもしれない。だが、二状態要件によると、みなさんは生き続けているほうが良いとさえ言えないことにもなるのだ！　そして、それはなんとも信じ難いことだ。

愛、業績、知識など、人生で手に入れる価値があると思うものを何でも持ち合わせた素晴らしい人生を歩んでいる、信じられないほど幸せな女性を想像してほしい。彼女が通りを渡っていると、トラックが突っ込んでくる。みなさんは自分の危険も顧みず、道に飛び出して彼女を押しのけ、命を救う。幸いみなさんも無事だった。彼女は顔を上げ、あやうく死ぬところだったとわかると、

「ありがとうございました。命を救ってくれて、ありがとうございました」

と言う。

すると、みなさんはこう言わなければならなくなる。

「いや、あなたはかなり頭が混乱しているんですよ。なぜなら、あなたの人生を救ったからと私に感謝するのは、私が何かしらあなたの役に立ったことを前提とするからです。私があなたのためになったことを前提とするのは、あなたの人生が途切れなかったのが良いことだ、あなたが生き続け

ているほうが良いのだと、仮定することです！　けれど、あいにく二状態要件を考えると、あなたの人生が続いたのが良いことだとは言えません。なぜなら二状態要件によると、そうしたことを言えるのは、私があなたを死なせたとしたらあなたが置かれただろう状態があるときだけだからです。でも、もしあなたが死んでいたら、あなたはまったく存在しないことになったでしょうし、存在しないことは、あなたが置かれただろう状態ではありません。ですから、私があなたの命を救い、それによって何かしらためになることをあなたにしたのだと考えるのは、じつは哲学的に頭がかなり混乱しているからなんです」

そんな言いぐさを私は真面目に受け取ることはできないし、みなさんもそうであってほしい。ある人の人生がこれまで素晴らしいものであり、今後もそうあり続けるだろうと仮定したら、もしみなさんがその人の命を救えば、もちろんその人に恩恵を施していることになる。

それでは、ここから何がわかるだろう？

存在しないというのは、実際には幽霊のように恐ろしい稀薄な存在状態や状況なのだということではは絶対にない。そうではなく、存在しないというのは、文字どおり存在しないことだ。それは、私が身を置けるような状況や状態ではまったくない。

むしろ、二状態要件など、そうした評価にとっては本物の要件ではないということがわかる。みなさんが命を救った人を指差して、みなさんは彼女のためになることをした、彼女は生きているほうが良い、と言うときには、彼女はもし死んだとしたら何か劣った状態に陥っていただろうと主張する必要はない。主張しなければならないのは、（みなさんが彼女を助けたおかげで）彼女が送るだろう人生は素晴らしい人生だということだけだ。彼女の人生は良いものだから（そしてそうあり続けるだろうから）、それを失ったとしたら悪いことだっただろう。だから、彼女の命を救うことは彼女のためになっている。彼女に良いことをしている。

二状態要件によると彼女のためにならないというのなら、切り捨てなければならないのは、二状態要件のほうだ。

「生きてて良かった」がある以上、「死んだほうが良かった」は否定できない

だが、その条件を取り除くと、原理上は反対のケースでも同様のことが言える。痛みと苦しみと惨めさに満ちた、ぞっとするような人生を送っている人のことを想像してほしい。そういう人が本当に存在しうるかどうかは、後ほど取り上げるつもりだ。

だが、もしいるとしたら、そんな人生が続くのはその人にとって良くない、本人にとって悪いのだ、と言うことができる。その人の人生は惨めさと苦しみと挫折と失望に満ちている。そして、人生がそうした状態で長く続けば続くほど、それだけその人生は悪いものになる。どの瞬間も拷問と苦痛でしかない一〇〇年の人生を生きるのは、どの瞬間も拷問と苦痛でしかない三〇年の人生を生きるよりも悪い。だから、そういう人がいたとしたら、その人生が長く続くことは本人にとって悪いだろう。そうしたケースでは、むろん、短い人生のほうが本人にとってましだ。

そしてそれこそが、その人は死んだほうがましだと言うときの真意だ。その人が死んだら陥るだろう、幽霊のように恐ろしい稀薄な言い表し難い存在状態があると言っているのではない。その人が送りうる二つの異なる人生を比べているだけだ。

みなさんが救う、素晴らしい人生を送っている人のことをもう一度考えてほしい。九〇年の素晴らしい人生と、死んでいたらたった三〇年で終わってしまうことになる人生とを比べれば、九〇年の人生のほうが良いことは一目瞭然だ。

だから、命を救ってあげれば、それは彼女にとって良いことだ。同じように、悲惨な人生を送っている人について考えると、長い惨めな人生とそれより短い惨めな人生とを比べたら、長いほうが悪い人生なのがわかる。

だから、その人は死んだほうがましだと私たちはあっさり言う。彼は、仮に死んだとしたら、良い状態、つまり生きているよりも良い状態に身を置くだろうということではない。仮に死んだとしたら、明らかに悪いものである、この惨めな状態を免れるだろうということにすぎない。死んだほうがましだというのが真実であるために必要なのはそれだけだ。二状態要件によるとそうならないのなら、二状態要件はそれだけ分が悪くなる。

だからといって、もちろん、誰かの人生があまりに悪いので死んだほうがましなどということが本当にありうるかどうか、まったく存在しないよりも本当に悪い人生がありうるかどうかはまだわからない。これまでのところ、それを首尾一貫した形で言う可能性の扉を開いただけにすぎない。だが、可能性が開けたからといって、それが真実だというわけではない。そんな人生がありうるかどうかは、境遇の良し悪しをどう捉えるのが正しいか、何が人生を価値あるものにするかについての見方次第だ。

そして、すでに見たように、これは議論の余地のあるテーマだ。

「絶対的に悪い死」よりもさらに悪い生とは?

どのような人生が最良かについては意見が分かれる。そのような違いがあることを前提とし、終わらせたほうが良いと言えるほど悪い人生がありうるかどうかを巡る意見の違いを哲学的な観点に立って、これから見ていくことにする。

たとえば、快楽主義を受け容れるとしよう。快楽主義では、人生の質は快感をすべて足し合わせ、そこから痛みをすべて差し引いて判断する。ここで問うているのは、今、人生を終わらせるほうが良いかどうかなので、知りたいのは今後（つまり、今死ななければ）送ることになる人生は全体として良いか悪いかだ。そこで、得るだろう快感を合計し、被るだろう痛みを合計して（どちらの計算でも、快感あるいは痛みの強さと持続時間を考慮に入れる）、快感から痛みを引き、総計がどうなるかに注目する。それがプラスなら、人生は続ける価値がある。そして、プラスの値が大きいほど、人生を続ける価値が高まる。

とはいえ、総計がマイナスならば、つまり今後送る人生に、自分が得るどんな快感も凌ぐほど多くの痛みや苦しみがあふれているのならば、人生は続ける価値がない。もし差し引きがマイナスならば、その人生は悪いものなので、ないほうが良い。死んだほうがましなのだ。いずれにしてもそれが快楽主義の判断だ。

もちろん、私たちが快楽主義者でなければ、境遇の良し悪しについてのもっと複雑な説を受け容れるだろう。だから、計算をする際に、快感や痛み以外のことも考慮する必要が出てくる。今後の人生がどうなるかを評価するにあたって、心の状態がどうなるかを考えるだけでなく、良いことも悪いこともこれからあれこれ起こるだろうから、そうした外面的な事柄の点からも人生を考えなければならないだろう。

たとえば、みなさんは人生で物事を達成し続けるだろうか？　それとも、挫折して打ちひしがれ、有意義な目標を達成できないだろうか？

友情や情愛に満ちた関係を保てるだろうか？　それとも、誰かに軽んじられたり、侮辱されたり、見捨てられたりするだろうか？

この世における自分の居場所について学び、それを理解し続けるだろうか？　それとも、将来の人生は無知で幻想だらけのものになるのだろうか？

ここで外面的な良いことと悪いことの厳密なリストを作ろうとする気はない。そのリストがどうであれ、私たちはなんとかしてさまざまな良いことと悪いこと（内面的なものと外面的なものの両方）のプラスとマイナスをすべて合計して、結果がどうなるかを知りたい。もし差し引きがプラスなら、つまり今後良いことが悪いことよりも多ければ、人生は続ける価値がある。生きているほうが良い。だが、差し引きがマイナスなら、つまり悪いことが良いことよりも多ければ、人生は続ける価値がない。死んだほうがましなのだ。

とはいえ、これまでの計算はもっぱら、（今後の）人生の中身の価値判断に目を向けていた点に気づくことが肝心だ。もちろん、考え方次第ではそれで十分だ。人生自体には価値がなく、唯一重要なのは人生の中身であるというニュートラルな器説を受け容れるなら、人生には悪いことよりも良いことのほうが多いかどうかを判断すれば計算は完了する。

だが、生きているという事実そのものが良いことだとする価値ある器説を受け容れるなら、必要な計算はもっと複雑になる。この種の見方に従えば、これから送る未来の人生の中身の価値を計算した上でさらに、適切な（プラスの）量も加えなくてはならない。今後も生きるというまさにその事実から生じる付加価値を反映させるためだ。

「生きている、ただそれだけで素晴らしい」となると、評価は変わる

では、どれだけ加える必要があるだろう？　それは価値ある器説のどのバージョンを選ぶかで決まる。だが、大事なのは当然ながら、たとえ今後の人生の中身が全体としてマイナスであっても、生きているほうが良いことが依然としてありうる点だ。なぜなら、全体の差し引き（人生そのものの付加価値を加えた後）は相変わらずプラスかもしれないからだ。全体の差し引き（中身の価値と人生自体の価値の合計）がマイナスになったときに初めて、死んだほうがましだと間違いなく言える。

そんなことが起こりうるだろうか？　誰かの人生全体の差し引きがマイナスになることなど、ありうるだろうか？　控えめな器説を受け容れている人にとっては、ありうるかもしれない。中身がある程度悪ければ、そのマイナスの価値が、生きていることのプラスの価値を、少なくとも原理上は凌ぎうる。

だが、夢のような器説を受け容れている人にとっては、それはありえない。この種の見方に沿えば、生きていることの価値はとてつもなく大きいので、中身が（今後）どれだけ悪くなろうと関係ない。総計は常にプラスになる。したがって、誰かが死んだほうがましということはけっして真実になりえない。だとすれば、夢のような器説の観点からは、自殺は断じて合理的でないのは明らか

だ。長い人生よりも短い人生を送るほうが良いなどということはけっしてありえないからだ。

たいていの人にとって、夢のような器説は信じ難いだろう。私たちはニュートラルな器説か控えめな器説を信じている。そして、どちらの場合も、人生の中身がある程度まで悪くなれば、人生は全体としてマイナスの価値を持ちうる。そして、今後送る人生の中身がある程度マイナス側に傾けば、死んだほうがましと言えるだろう。

もちろん、この時点で楽観主義者は、実際、どんな人の人生も死んだほうがましなほど悪くなることなどないと主張し、悲観主義者は、どんな人の人生も死んだほうがましなほど悪いと主張するだろう。だが、このような極端な考えのどちらも正しくないというのが常識的な見方だと思う。苦しみ、無力さ、悲惨さ、失敗だらけの（あるいは、少なくとも今後そうなる）人生もあるので、そのような人生を送る人は現に、死んだほうがましだろう。だが、すべての人生がそうだというわけではない。各人の境遇によりけりだ。

人生の価値に対するシェリー先生の考え

私もこの中庸の見方をとる。すべての人の人生はないほうがましで、そうであり続けるというのは、私の見る限りけっして真実ではない。だが、すべての人の人生はないよりはあったほうが良く、そうであり続けるというのも真実でない。

ぞっとする話だが、今後、生きていること自体がどれほどの価値を持っているにしても、それでも埋め合わせられないほど状況が悪くなる場合がある。

たとえば、（最終的に死に至る）消耗性疾患の末期の人を想像すると良い。その人は癌のためにひどい痛みを感じている。実際、痛みがひどくて、苦しむこと以外ほとんど何もできないかもしれない。小説を書いたり、庭の手入れをしたり、詩を楽しんだりできないし、さらには家族といっしょに過ごすのを楽しむことさえできない。ただ痛みのために取り乱し、痛みに参ってしまい、痛みがやむことを願うばかりだ。

あるいは、その人は変性疾患にかかっているかもしれない。そのために人生に価値を持たせるようなことが徐々にできなくなり、自分の身の周りの最低限のことさえままならなくなる（実際、そのような状況にあって、もうほとんど何もできないと認識すること自体が重大な苦痛と惨めさと落胆の原因かもしれない）。

言うまでもなく、このような人生は発病後すぐに、あるいは、病気によって何らかの支障が出始めた途端に価値がなくなると主張したいのではない。そしてさらに言えば、最終的に死に至るすべての病気で、死んだほうがましになる時が来るはずだと主張したいのでもない。だが、少なくともそのようなケースの一部で、実際に患者はそういう時点に至るように思える。なんとも恐ろしいことに、痛みや苦しみ、無力さ、惨めさの合計が将来増す一方になる場合もある。したがって、状態が悪くなるにつれて、死んだほうがましというのが本当に当てはまる時点に到達するだろう。

「死んだほうがまし」になるのはいつのこと？

ここで、少なくとも一部のケースでは、ある時点で人は死んだほうがましだと仮定して、いつ自殺が理にかなうかについて、もう少し厳密なことを言わせてほしい。

ここでも、主な考えを説明するのに、境遇の良さが時間とともにどのように変化するかを示すグラフを使うとわかりやすいだろう。図9・1では、本講の他のグラフと同じように、X軸は時間を表し、右へ行くほど時間がたつことになる。Y軸はある時点で生きていることがどれほど良いか悪いかを示している(Y軸の上に行くほど良い人生で、下に行くほど悪い人生だ)。X軸より下の点は(その状態が続けば)死んだほうがましなほど悪い状態であることを示す。

ところで、Y座標は人生の全体的な価値を示すことに注意してほしい。人生の中身の価値だけでなく、もし、生きていること自体から得られる付加価値があれば、それを中身の価値に加えたものを示している。したがって、ニュートラルな器説と価値ある器説のどちらを受け容れるにせよ、Y座標は、その時点で生きていることがどれだけ良い(あるいは悪い)のかという差し引きを示している(注1)。

図9・1は人生がどう見えるかの一例だ。かなり順調な人生だが、A点から状況が悪くなる(A点で病気になるかもしれないし、病気の症状が出てくるかもしれない)。人生の質が低下し始めるのだ。図の線の右端にあるD点は、自然死する時点を表す。このように、グラフの線は人生がどうなるかを示している。いや、もう少し正確に言うと、途中で自殺しなければ人生がどうなるかを示している。

もちろん、肝心なのは、自殺するのが合理的かどうか、自殺はこのようなケースでは理にかなっているかどうか、だ。そして、答えがノーであることははっきりしている。

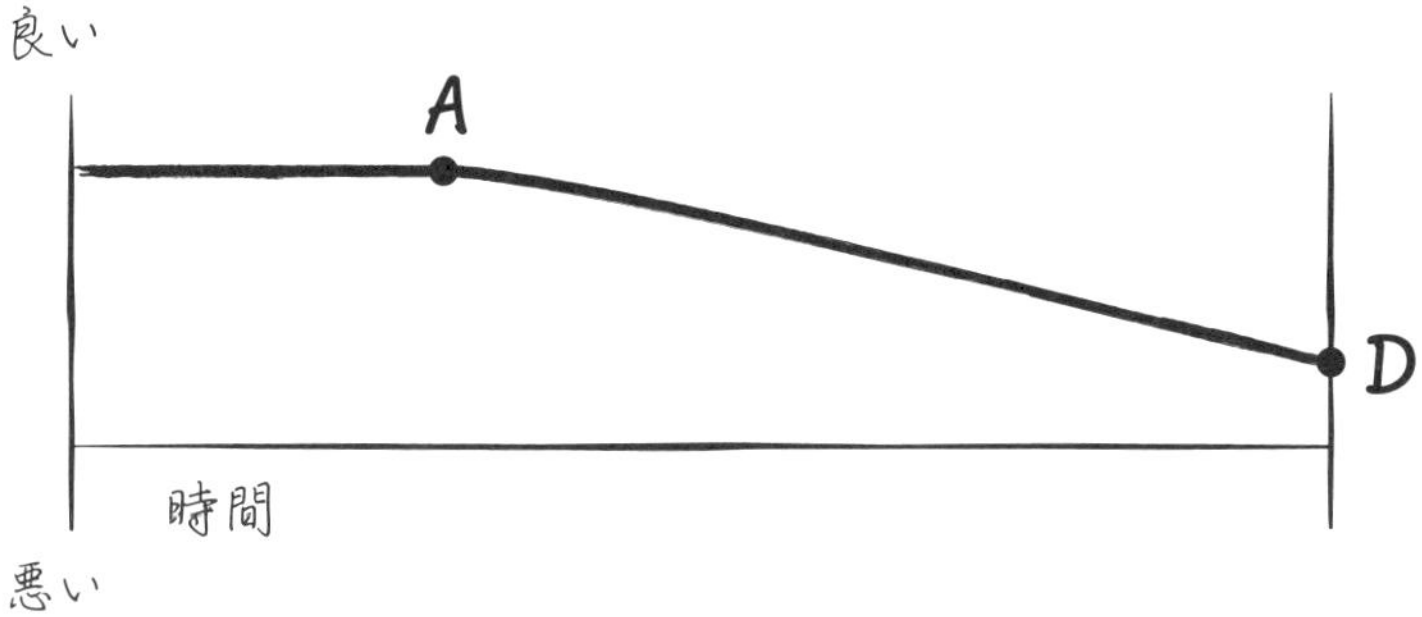

図9・1

たしかに、人生の終わりにかけては、若くて健康で活力があり、あらゆる機会に恵まれ、さまざまな実績をあげていたときほど状況は良くない。それでも、最後の最後まで人生の価値はプラスのままだ(常にX軸より上にある)。死んだほうがましなほど状況は悪くはならない。だから、自殺はまったく理にかなわない。

それならば、とくにA点を指して、状況が悪くなり始めるのはここだから、それこそ自殺が初めて妥当になる時点だと言うのは間違いだろう。たしかにA点の後には人生の価値は低下し、最終的にはかなり小さくなるが、死んだほうがましなほど悪くはない。このような人生については、長いほど良いというのが常に真実のままであり、だから自殺はまったく筋が通らない。

自殺が理にかなうためには、人生がひどく劇的に悪いほうへ向かい、人生のある期間、線がX軸の下に来るようでなくてはならない。こんな人生なら自分が存在しないよりも悪いと本当に言える期間がなくてはならないのだ。ようするに、自殺が理にかなうためには、死んだほうがましな時期が来る必要がある! それなのに、図9・1にはその時期がまったくない。

ところが、図9・2にはそれがある。図9・2でも、人生は健康的で活力に満ちた形で、順調に始まる。だが仮に、みなさんはある変性疾患にかかっていて、状況がどんどん悪化していくとしよう。ここでも、A点は人生全体の価値が低下し始める時点を示している。ただし今回は、状況はかなり悪化し、C点からは、存在しているほうが存在していないよりも悪くなる。D点はこの場合も、それより前に自殺しない限り、自然な原因(病気)で死ぬ時点を示す。

私たちは図9・2を見ると、死んだほうがましと言える期間があるとわかり、衝撃を受ける。C点からD点までは、生き続けたほうが良くはない。むしろ、後で死ぬより早く死んだほうがましなのだ。

だからこのケースでは、無理なく自殺の問題を持ち出すことができるようだ。ここで、自分の人生を終わらせることについて考えるのは合理的に思える。

ただし重大な条件が一つあって、それを明確にしておかなければならない。その疾患には治療法があるとしよう。あるいは、少なくとも生活の質を著しく改善する処置があるとしよう。進んで治療を受けようとさえすれば、グラフの線はけっしてX軸の下まで落ち込まないと考えてほしい!それなのに、みなさんは愚かにも、ろくな理由もなしにその治療を完全に拒む。そんなケースでは、明らかに、自殺は理にかなった行動ではない。C点を過ぎるとたしかに死んだほうがましになるとしても、このようなケースでするべきなのは、人生の質を高めることであって、人生を終わらせることではない!

というわけで、このケースを(そして、さらに言うと、他のケースも)検討するときには、受けることのできる適切な治療法がもうないと仮定する必要がある。人生の質を高める適切な方法があれば、実際進んでそれを受けるだろうと仮定する必要がある。

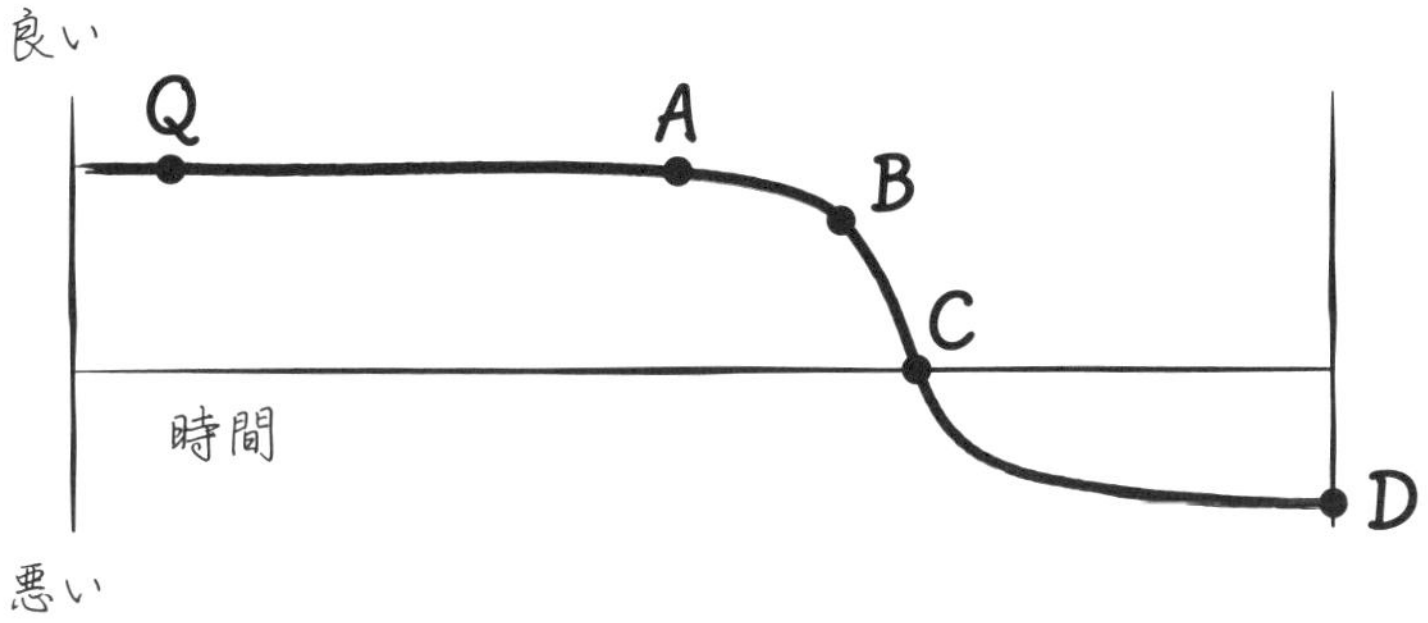

図9・2

したがって、グラフに示されている線にはもう改善の余地がない。線が下降していったら、状況を改善するためにとることのできる、理にかなった行動はないのだ。存在しないよりも悪い人生を避けるための唯一の方法は、それを終わらせることだ。

図9・2で示されている例をこのように理解するならば、自殺は合理的な選択であるように思われる。C点を過ぎたら死んだほうがましだろう。自殺によってその状況を避けられるから。

自殺が合理的になるタイミングを見極める——安楽死と自殺の問題

だが、どの時点で自殺は合理的な選択肢になるのか？　A点ではない。たしかに、A点から線は下降し、状況は悪くなり始める。とはいえ、人生が非存在よりも悪くなるのは、C点から先だ。そしてもちろん、それは以下のことを意味する。すなわち、半年だろうが、一年だろうが、五年だろうが、A点とC点の間には、人生がそれより前（A点より前）ほど良くないのは確かだが存在しないよりも良い状態が続く期間があるのだ。だから、A点で自殺するのは時期尚早だろう（それより早い時点は言うまでもない）。まだ送る価値のある人生の一時期を捨てることになるからだ。

それよりも、人生を終わらせるのに適切な時はC点のようだ。まさにその時点で、人生は、存在しないよりも悪くなる。何と言っても、やはりその時点までは、人生は送る価値があったのだ。

ところが、その後はもうそうではない。たしかに、C点を過ぎてからしばらくは、人生は、存在しないことと比べてそれほど悪くないだろう。それにもかかわらず、C点以降は、人生の全体的な価値はマイナスになり、その状態が続くので、死んだほうがましだ。だから、自殺する時期を完全にコントロールできるなら、自殺するべき時点は明らかにC点だろう。

だが、完全にはコントロールできないとしよう。変性疾患は、体をコントロールする能力を徐々に奪っていくが、頭はそれよりもずっと長い期間、何の問題もなく働き続けると想像してほしい。だから、あなたは病院のベッドに寝たきりになって、身の周りのことができなくなり、自分で食べることさえできない時が来るかもしれない。だが、腕を使えないとしても、家族がニュースを語ってくれれば、依然としてそれに耳を傾けることができる。本を読んだり、音楽を聴いたり、友人と会話したりするのを楽しむことができる。この期間、人生はたしかにまだ生きる価値があるかもしれない——だが、最終的に、その人生を送る価値がなくなる時が来るのは想像できる。ところが、そのようなもっと後の時点では、もう自殺する能力がなくなるとしよう。体をコントロールするのに必要な能力がもうないからだ。

きっとわかってもらえると思うが、ここで自殺の問題は安楽死の問題に変わる。

私たちは次のような疑問を抱くかもしれない。誰かに殺してくれるよう頼むのが合理的なのはどんな状況なのだろうか？　他人を殺すことが道徳的に合法な状況があるとしたら、それはどんな状況だろうか？

だが引き続き、自殺そのもののケースに焦点を当てよう。安楽死が禁止されているような、啓発されていない社会で暮らしているとしよう。つまり、私たちの社会で暮らしているわけだ。だから、しかるべき時が来ても、誰かに人生に終止符を打ってもらう計画は立てられない。ようするに以下のような状況にある。将来のある時点（C点）で死んだほうがましになるというのが事実だとわかっている。だが、その時点では悲しいことに手遅れだ。もう自殺する能力が残っていないし、誰か他の人に殺してもらうこともできないからだ。このようなケースでは、C点より早い時点で自殺するのは理にかなっていると思う。

B点を考えてみよう。B点は自殺できる最後の時点だとしよう。ではそこで自殺するべきだろうか？　もしそうしたら、たしかにまだ生きる価値のある人生（B点とC点の間の期間）を捨て去ることになる。

だが、今仮定しているように、もしB点より後には自殺できなくなるとしたら、B点で自殺するのはやはり理にかなっているのかもしれない。けっきょく、C点で人生を終わらせる選択肢は実際にはないのだ。だから選択肢は次のようになる。B点で人生を終わらせ、最後の部分（B点からD点までの期間）をそっくり捨て去るか、あるいはB点で終わらせられずに、D点で病死するまで人生を続けるか、だ。

そこで、その最後の部分（B点からD点まで）が持つ全体的な価値はどれぐらいかと自問しなければならない。そこには、良い部分（B点からC点まで）と悪い部分（C点からD点まで）があるのは明らかだ。良い期間と悪い期間の両方を生きるほうが良いのか、どちらも生きないほうが良いのか？

答えは、おおざっぱに言うと、悪い部分がかなり長く続き、そしてかなり悪いものならば、両方生きるよりどちらも生きないほうが良い、となる。悪いことのほうが良いことよりも多いからだ。

じつは、私が図9・2で描いたケースはこれに該当する。だから少なくともこのケースでは、合理的な行動は、人生最後の生きる価値のない長い部分を生きるように自らを運命づけるのではなく、B点のような時点で、まだ自分でできるうちに人生を終わらせる決断を下すことだろう。

だが、自殺できる最後の時点がB点よりずっと前だとしたらどうだろう？　実際、それがA点よりはるかに前で、Q点にまでさかのぼるとしたら？　理由が何であれ、Q点まで戻れば自殺する術があるけれど、その後はなくなるとしよう。それでも自殺はやはり理にかなっているだろうか？Q点から後のとても長い時間にわたって、人生には計り知れないほどの価値があることに注目してほしい。

もちろん、これまたわかっているように、この人生には最後に悪い期間（C点からD点まで）もある。そのためここでも二つの選択肢に直面する。良い部分と悪い部分の両方を生きるか、どちらも生きないか、だ。だが今回は良い部分のほうが悪い部分よりはるかに長い。だから、Q点で自殺しない限り、悪い最後を含めて私が示した未来全体を生きることを自らに運命づける羽目になるとしても、それでもやはりQ点で自殺するのはまったく理にかなわない。

たった数パーセントだとしても「回復する可能性」にかけるべきか

これとはかなり違った展開も考えられる。想像してほしい。人生がとても順調だったのに、ある

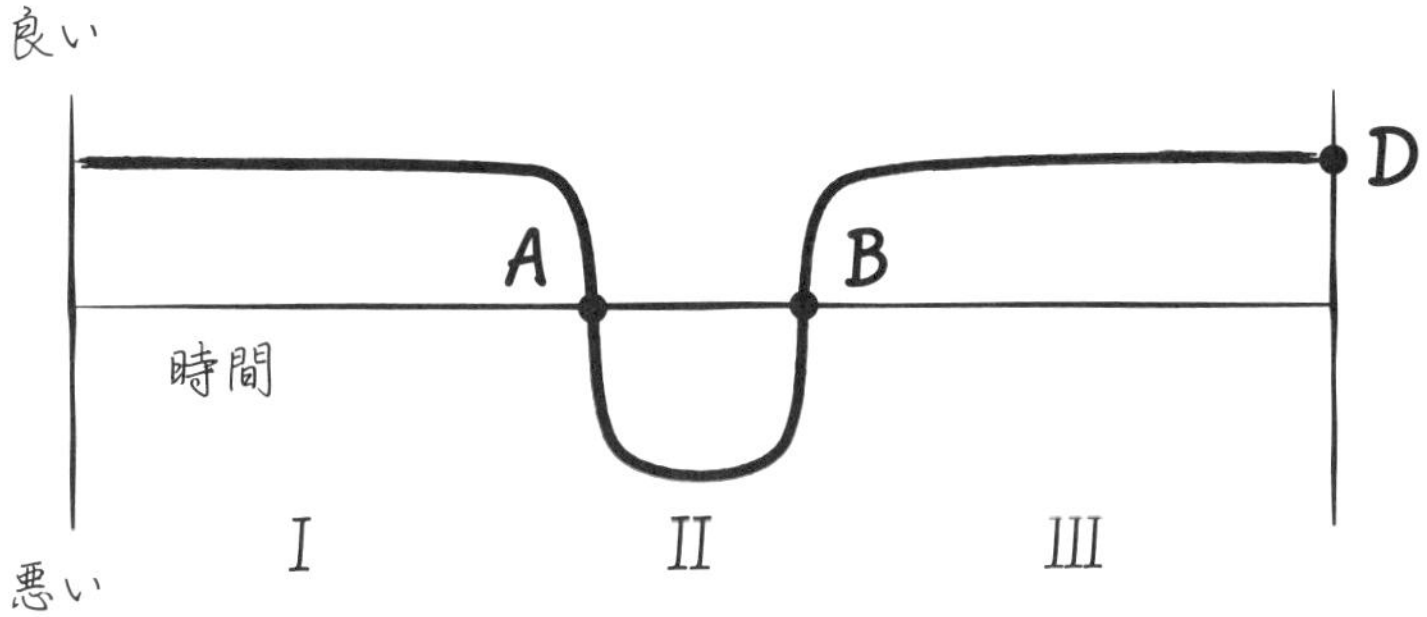

図9・3

とき突然極端に悪いほうへと向かい始める。ところがけっきょくは上向いてくる。果たしてこの場合、自殺するのは理にかなっているだろうか？

図9・3では、人生はしばらくの間、存在していないよりも悪くなるが、みなさんは回復する。自殺しない限り、送る価値のある人生へと戻れるのだ。それどころか、人生の後半は生きる価値がたっぷりある。

それならばここでは重大な点に気づく必要がある。たとえ人生にはしばらくの間、存在しないよりも悪くなることがあったとしても、それだけでは自殺が理にかなうことにはならない点だ。たとえば、A点で本当に自殺してしまったら、X軸の下側の短い期間（A点からB点まで）を避けることになるけれど、そうすれば存在しないよりも良い人生に戻る長い後半生(B点からD点まで)を捨て去ることにもなるからだ。自殺が理にかなっているかどうかを判断するときには、この点を考慮しなければならない。

この人生には三段階あるいは三幕がありうると考えてみよう。第I幕（A点まで）の人生は明らかに生きる価値があり、第II幕（A点からB点まで）は存在しないよりも悪く、第III幕（B点からD点まで）は再び生きる価値を取り戻す。

理想としては、第Ⅱ幕を生き抜くことなしに、第Ⅰ幕と第Ⅲ幕を生きたい。だがもちろんこの選択肢はない。第Ⅰ幕とともに第Ⅲ幕と第Ⅱ幕の両方を生きるか、両方なしにして第Ⅰ幕だけにするか、だ。第Ⅲ幕のプラスの値がグラフに描かれているほど大きいとしたら、第Ⅲ幕を生きるために、マイナスの第Ⅱ幕を耐え抜くのは理にかなっている。だから、人生がしばらくの間、存在しないよりも悪くなるとしても、自殺するのは合理的な判断にはならないだろう。

ちょっと回復したけどまだ悪い——その人生の価値は？

ただしこの主張は、第Ⅲ幕のプラスの値が十分大きく（十分に高いレベルで十分に長く続く）、第Ⅱ幕のマイナスの値を凌ぐという事実に基づいている点に注意してほしい。これは図9・3には当てはまるが、そうはならないケースを示すグラフもたやすく想像できる。

図9・4では、第Ⅱ幕（この間の人生は生きる価値がない）から回復でき、第Ⅲ幕（この間の人生は再び生きる価値を持つ）へと進めるとはいえ、第Ⅲ幕のプラスの値は第Ⅱ幕のマイナスの値を凌ぐほど大きくはない。実際に回復はするのだが、その期間はあまりにも短く、価値のレベルも低過ぎて、第Ⅱ幕の悪さを凌ぐことはない。したがって、A点で自殺しようと思っているなら、それは理にかなった判断だろう。

もちろんここでも、自殺するのが合理的かどうかは、いつ自殺を実行できるかにかかっている。A点で自殺するのは合理的だろう。第Ⅱ幕を完全に避けられることを考慮するならば。だがもしC点での自殺を考えているのなら話はまったく異なる。

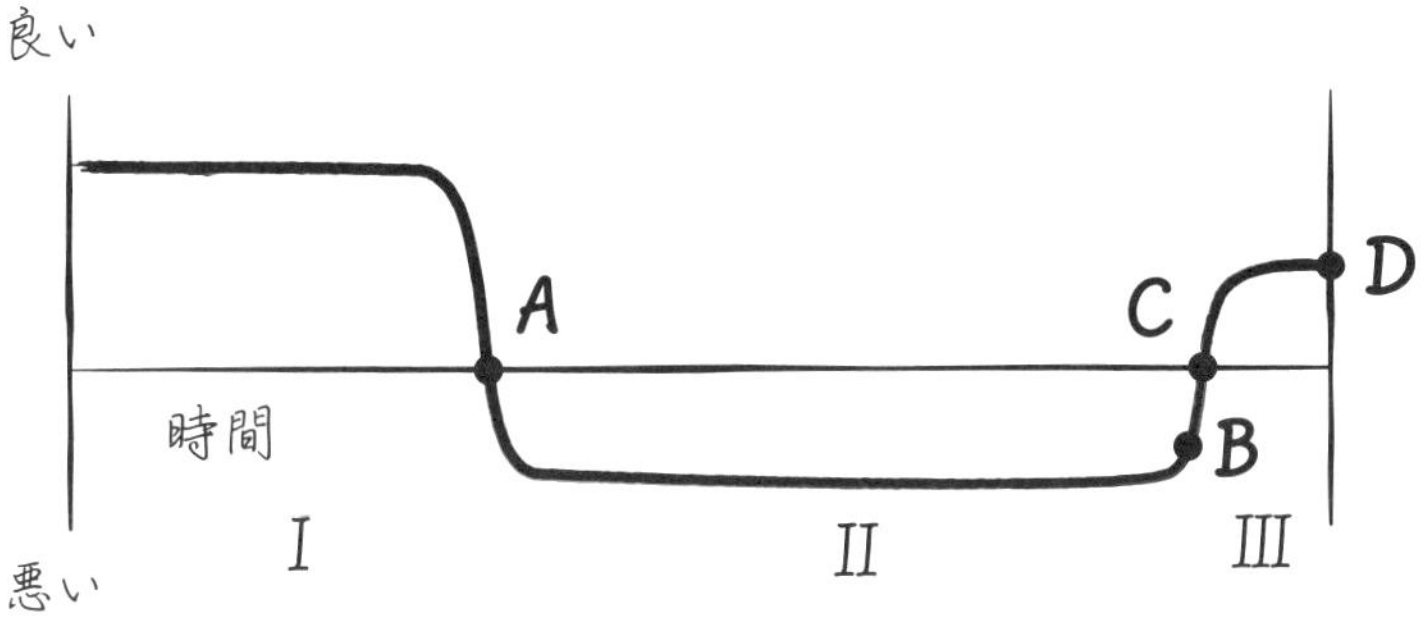

図9・4

見てのとおり、C点では第Ⅱ幕を生き抜いた事実はもう過去のことだ。それに関してできることは何もない。たしかに第Ⅱ幕は人生で最悪の期間ではあった。だが今はそれも終わったことだ。問題は、第Ⅱ幕を避けるべきか、ではない。それにはもう遅過ぎる。ここで自問しているのは、第Ⅲ幕をどうするべきか、だ。

ところが、第Ⅲ幕は生きる価値があるので、捨て去るのは筋が通らない。だから、C点で自殺するのは合理的ではない。たとえ、それより早いA点で自殺するのは合理的だっただろうとしても。

さらにややこしいのだが、A点の後（第Ⅱ幕の最中）でさえ、第Ⅱ幕の残りが第Ⅲ幕の良さを凌ぐほど悪いとしたら、自殺は十分合理的だろう。とはいえ、たとえばB点のような第Ⅱ幕の後のほうで自殺するのは、もう合理的とは言えない。第Ⅱ幕の残りが、第Ⅲ幕を凌ぐほど大きくはないからだ。

事故に遭って体の大部分にひどいやけどを負った人を考えてほしい。彼は、神経と皮膚が再生する間、身動きができず、激しい痛みに苛《さいな》まれながら、とても長い間治療を受けなければならない。そういう人は、やがて回復し、生きる価値のある人生を取り戻せると信じていてもおかしくはない。

とはいうものの、彼は治療中に、その最後の段階にたどり着くためには、生きる価値がないほどひどい期間を生き抜かなくてはならないと信じてもいるかもしれない。しかも、そう信じるのは正しい。だから、死んだほうがましだと言い張ったところで、無理はない。

だが、この患者は体の自由が利かないので自殺できないと想像してほしい。他の人に殺してくれるように頼むが、断られてしまう。そこで、信じられないほどの痛みを伴う治療を何年も受け、ようやく回復して生きる価値のある人生を送ることのできる段階に行き着く。そして、ついに痛みから解放される。

この人は人生が今では再び生きる価値を取り戻したことを十分承知しているだろう。そして、人生に生きる価値があるので、自殺する（今は体の自由が利くので可能）のはもう理にかなわない。とはいえ、もっと早く、つまり長い年月にわたって痛みと苦しみに耐えるのを強いられるよりも前に、死んでいたほうが良かったと、それでも彼は主張するかもしれない。しかもそう主張するのももっともだ。もしもっと早く自殺できていたら、そうするのが合理的だっただろう（注2）。

自殺が合理的になる瞬間は、たしかにある！　しかし……

だから、合理的に言って自殺が理にかなうだろうケースがあると思う。

少なくとも、本人が明晰に考えていて、自分の状況を客観的に評価することができ、その結果、生き続けたら送ることになる人生を正しく見積もれることを前提にしている以上、自殺は理にかなっている。

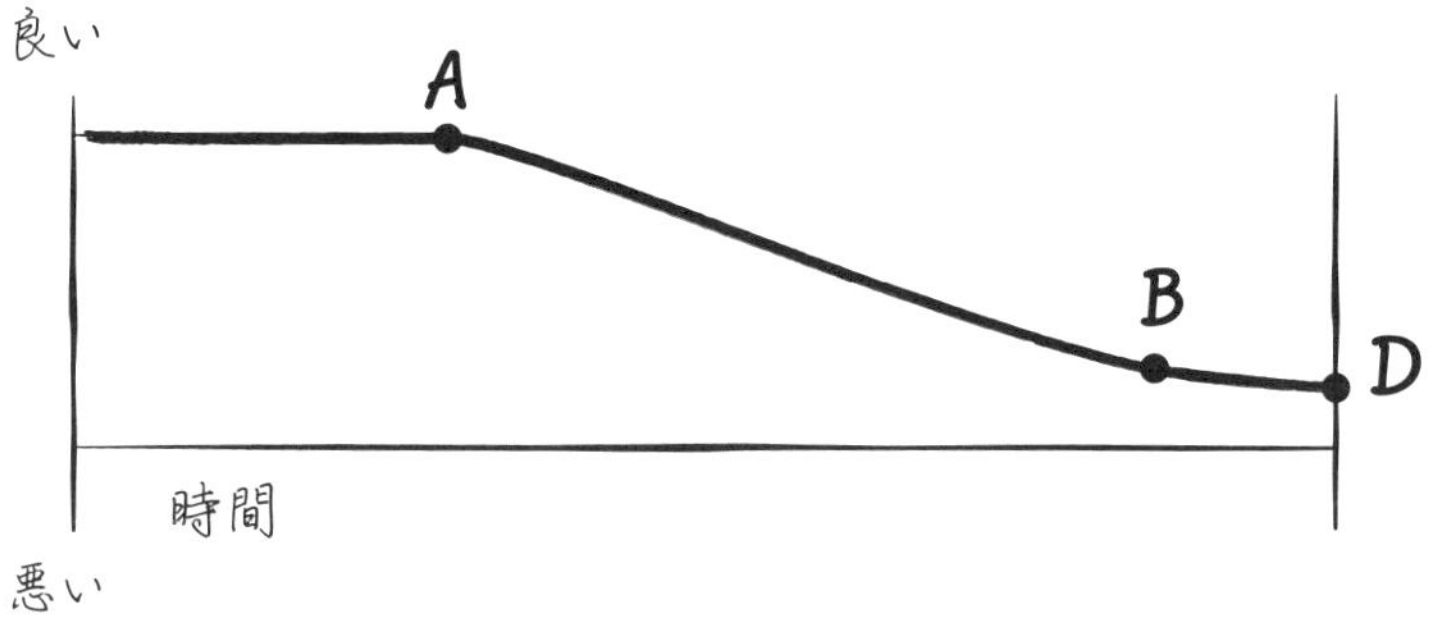

図9・5

とはいえ、先ほど主張した点を強調したい。つまり、合理的な自己利益という観点に立つなら、自殺が理にかなうのは、ある時点で死んだほうが本当にましなほど人生が悪くなるケースだけということだ。というのも現実の自殺の事例は、じつはこの肝心な条件を満たしてはいないことが多いと私は確信しているからだ。

たとえ状況が悪化していても、また実際に状況がけっして改善することがないとしても、やはりそれで自殺するのが合理的になるわけではないことを、忘れてはならない。問題は、境遇が前より悪くなっているかではないし、身を置くことがありえた状況より悪くなっているかでもない。

そうではなく、問題は、死んだほうがましなほど悪い状況になるのか、だ。そして本当のところ、人生の最初のほうの部分がかなり良ければ、状況が悪くなる余地は十分にあるが、それでも存在しないよりは良いレベルで終われる。そうしたケースでは自殺するのはまったく合理的ではない。

たとえば図9・5では、自殺はまったく理にかなわない。たとえA点以後の人生がそれ以前より悪くなるとしても（そしてB点以後の人生がそれ以前よりはるかに悪くなるとしても）、人生の価値を示す線はX軸の下側まで落ち込むことはない。前提に基づけば、この人生にはまだ生きる価値がある。自殺は正当化できない。

この点は見落としがちだ。なにしろ、A点以降は状況がじりじりと悪化していくのだから。人生が悪化する一方であることしか目に入らないときもある。だから思わず「死んだほうがましだ」と考えるのも無理はない。だが、少なくとも図9・5では、それは間違いだ。死んだほうがましではない。

こうして「間違った自殺」は起こりうる

きっと、多くの自殺のケースがこの種の間違いに由来するのだろう。恋人にふられた。仕事を失った。ロースクールに入学できなかった。事故に遭い、残りの人生を車椅子で過ごさなければならない。険悪な離婚を経験した。そこで以前の人生と比べたり、夢見ていた人生と比べたり、周りの人の人生と比べたりし、今の人生は生きる価値がないと思い込む。

だが、事実はそうではないことがよくある。期待していた人生ほど生きる価値がなかったとしても、やはり存在しないよりは良いのだ。

自殺を考えている多くの人にとって、より正確なグラフは図9・6のようになるのではないかと思う。状況は一時的に悪化し、窪みの中央にいるときには、踏みとどまりさえすれば状況がやがて好転することがどうしても見て取れない。このようなケースでは、自殺がおそろしい間違いなのは言うまでもない。

とはいえ、線が実際にX軸の下側まで落ち込み、かなり長い間そこにとどまる(ひょっとすると、

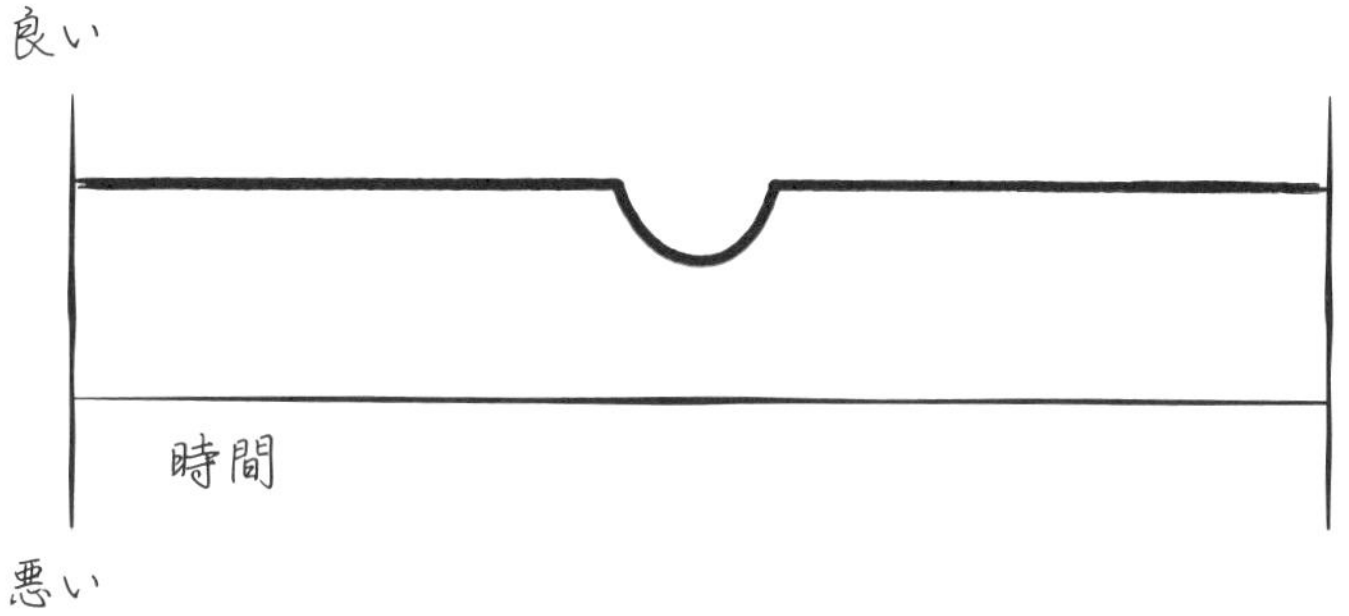

図9・6

最後までそこにとどまる）ので、本当に死んだほうがましというケースもあるように思えてならない。そんなケースが起こってしまったら悲惨だが、現に起こるのだから、もし本人が事実に気づき、自分の人生が確実にそうなるのを知ることができさえすれば、自殺するのは合理的な場合もあると思える。

　自分がこの状況にあると理にかなった形で判断できるかどうかという問題を、私はこれまでわざと避けてきた。自殺はけっして合理的に正当化できないと考える人も、今死んだほうがましだと知りうるなら自殺は理にかなうということには同意してくれるだろうが、実際にはこれを知りえない。未来を見通す水晶玉でも持っていたら、自殺が合理的になるケースもあるだろう。だが、水晶玉などないし、これからも手に入らない。

未来の人生充実度は知りえない

　いろいろな線を引き、このケースやあのケースでは未来がこうなるとしたら自殺は理にかなっていると自信を持って断言するのは、じつのところたやすい。だが実生活では、物事がたしかにこのようになるという保証などない。そこで次に考えなければならない問題は、自分の状況が死んだほうがましなものかどうかを合理的に判断しうるか、そして、その判断に従って行動することが合理的になりうるか、だ。

この問題は二つの段階に分けて考えるとわかりやすいだろう。まず、本人が明晰に物事を考えている場合について考えてみよう。

その後で、思考が混乱している可能性を考慮に入れる。明晰に考えられるならば自殺が合理的に正当化されるようなケースでも、あまりにもストレスが大きければ、明晰に考えられなくなるという心配は妥当だ。

まずは、自分の状況について明晰に考えられるとしよう。

たとえば、痛みを伴うような病気にかかってしまったが、常に痛みに襲われているわけではない。痛みがやむときがあり、その短い間に自分の状況を評価したり、さまざまな事実について考えたりできる。そうした状況で自殺を決意するのは合理的でありうるだろうか？

水晶玉を持っていて、もう絶対に回復しないことを疑いの余地のないまでに知っていたら、自殺するのは合理的だろう。だが、すでに述べたように、水晶玉などありはしない。その事実に照らして、何と言うべきなのか？

自殺するのが合理的であることを否定する人は、絶対に回復しないかどうかは確実にはわからないのだから、自殺はけっして理にかなわないと主張するかもしれない。なにしろ私たちはみな、医学が絶えず進歩していることを知っている。研究者はたびたび飛躍的前進を遂げている。今日治療が不可能に思える病気にも、明日には何かしら治療法が見つかるかもしれない。

あるいは、病気がなぜか奇跡的に治ってしまうこともある。頻繁に起こるわけではないが、ときには起こる。

だが私は、「どんなに小さくても回復のチャンスがあるのなら、自殺はどう見ても理にかなっていない」という立場は間違っているとしか思えない。

もちろん、私たちは水晶玉を持っていないというのは正しいし、だから自殺するかどうか決めるのは、賭けをするのと同じことだ。ギャンブルをしているわけだ。だがこの意味のギャンブルは誰もが四六時中やっている。それどころか、生きている以上、運を天に任せずにはいられない。不確かな状況でも物事を決めなければならないのは、人生の現実の一面で、どうしても避け難いのだ。

それを考えると、回復の小さなチャンスを捨ててしまうのはまったく理にかなわないという立場は、どう決定を下すかを決めるときに私たちが通常利用する原則とは折り合いがつかないようにしか思えない。

決断を下すときの基本原則――自殺以外の事柄について

みなさんが、ひねくれたゲーム番組のようなものに出ているところを想像してほしい。みなさんの前にはドアが二つある。どちらかを選んで入らなければならない。

一番のドアを選ぶと次のようなことがほぼ確実に起こる。みなさんは誘拐され、その後誘拐犯に一週間拷問にかけられ、解放される。今言ったようにほぼ確実にそうなる。その確率は九〇パーセント、九九パーセント、ことによると、九九・九パーセントある。

とはいえ、誘拐されず、拷問もされない可能性もわずかにある。その場合あっという間に南国での素晴らしいバカンスに連れていかれ、そこで夢のような一週間を過ごし、その後無事に家に送り届けられる。正直なところその可能性は恐ろしく低いが、ありえないわけではない。可能性は一〇〇〇分の一、いや、一万分の一、あるいはもっと低いかもしれない。

だから、もし一番のドアを開けて入れば、一週間にわたって拷問される可能性が九九・九パーセントか九九・九九パーセントあり、素晴らしいバカンスを過ごせる可能性は〇・一パーセントか〇・〇一パーセントだ。

それに対して、二番のドアを開けて入れば、次のような展開になることが一〇〇パーセント保証されている。みなさんはたちどころに眠りに落ち、夢を見ずに深く眠ったままの状態でまる一週間過ごしてから目を覚ます。

みなさんはどうするべきだろう？　どっちのドアを選んだら良いのか？　気をつけてほしいのだが、これは、拷問を受けるのかそれとも眠るのかをただ決めれば良いという選択ではない。なぜなら、もし一番のドアを選べば、確実に拷問を受けるとわかっているわけではないからだ。

もし、確実に拷問を受けるか、それとも確実に眠りに落ちるかという選択を突きつけられたとしたら、二番のドアを選んで眠りに落ちるのが合理的な判断だということに、誰もが同意するだろう。夢を見ない眠り自体には価値がないが、その一方でとくにネガティブなところもない。仮に数値をつけるとしたら、さしずめゼロといったところだろう。だが一週間に及ぶ拷問となれば、これは間違いなくとてもネガティブだ。だから、確実な拷問と確実な眠りのどちらかを選ぶとしたら、一週間夢を見ずに眠るほうを選ぶべきだということに誰もが賛成するだろう。確実性を考えれば、合理的な選択は二番のドアのほうだ。

だがもちろん、一番のドアを開けて入れば拷問されるというのは確実ではない。そうなる可能性が限りなく高いというだけだ。そこで、この不確実性に照らすと、合理的な選択は、じつは一番のドアではないかと言う人を想像してみよう。

「大穴を狙え！」

とその人は言い張る。

「たしかに、もし一番のドアを選べば拷問される羽目になる可能性は圧倒的に高い。だが、何と言おうと、素晴らしいバカンスが手に入る可能性はわずかながら残っている！　それに比べてもし二番のドアを選べば、そのチャンスをみすみす逃すことになる。そう考えると、唯一合理的な決断は一番のドアを選ぶことだ。どんなに可能性が低くても、素晴らしいバカンスを手に入れるチャンスをあくまでも求めるべきだ。それ以外に合理的な選択はない」

仮にこのようなことを言う人がいたとしたら、私はその人のことを笑うだろう。なるほど、このケースに少し手を加えれば、合理的な選択の判断は細部に左右されるかもしれない（もし「拷問」が、実際には紙で深く指を切った傷程度の痛みだとしたらどうだろう？　もし素晴らしいバカンスを手に入れられる確率が、実際は一〇〇〇分の一よりいくぶん高いとしたらどうだろう？）。だが私が今説明したケースでは、本物の拷問である可能性が圧倒的に高く、バカンスを勝ち取る可能性は絶望的なほど低い。だから、この場合の選択について、確率を無視して一番のドアを選ぶ必要はない。

この例をこんなふうに説明するのは、みなさんを騙していることになるだろうか？　回復の見込みがとても小さい（そして、回復しなければとてもつらい現実に直面する）場合には、自殺は合理的な選択でありうるという私の考えにみなさんが同意してくれることを願っている。

拷問を避けるために眠りを選択するのが合理的な判断だろうというのとまさに同じように（たとえその選択によって、バカンスを獲得できるチャンスを完全に捨てることになったとしても）、痛みと苦しみに満ちた人生を避けて死を選ぶのは合理的な判断なのではないだろうか？　たとえそれによって、生きる価値のある人生を取り戻す唯一のチャンスを捨てることになるとしても。

だがこのたとえには欠陥があるかもしれない。なにしろ私はこの例を、一週間拷問されるか、一週間眠ったままでいるかのどちらかを選ぶという形に意図的に仕立てたからだ。ところが死は一週間続くだけではない。死は永遠だ。もし自殺すれば、将来手に入るかもしれない、生きる価値のある人生を送る唯一のチャンスを捨てることになる。それに対して、もし一番のドアから入るのを拒めば、今週バカンスに行く機会を逃すだけだ！　将来、また別の機会があるだろう。

苦痛の長さが自殺を合理化する？

というわけで、この例に変更を加えよう。すべてが一週間だけ続くという想定の代わりに、それぞれの結果（眠り、拷問、またはバカンス）がこの先一生続くとしよう！

その場合、もし一番のドアを開けて入れば、この先死ぬまでの何年間か、ひょっとしたら何十年間にわたって拷問される可能性が九九パーセントまたは九九・九パーセントある。そして、やはり死ぬまでの何年間か何十年間か続く素晴らしいバカンスへあっという間に連れていかれる可能性は一パーセントか〇・一パーセントだ。
だがもし二番のドアから入れば、たちまち夢を見ない深い眠りに落ち、二度と目覚めることはない。何年後か何十年後、自然死するその日まで、夢を見ずに眠り続ける。

さて、この場合、唯一の合理的な決断は一番のドアを開けて入ることだと主張する人が現れたとしよう。その人は、こう指摘する。もし二番のドアを選べば、バカンスを勝ち取った場合に手に入るはずの素晴らしい経験を得る唯一のチャンスを捨てることになる、と。この観点に立てば、唯一合理的な判断は第一のドアを選ぶことだと彼は主張する。実際には、おそらく残りの人生を拷問されて過ごす羽目になると思われるにもかかわらず。

この考えはやはり間違っているように思える。修正したほうの例について考えても、やはり二番のドアを選ぶのが完全に合理的な選択だと思う（その場合、この先バカンスを一生楽しめる唯一のチャンスを捨てることになるが）。なにしろ、一番のドアを選んだら、残りの人生を拷問されて過ごす羽目になる可能性が圧倒的に高いからだ。

また、ここで言う拷問は本物の拷問であることを想定している。痛みと苦しみが激しいので、これが続くなら死んだほうが本当にましだろう。しかも、それが何か月、何年、何十年と続くのだ。これらを全部考え合わせれば、夢を見ずに眠ることを選ぶのが合理的なのは明らかだと思う。たとえその結果、この先ずっとバカンスを楽しめる唯一の機会を捨て去ることになるとしても、だ。拷問が苛烈を極め、バカンスを勝ち取る可能性がほんの少ししかないとしたら、二番のドアを選ぶのが合理的な選択だろう。一番のドアを選ぶのが唯一合理的な選択だというのはどう考えても誤りだ。

自殺の合理性に対する第一の回答
——自殺の選択が合理的な場合もあるが、推奨はしない

念のために言うと、私は二番のドアを選ばなければならないと主張しているのではない。二番を選ぶという立場に共感はするが、それは私がここで擁護しようとしているものより大胆な見方だ。私はただ、二番のドアを選ぶのは完全に理にかなった決断だと言いたいだけだ。合理的に容認できる。容認できないと言う人がいたとしたら、その人は間違っていると思う。

それならば、自殺を選択することに関しても同様で、もし自殺しなければ生きる価値のない人生を送ることになる見込みが圧倒的に大きい場合、自殺もまた合理的に容認可能な選択だろう。

たしかに、もし自ら命を絶てば、回復の可能性をすべて永遠に捨てることになる。これは重要な点で、検討に値する。だがその一方で、回復の見込みや、九分九厘そうなるだろうという形で人生が続いた場合にどれほどひどい目に遭うかを現実的に考えることも重要だ。ようするに、自殺が理性的な選択だろうというケース、または少なくとも、自分の状況について明晰に考えられるという前提があれば合理的になるケースがあるように思える。

自殺の合理性に対する第二の疑問
——自殺の決断は明晰で冷静になされうるか

それでは、先ほど切り離した次の疑問に移ろう。
これまで考えてきたような状況の真っただ中で、人は本当にこうした問題について明晰に考えることができるものだろうか？

話を進めるために、次のように仮定しよう。つまり、人生があまりにひどい状態にあって、それが予想外の劇的な回復を見ない限りは死んだほうがましだろうというケースが仮にあるとし、自分の状況について明晰に考えることができさえすれば、自殺が合理的、あるいはもっともな選択だとするのだ。それでも実生活では、まさにそうした状況の真っただ中にあるときこそ、人は客観的に、信頼できる形で自分の状況について考えられないと見るのが妥当ではないだろうか？

私自身はとても価値のある人生を送りながら、自分のオフィスで、健康に対する何の心配もなく、ゆったりと机に向かってこれらの問題について冷静に書き綴っている。同様に、みなさんもまた価値のある人生を送り、こうした問題についてやはり冷静に、明晰に、客観的に考えられるようにと、心から願っている。

だが、単に哲学的な意味で興味深い可能性だなどと言っているどころではなく、実際にこうした問題と直面せざるをえない人なら誰にとっても、事情はすっかり変わってくる！

考えてみてほしい。人生があまりに悪化し、自殺が合理的な選択に変わり、これなら死んだほうがましだという状況になるのは、どんなときだろうか？　それはたとえば、想像を絶するほど激しい身体的苦痛に襲われるようなときでなくてはならないはずだ。そのうえ、おそらく多くの能力を失ったときでなくてはならないだろう。たぶん寝たきりになり、何も達成できなくなり、小説を読むことも、友人と議論を楽しむことも、テレビを楽しむことさえもできなくなったときでなくてはならない（テレビを見て過ごす人生は、みなさんが送れる人生としてはさほど素晴らしくはないかもしれないが、それでも人生が存在しないよりはましだろう）。

これほどひどい人生となると、強い痛みや重度の身体障害のために、とうてい耐えられないほどの精神的苦痛を伴う人生を想像しなくてはならない。

だが精神的苦痛がとうてい耐えられないほど大きいからこそ、そんな状況で明晰に思考できる人などいるのかと問わなければならない。もし明晰に考えられないのなら、自殺が本当に理にかなった選択となる状況に実際にあるという自分の判断を、どうして合理的なものとして信頼できるだろうか？

たしかに、自分は死んだほうがましだと信じることはあるかもしれない。だが、この件に関して自分の考えを信頼するべきだろうか？　おそらく、信頼するべきではない！

つまるところ、この問題についての自分の思考は、痛みや苦しみ、精神的苦痛によって曇っている可能性が高いからだ！　実際、（ここで言われているように）死んだほうがましだというのが正しい状態にいる人なら誰もがひどい痛みや苦しみに苛まれているに違いないので、自分の状況について明晰に考えることなどとても無理だろう。

だが、明晰な思考ができないのなら、この問題についてその人が下した判断は信頼に値しない。

そしてその判断が信頼に値しないなら、それを信じるべきではない！　だから、けっきょく自殺が合理的な判断となることなどけっしてないように思える。

死にたいほどの痛みやストレスは、正常な判断力を奪う？

これは文句なく興味深い主張だ。真剣に受け止める価値がある。なぜなら、ひどい痛みや大きなストレスを抱えているときに下した判断について、私たちは本当にもっと懐疑的になるべきであるように思えるからだ。

だが私はこの場合にさえ、納得はしていない。この考え方を適切に評価するには、こう問いかける必要がある。自分の思考が痛みやストレスで曇ってしまう可能性があるときに下した判断を信じることは、い・つ・も理にかなわないのだろうか？

みなさんが、ある病気のせいでひどい痛みを覚え、また、身体能力を著しく制限されているとしよう。だが幸い、その症状に対しては外科的処置を施すことが可能で、ほとんどの場合その処置は成功する。患者は痛みがなくなり、以前の生活に戻ることができる。ほぼ必ず成功するが、必ずではない。

みなさんにはどんな選択肢があるだろう？　手術を受けるというのが一つの選択肢だ。手術はほぼ必ずうまくいく。九九パーセント、九九・九パーセント、九九・九九パーセントうまくいく。ただしどんな手術にも言えることだが、もちろんリスクはある。全身麻酔を施された後、たまにこうした患者が目覚めないことがある。稀に起こるだけで、一〇〇〇件の手術に一件、あるいは一万件か一〇万件に一件程度でしかない。それでも手術が成功しない可能性はあるし、手術台の上で死ぬ可能性もある。だがそうなる可能性は限りなく低い。手術が成功する可能性のほうが圧倒的に高い。そして、もし成功すれば患者は完全に回復する。これが一つ目の選択肢だ。

二つ目の選択肢はもちろん、手術を拒否して現在の状態のまま過ごすことだ。痛みに苦しみ、身動きできずに、送り甲斐のある人生を送ることができない。ともかく、手術を拒否すればこうした結果になる公算がとても大きい。だがたまに、(そう多くはないが、ときとして)手術もしていないのに自然に治ることがある。もちろんこれは、ごく稀なケースだ。自然に回復する患者はおそらく一〇〇〇人に一人か、一万人に一人だろう。だが一〇〇〇人のうち九九九人、一万人のうち九九九九人は、もし手術を拒否したら、何年か先に死ぬときまで状態は改善されないまま続くだろう。

そこで、みなさんは選択しなくてはならない。手術を受けるべきか、それとも拒むべきか？　想像するに、私たちの誰もが、もちろん手術を受けるべきだと考えるだろう。手術をしないのは馬鹿げている。なにしろ、手術で治る可能性は圧倒的に高いのだから！　ということで、現にこれこそみなさんが行き着く判断だとしよう。

だが、ここで心配になる。待った。この判断は信頼できるだろうか？　自分が置かれている状態ははなはだストレスが多く、痛みも強い。ということは明らかにとても感情的になっていると言える。自分が下したどんな判断（この手術は受けるのが理にかなっている）も、痛みと感情的苦痛の影響下で下したものだ。そんな判断を、どうして信頼することができるだろうか？　そこで、こう主張する人がいるかもしれない。その判断を信頼するべきではない、この状況で手術に同意することは、けっして合理的ではない、と。

それでも合理的判断はできる――決めなければいけない手術の場合

だが、これは正しいはずがない。もちろん、この状況で自分の判断を信じるのが理にかなっている場合がありうるという点には誰もが同意するだろう。

たしかに、これほどの痛みがあるのだから、どうするべきかを決断するにあたって、みなさんはためらい、気後れし、二の足を踏み、考え直すはずだ。だがそれでも、それほど感情的になっているのだから手術を受けると判断するのはけっして合理的ではありえないと言う人がいたら、その考えはいくらなんでも行き過ぎではないかと思う。

どのみち、みなさんは何らかの判断を下さなくてはならない。手術を受けると決めることもできるし、受けないと決めることもできるが、いずれにしても、判断を下していることに変わりはない。そしてどちらの判断も、感情的になり、ストレスを抱え、痛みと苦しみに惑わされながら下さなくてはならない。それを避けて通ることはできない。だから考え直す。さらに考える。他人の意見を求める。こうしたことのすべてが適切に思える。だが、手術を受けると決め、その決断に従って行動するのはけっして合理的ではありえないと言う人がいるとしたら、その人は完全に間違っている。

自殺の合理性に対する第二の回答――瀬戸際でも理にかなった判断は下せる

それでは自殺の話に戻ろう。自殺は肝心な面で、今私たちが検討していた例と似ている（似たものになりうる）と思う。

もしみなさんが自殺をしないことに決めたなら、苦しみが続く可能性は圧倒的に高いだろう。そしてもし自殺しなければ、生きる価値のある人生を最終的に取り戻す可能性がごくわずかながらあるかもしれないものの、苦しみがただただ続き、下手をすればさらにひどくなる可能性のほうがはるかに高い。逆に、自殺を実行したなら、苦しみは終わる。

言うまでもなく、この解決法より、実際に病気の治療法があるほうがずっと良いに決まっている。この点で、手術は完璧なたとえではないかもしれないが、それでもなお、もしみなさんの状態が死んだほうがましだというほど悪く、回復の見込みがないに等しいとしたら、自殺をするという判断は合理的だろう。

そして、苦しみがあまりにも大きいので、みなさんの判断力は曇っているに違いなく、だからこの件に関しては自分の判断を信頼するべきではないと言い張る人がいたら、それは有効な主張にはなりえないとしか応じられない。もし手術の場合に有効な主張にならなかったとしたら（実際、そうならなかった）、自殺の場合にそれが突然有効な主張になりうるとはとうてい思えない。

精神的ストレスや痛みに影響されながら考え、決めなくてはならないからこそ、二度、三度、おそらくさらにもう一度考えるべきだというのが正しいと思える。

自殺するという判断はあわてて下してはいけない。医師とよく話し合うべきだ。自分の愛する人々と十分話し合うべきだ。その結果下した判断は、どんな判断であれ理にかなったものとして信頼するに値するのではないだろうか。

自殺の合理性に関するシェリー先生の結論

したがって、自殺の合理性という問題に的を絞っている限り、自殺は時として正当化できるというのが私の結論だ。

より正確に言うと、もし自殺を合理的な自己利益という観点から評価するなら、特定の状況下では自殺は合理的なものとして正当化できる。死んだほうがましという人生がありうる。自分はそうした状況にあると信じるのが当然という場合がありうる。

そして、自分の状況を落ち着いて客観的に評価することも可能だろう。あるいは、たとえ痛みとストレスで必然的に思考力が鈍り、困惑して確信の持てない状態に陥ったとしても、それでもなお、自殺を肯定するのに十分説得力のある見通しが立ち、最終的に自殺に関して自分の判断を信じるのが理にかなっていると結論できる場合もあるだろう。

だとすれば、原則として自殺は合理的な選択となりうるのだ。

自殺の道徳性に対する疑問

原則として、自殺は合理的な選択となりうる。だがそれでも、自殺がなお不道徳でありうることは言うまでもない。

もちろん、すでに述べたように、道徳性と合理性という二つの概念は、本当に切り離せるのかどうかについては、哲学では大論争になっている。

おそらく、現に理性は人に道徳性に従うよう求める。だから、たとえ自己利益になることでも、もしそれが真に不道徳だったら、それを行なうのはけっきょく、あまり合理的ではないかもしれない。それは明らかに、興味をそそる重要な問題だ。

だが、それは別の本で扱うべき問題なので、ただ脇に置いておくことにしたい。合理性と道徳性の厳密なつながりについての哲学的な議論は考えないことにし、単に道徳の問題そのものに直接焦点を当てよう。自殺の道徳性については何と言うべきだろうか？

この問題にしっかり向き合うには、言うまでもなく、道徳に関する理論をぜひともまるごと一つ打ち立てる必要があるだろうが、ここでは当然ながらそうするつもりはない。だが、妥当と思える道徳理論の基礎的な要素をいくつか整理できる程度のことなら言えるはずだ。

そうした考えを詳しく検証する時間はないけれど、少なくとも基礎的な道徳理論をおおまかにつかみ、その理論が自殺をどう捉えているかを知ることはできるだろう。

自殺に対する安直な道徳的主張① 自殺は神の意思に背く

とはいえ、まずは自殺に反対する二つの安直な主張について考えたい。どちらも道徳的な色合いをいくらか帯びている。

もっとも第一の反対論は、じつは道徳的というより神学的な主張になっている。もちろん、これまでおおむね、神学的な事柄は直接話題にするのを避けようとしてきた（ただし、私が論じてきたテーマの多くは、宗教的な観点に立てば、ちょっとした興味にとどまらないものではある）が、私たちが生き永らえているのは神の思し召《おぼめ》しであり、したがって自殺は神の意思に背くことになるという考えがどれほど広く見られるかを思えば、自殺について考える場合、最後まで神を持ち出さずに済ますのは、ほとんど不可能だ。

いずれにしても、神の意思に背くから自殺は間違っているというのが、私の検証したい第一の安直な主張だ。

この考え方に対する最も優れた答えは、二世紀以上前にデイヴィッド・ヒュームが出したものだと思う（注3）。ヒュームは次のように指摘している。

拠り所にできるのは神が私たちを創造して命を与えたという考えだけならば、自殺は神の意思に背くという判断を下すことはできない、と。

少なくとも、自殺は神の意思に背くという考えには説得力があると思う人がいたら、誰かの命を救うのは神の意思に背くというのも、なぜ説得力があると思わないのだろうか？　神はその人を死なせるつもりだったかもしれないではないか！

自殺すら、神の意思どおりという可能性

みなさんがある女性と話をしながらメインストリートを歩いていると、一台のトラックが彼女に向かって突っ込んでくるのに気づいたとする。そこでトラックの進路から彼女を押しのける。以前、このような例を考えたときには、彼女がみなさんに感謝するべきかどうかを問題とした。けれど今回問題とするのは、彼女が異議を唱えるべきかどうかだ。彼女は叫ぶ。

「なんてことをしてくれるの！　あなたは神様の思し召しの邪魔をしたのよ。私があのトラックにはねられるのは、神様が望まれたことだったのに」

　誰かの命を救おうとしているときに、その人が死ぬのは神の意思に違いないという理由で救わないことにするべきだろうか？

　もしみなさんが医師で、誰かが心肺停止の状態になっていたら、心臓が再び動くようにただちに心肺蘇生法を施せるのに、

「ああ、私はこんなことをしてはいけない。この人が死ぬのは神の意思だから。この人の命を救おうとしたら、神の思し召しを妨害していることになります」

などと言うだろうか？　そんな人はいない。だがそれならば、この主張は自殺の場合にも通用するはずがないではないか。

　トラックにはねられそうになった友人を救い、

「ああ、神様の思し召しの邪魔をしたわね」

と言われたら、こう言い返すべきなのだろう。

「いや、違う。違うよ。いいかい、僕が君の命を救うのが神の意思だったんだ。そう、もし僕に救われなかったらトラックにはねられることになるという状況に君がいるのが神の意思だったんだ。でも、僕が君の命を救うのも神の意思だったんだよ」

　医師も似たようなことを言うべきかもしれない。

「私がしたとおりに行動してこの状況を変えることによって、この状況に対応することが、神の意思だったのです」

これは、けっして言っておかしいことではない。だが、もし言っておかしいことではないなら、自殺についても同様のことを言えば良いではないか？　自殺をすることで自分の状況に対応するのがおそらく神の意思だ、と。

神からの特別な指導マニュアルがないのだから、神の意思に訴えても、真の指針はまったく得られない。自分が行動することが神の意思なのか、行動しないことが神の意思なのか、私たちには見当がつかない。だから、神の意思に背くことになるので自殺は明らかに間違っている、とはけっして断言できないのだ。

もちろん、神の指導マニュアルがあれば別だが。たとえば、みなさんはこう考えるかもしれない。聖書は自殺をしないようにと説いているし、聖書は神の言葉なのだから、聖書が命じていることは何であろうと行なわなければならない、と。これを取り上げたら、はるかに長い議論になるだろう。

聖書の中に答えはない

原理上、考察する用意は万端整っているけれど、ここできちんとその議論をする余裕はない。さしあたり、次のように指摘するだけで良しとするよりない。その主張には多くの前提があり、それについては注意深く検証する必要がある。その主張には、神の意思に訴えるというそもそもの試みと共通の前提（たとえば、神が存在するという前提や、神の意思に従う道徳的根拠があるという前提）がいくつかある上、神はある書物で自らの意思を明らかにしており、その書物は聖書であるという決定的に重要な前提がある。

当然ながら、多くの人が、聖書はたしかに神の指導マニュアルだと主張し、聖書に導かれるべきだと言う。だが多くの場合、彼らは聖書を信奉しているとはいっても、それはともかく自分の好む教えから何かを選び出し、その他は捨てることにすぎない。

たとえ自殺をしてはいけないという一文があるとしても（それ自体が異論の多い問題だ）、この指導マニュアルには、私たちのほとんどが耳を傾けようとしないことも他に多く記されている。たとえば、豚肉を口にしてはいけないと書かれている。だがほとんどの人が平気で豚肉を食べる。この指導マニュアルには、さまざまな材料を混ぜ合わせて衣類を作ってはいけないと書かれている。だが、そうしてはいけないと考える人はほとんどいない。親に無礼な態度を取るティーンエイジャーは石を投げつけて殺すべきだと書かれている。だがそれが本当に道徳的に義務づけられていると考える人はほとんどいない（注4）。

もしみなさんが指導マニュアルの中で本当に道徳的に重要だと思う項目を取捨選択するつもりなら、私のもとへ来て、指導マニュアルにそう書いてあるから自殺は間違っている、とは言えない。みなさんは真の意味で、道徳的に導いてもらうために指導マニュアルを利用してはいない。代わりに、すでに自分が受け容れている道徳的信条を出発点とし、指導マニュアルの内容を篩《ふるい》にかけ、意にかなったものを選んでいるだけだ。つまり、神の意思に訴えているようであっても、じつはそれを、自殺が道徳的に正しいかどうかを決める助けにしてはいないということだ。

明らかに、このテーマについてはまだまだ語るべきことがあるが、ここではこれぐらいにしておかざるをえない。神の意思を持ち出す主張についてさらに考える代わりに、自殺に反対する第二の安直な主張についても考えてみたい。第一の主張のように、この新たな主張にも神学的な衣装をまとわせることができるけれど、必ずしもそうする必要はない。

自殺に対する安直な道徳的主張②　素晴らしい命に感謝せよ

この第二の主張は、感謝という考えに訴えることを拠り所にしている。まず、私たちは命を与えられていて、命はとても素晴らしいものであることを指摘する。だがそれは（と主張は続く）、私たちは感謝するべきで、与えられた贈り物を大切にし、それによって恩返しをしなくてはならないことを意味する。つまり、私たちには生き続ける義務があるわけで、だから自殺は道徳に反するのだ。

ところで感謝というと、このごろは美徳としてあまり話題に上らない。感謝の念はかなり落ちぶれてしまった。だからといって、切り捨てることはないだろう。恩義というものは現に存在するように思える。もし誰かが何かをしてくれたら、借りができる。相手に対する恩義が生まれるのだ。

さて、誰あるいは何に感謝するべきかについて意見が分かれるかもしれない。私たちに命を与えてくれたのは、神かもしれないし、親かもしれないし、あるいは単にそれは自然だと言うべきかもしれない。

それが何だったとしても誰だったとしても、この素晴らしい贈り物に感謝するべきだというのは、正しいのではないだろうか？

だとすれば、その恩義をどうやって返すのか？

その贈り物を大切にすることで恩義を返す。もし自殺すれば、贈り物を拒絶していることになる。それは感謝の念を持っていないことになり、恩知らずは道徳に反していて、間違っている。だから自殺は間違っている。命という贈り物にふさわしい感謝を示していないことになるからだ。

これが自殺に反対する第二の安直な主張なのだが、私がこの第二の主張にも説得力はないと考えているのを知っても、みなさんは意外に思わないかもしれない。私が第二の主張を受け容れないのは、恩義に懐疑的だからではなく、むしろ恩義とはいったい何を意味するかに注意を払う必要があるからだ。

命は誰かからの贈り物？　それとも押しつけられたゴミ？

まず考えるべきなのは、人間以外のものから恩義を受けうるかどうかは明らかではないという点だろう。感謝するべき相手は自然だと言うなら、この場合本当に恩義が生じうるかどうかは明白ではない。なにしろ、自然は人ではないからだ。

だが、この点には目をつぶり、人間以外からも恩義を受けられるか、さもなければ、借りができる相手が神あるいは親だと仮定することができる。

念頭に置いておくべきなのは、次のようなもっと重要な点だと思う。すなわち、ある人（仮に、人としよう）に対して恩義が生じるのは、与えてもらったものが現に贈り物だった場合に限られるのだ。

誰かがパイをくれて、

「食べろ！」

と言ったとしよう。でもそれはアップルパイではない。チェリーパイでもない。いかにもまずそ

うな腐りかけのヘドロのようなパイだ。その人は一切れ大きく切り取り、

「食べろ！」

と言う。そんな人に恩義を感じるだろうか？ そんなパイというプレゼントをくれたという理由で、その人に対して、そのパイを食べたり食べ続けたりする恩義があるだろうか？ それはなはだ奇妙な要求に思えるだろう。なにしろ、その人が腐りかけのヘドロのようなパイを一切れよこして、食べるよう命令しているとしたら、いじめ以外の何物でもないではないか！

言うまでもないだろうが、典型的ないじめっ子、少なくとも映画に登場するいじめっ子は、体が大きくて腕力がある。その子はこんなことを言うかもしれない。

「このパイを食べろ。さもないと叩きのめしてやる。殴り倒してやるぞ」

みなさんはあまり強くないかもしれない。そしてそのいじめっ子は本当にやりかねない。みなさんは彼に殴り倒されることを確信するだろう。だから、そのヘドロのようなパイを食べるのが賢明かもしれない。むかつくし、ぞっとするけれども。こてんぱんにやられるよりも、ヘドロのようなパイを何切れか食べるほうがましかもしれない。だが、そこには道徳的な義務はない。そのパイを食べるという道徳的な必要性はない。

神は「死んだほうがましな人生でもガマンして生きろ」と言うか

神がいじめっ子の役を担って、

「パイを食べよ、さもなくば地獄へ堕とすぞ」

と言ったとしよう。おそらく神の言うとおりにするのが賢明だろう。もちろん、同様に、もし神

がいじめっ子の役を担って、

「たとえ汝《なんじ》の人生がひどく悲惨な状況になり、死んだほうがましだとしても、生き続けよ。もし自殺をすれば、永久に地獄へ堕とすぞ」

と言ったとしたら、おそらく自殺しないのが賢明だ。だが、そこには道徳的な必要性はない。この話の中では神はただのいじめっ子だ。

私は神がいじめっ子だと思っていると言っているわけではない。もっともな話だけれど、もしみなさんが神は善だと信じているなら、神は腐ってしまったパイをみなさんに食べ続けさせようとはしないだろう。神はアップルパイを与えて、

「食べなさい。体に良くて美味しいから」

と言う。みなさんは感謝して、それを食べる。だが神はいじめっ子ではないのだから、

「もしパイが腐ってしまったら、食べるのをやめてかまわない」

とも言う。もし神がいじめっ子ではないのなら、腐ったパイを食べ続けるよう私たちに求めるはずがないではないか。だから、感謝の念に訴えることに基づいて自殺に反対する主張は、端からうまくいくはずがないと思う。

私たちの行動は、「結果」を通して道徳的か否かが判断されている

ようするにこういうことだ。もし自殺に関して何か不道徳なところが本当にあるとしたら、これまで検討してきた二つの安直な主張を使っても、それが事実であることを立証できない。それには、もっと体系的に道徳の理論に訴えるようにしなければならないだろう。

そこで、自殺という具体的なテーマからしばらく離れて、もっと一般的なことを自問しよう。私たちの行動は、何によって道徳的に容認できるものになったり、あるいは道徳的に禁じられるものになったりするのだろうか？

驚くまでもないが、これについては、道徳理論ごとに意見が分かれる。だが、すべての、またはほとんどすべての道徳理論に共通する考え方が少なくとも一つある。それは行動の結果が重要であるという考え方だ。

もちろん結果は、ある行動が道徳的かどうかを判断するために重要な唯一のものと思う人もいるかもしれないし、思わない人もいるかもしれないが、重要なものの一つであることは間違いない。自分の行動の結果がどうなるかを問うことは、いつも道徳的に重要だ。

そこで、道徳的な観点から物事を眺めているため、結果がすべての人にどのように影響を与えるかを考慮する必要があるという事実を念頭に置きながら、自殺が道徳的かどうか、結果に目を向けて考えてみよう。

自殺からいちばん大きな影響を受けるのは自分自身

さて一般的に自殺に最も大きな影響を受けるのは自殺をする本人だというのは、明らかだと思う。そして、その人に関して自殺の結果は悪いと言うのは、少なくとも一見したときにはとてもはっきりしているように思える。なにしろ、その人は生きていたのに、今は死んでいるのであり、普通、私たちは死を悪い結果だと考えるのだから。

たとえば、私が壁のスイッチを指して、「もしあのスイッチを入れると、入れなければ生き続けるはずの人が一〇〇〇人死ぬことになる」と言ったとする。それは、スイッチを入れることに反対するとても説得力のある根拠と捉えられるだろう！　なぜか？　それは結果が悪いからだ。

一〇〇〇人が死ぬことになる。もちろん、一人が死ぬのは一〇〇〇人が死ぬほどは悪くはないが、そうは言っても、やはりそれは悪い結果だと言うべきではないだろうか？　だがもしそうだとしたら、結果が持つ道徳的重要性がどれほどのものだとしても、少なくとも結果が重要である限り、自殺は道徳的に好ましくないと言うべきではないだろうか？

いや、あわててはいけない！　たとえ死は普通、悪いことだというのが正しくても、いつも悪いわけではない。これはずっと前に、死の悪い点の本質について考えたときに学んだことだ。典型的な場合には、人の死は、その人にとって全体としては良いものとなっていただろう人生の一時期を奪うものであり、そのため今死ぬのはその人にとって悪いことであるということに疑問の余地はない（剥奪説）。

だが、ここで考えているようなケース、すなわち、自殺が自己利益の観点から合理的なものとして受け容れられるケースでは、その人は死んだほうがましだ。人生が今提供できるものが全体としてマイナスなら、早く死んだほうが良い。それはもちろん、死は本人には悪いわけではなく、むしろ良いということだ。だから死はこの場合、悪い結果ではなく、良い結果なのだ。

したがって、もし誰かが早く人生を終わらせたほうが良い場合もあることを受け容れる気があるなら、自殺の結果はじつは悪くはなく、良いかもしれないという結論に導かれる。

ある人が自殺をすれば、そうしない限りは被らなければならないだろう苦しみから解き放たれると仮定しよう。そうすると、たとえ一見したときは結果に訴えると自殺には反対することになるように思えても、見直してみると、少なくとも適切な状況では結果に訴えれば、自殺をするという判断がじつは支持されるようにも思える。

自殺の、自分以外の人への影響

だがさらに見直すと、自殺を考えている人に起こる結果に注目するだけでは済まないことがわかる。すでに述べたように、道徳性の観点からは、すべての人にもたらされる結果を考えなければならない。そこで、こう問う必要がある。他に誰がその人の死か自殺に影響を受ける可能性があるだろうか？

おそらくこれに関連して考えるべき最も重要な人々は家族や愛する人、つまり自殺を考えている人のことを最も直接的に知り、気にかけている人々だ。少なくとも、本人を取り巻くこれらの人々に関しては、自殺の結果は一般的には悪いと主張するのが妥当に思われる。なにしろ通常は、誰かが自殺をすると、その家族や友人に大きな嘆きや苦しみをもたらすからだ。

もちろん、たとえそれが真実だとしても、私たちはまだ問わねばならない。さまざまな結果を比較するとどうなるのか？　何と言っても、良い結果だけ、あるいは悪い結果だけをもたらす行為というのは、あったとしてもほんの少しという世の中に私たちは暮らしているのだから。

行動の結果はたいてい良いものと悪いものが混ざり合っているので、特定の行為がもたらす結果は良いもののほうが悪いものよりも多いか、あるいは少ないかを問わなければならない（そしてこの混ざり合った結果と、もし私たちが代わりに違う行為をした場合に起こる混ざり合った結果とを比較しなければならない）。

だから、たとえ自殺者の家族や友人や愛する人に嘆きや痛みをもたらすという、自殺のネガティブな結果があるとしても、もしその自殺者にとって死んだほうが本当にましなら、そのネガティブな結果をすべて考えても、なお本人の受ける恩恵のほうが優るかもしれない。

周囲の人をほっとさせる自殺もある⁉

さらに、死のうと思っている人を愛し、気遣う人々のことを考えているときには、彼らはけっきょく、愛する人の苦しみが終わりを迎えるなら、全体としてじつはほっとするかもしれないことも心に留めておく価値がある。

もちろん、自然の摂理、あるいは神や運命の女神たちなどのせいで、この人の選択肢がもはや自殺をするか、何かの病気の末期の間ずっと何もできずに痛みに苦しみ続けるかしかないのであれば、みんなひどく悲しむだろう。もちろん、治癒の現実的な見込みや、いくらかでも回復の可能性があったならと残念がるだろうし、そもそも愛する人が病気になどならなければ良かったのにと思うだろう。

だが、選択肢が限られている（一つは痛みや苦しみが続くこと、もう一つはその痛みや苦しみを終わらせること）なら、この人が今後の見通しを合理的に評価できて、自分は死んだほうが良いと合理的に結論を出せるのであれば、その判断に、彼を愛する人々も賛同するようになる可能性がある。

この人には二つしか選択肢がないという事実を、彼らは残念に思うだろう。いや、残念に思うどころか呪うだろう。だがそれでも、この二つの選択肢しかないなら、苦しみを終わらせるほうが良いという意見に同意するかもしれない。だから、その人が自殺するなら、その選択を支持するかもしれない。

「少なくとも、もう痛みや苦しみを味わわなくて済む」

と言うかもしれない。

それならば、結果に関する限り、自殺はときには正当化できると言えるのだろう。

結果主義と自殺と道徳性

これまで、ときには自殺が正当化できる、ということを、結果を通して考察してきた。だが、この結果についての扱い方は、先述のように、道徳理論によってさまざまだ。

そこでここからは、結果の扱い方によって自殺の道徳性がどのように変化するかを見ていこう。

❶ 功利主義的立場

まずは、何が行動の良し悪しを決めるのかを考えるときに、結果が唯一重要なことだとする道徳観を想像してほしい。この種の、結果がすべてという道徳性へのアプローチで最も良く知られているのは、「功利主義」だろう。

功利主義とは、万人の幸福を同等に扱いながら、「正しいか誤りかは万人にどれだけ多くの幸福を生み出せるかの問題である」とする道徳の主義だ。そして、幸福を生み出せないなら、万人の惨めさや苦しみを同等に扱いながら、少なくとも惨めさと苦しみを最小限にしようとするべきだと考える。

この功利主義の立場を受け容れる場合、自殺が道徳的かどうかについて、どんな結論に行き着くか？　結論は穏健なものになるだろうと思う。

功利主義者ならば、自殺は道徳的に絶対に受け容れられないという極端な意見を拒むだろう。そう言ってしまうと、自殺は（他の選択肢と比べて）常に全体として悪い結果をもたらすと主張しなければならなくなるからだ。悲しいことに、苦しみ続けるより自殺するほうがじつは結果が良いかもしれないケースを挙げるのはそれほど難しくない。本人にとっても家族にとってもそのほうが良いかもしれない。

他方、功利主義者なら、対極に走って自殺は道徳的に常に受け容れられるとも言いたくないだろう。なぜならもちろん、そう言うのは、自殺したら結果は全体としてはけっして悪くないと言うのに等しいからだ。全体としてけっして悪くないという主張も、どう考えようと信じ難い。たとえば、若く健康で、素晴らしい未来が待ち受けている人は大勢いる。そのうちの誰かが自殺をしたら、結果は全体として良くなく、悪い。このようなケースでは、自殺は道徳的に正当化できない。

そこで、功利主義者は中道の、穏健な立場をとることになる。自殺は絶対受け容れられないとも、自殺は常に受け容れられるとも言わない。自殺をしたときの結果と、他に選びうるさまざまな選択肢の結果を比較すれば、ときには受け容れられる、と。

功利主義者の主張をより具体的に説明すると以下のようになるだろう。

今の時点では人生はぞっとするほどひどくて、そんな人生を続けるよりは死んだほうがましでも、受けられる治療があって病気が治ったり病状が著しく改善したりするなら、自殺は、実際には最良の結果を生む行為ではない。医療の助けを借りるほうが望ましい。

結果が最悪でも自殺しないほうが良い場合

こんな人生を続けるよりは死んだほうがましで、受けられる治療もないものの、それでも功利主義の観点に立つと自殺は道徳的に正当ではないというケースさえ考えられる。これは例によって、他者に与える影響のことを考えなければならないからだ。誰かの死によってあまりにも大きな悪影響を受ける人々がいて、本人が生き続ける代償よりその人々への害のほうが大きい場合がある。

たとえばみなさんが、何人かの幼子を抱える独り親だとしよう。みなさんには子どもたちの面倒を見る道徳的義務がある。みなさんが死んだら子どもたちはあまりにも悲惨な状況に置かれる。こういう場合はおそらく、みなさんが自殺したら子どもたちが経験する苦しみのほうが、子どもたちのために生き続けるときにみなさんが経験しなければならない苦しみより大きい。つまり、すべては実際の状況次第なのだ。

それでも、功利主義者の立場を受け容れたら、けっきょくは穏健な結論に至る。特定の状況では、自殺は道徳的に正当化されるだろう。おおまかに言うと、自分は死んだほうがましで、他者への影響がその事実を凌ぐほど大きくない場合には、自殺は正当化される。

功利主義に照らして言えば、これが、自殺が道徳的に正当となる模範例だろう。

❷ 義務論的立場

だがもちろん、自殺は現に道徳的に正当だということには必ずしもならない。というのも私たちは、功利主義的な道徳理論を受け容れたくないかもしれないからだ。功利主義とは（ごくおおざっぱに言うと）、結果は重要であり、重要なのは結果だけだと言うときに行き着くものだ。だがほとんどの人は、道徳性には結果以上のものがあると考えたがる。良い結果を生む可能性がある行動でも、道徳的に許されない場合があると考えたがる。

なにも結果は道徳的に重要ではないと言っているのではない。そうではなく、結果が道徳的に重要な唯一の事柄ではないと主張しているのだ。道徳的に重要な他の要因が結果の重みを凌ぐことがある。いずれにしても、それは、「義務論」として知られている倫理学のアプローチを受け容れる人々がとる立場だ。

義務論者は、結果だけでなく他の事柄も道徳的に重要だと言う。自分の行動の善し悪しを判断するとき、もちろん結果に目を向けるべきだが、同様に他の事柄にも目を向けなければならない。

他の事柄とは何か？　義務論者どうしでも細かい部分に違いはあるものの、よくあるのは、結果に注目するだけでなく、その結果をどうやってもたらすのかにも注目しなければならないという考えだ。そしてとくに、結果を生み出すために誰かを害する必要があるかどうかがおおいに重要だと、大半の義務論者が言う。

私たちのほとんどは、人を害するのは誤りだ、あるいは少なくとも罪のない人を害するのは誤りだと考える傾向にある。実際、罪のない人を傷つけるのは、たとえ良い結果を生むとしても誤りだ。この場合、罪のないという但し書きをつけ加えることが肝心だ。私たちのほとんどが自己防衛は正当化できると考えたがるのも事実だからだ。自分や友人、同胞を不当に攻撃してくる人を害するというのは、おそらく正当なのだろう。したがって、誰かを害するのはけっして正当ではないと言いたいわけではない。罪を犯している人、攻撃してくる人は別だ。たいていの人が義務論的な気分のときに考えがちなのは、罪のない人を害するのはけっして正当ではないということだ。

だがとにかく、きわめて重要な点はこうなる。義務論者は罪のない人を害するのは誤りだと考える——害したほうが全体として結果が良くなるとしても！

もちろん実際には、功利主義者でさえも罪のない人を殺すことをほぼ必ず非難する。というのも罪のない人を害した結果は、（人が行ないうる他の行為の結果と比較して）ほぼ必ず悪いからだ。たとえば、込み合った部屋に入っていき、短機関銃のウージーで人々を撃ち始めたら、その結果は明らかに身の毛がよだつものになる。したがってその行動を非難するのは義務論者だけでなく、功利主義者も同じだろう。

罪のない人を殺すと必ずと言って良いほど非常に悪い結果を招くからこそ、私たちが受け容れるのが功利主義であろうと義務論であろうと、通常は実質的にたいして差がない。

したがって、功利主義者と義務論者の違いについて考えたいなら、典型的なケースに注目するべきではない。むしろ普通でないケースについて考える必要がある。罪のない人を殺すと良い結果が出る場合だ。

もちろん実生活ではそういうケースを考え出すのは難しいが、SFの発想を使えば適切な例を想像できる。そうすれば、功利主義と義務論の決定的な違いに的を絞れるだろう。

1人を殺せば5人が助かる——考えるほどに深みにはまる道徳的命題

病院に、さまざまな臓器不全で死にかけている患者が五人いるとしよう。一人は心臓移植が必要で、別の人は腎臓移植が、さらに別の人は肝臓移植が必要という具合だ。残念ながら組織に不適合があり、この五人の誰が死んでも臓器を残りの人の救済には使えない。そんなとき、この病院に定期検診を受けに来たのがフレッドという男性で、彼は健康そのものだ。そしてみなさんが調べたところ(みなさんは医師だ)、フレッドは先ほどの五人の患者全員への臓器提供者としてまさにうってつけであることがわかる。

そこで、ふと思う。

もしフレッドを殺してその死因を隠し、あたかも突然の発作で死んだかのように見せかける方法が何かしら見つかったら、フレッドの臓器を使って五人の命が救えるではないか。患者の一人は腎臓を手に入れ、別の患者は心臓を手に入れ、また別の患者は肝臓を手に入れる、というように。

そこでみなさんは、おおざっぱに言って、次のような選択に直面する。ただフレッドに定期検診をするだけか(その場合五人の患者は死ぬ)、フレッドを殺して切り刻み、その臓器を使って五人の患者を救うか、だ(注5)。

この臓器移植のケースでは、何が正しい行ないだと言うべきだろう？　結果について言うなら、（もし、この話をうまく語ったなら）フレッドを切り刻むほうが良いように思える。なにしろ、一人か五人かなのだから。そして、フレッドの死はぞっとするような結果ではあるが、五人が死ぬほうがもっと悪い。だから、罪のないフレッドを殺したほうが結果は良いだろう。

明らかに、今私が語った話には議論するべき問題点がたくさんある。フレッドを殺したほうが、本当に結果は良いのか？　臓器移植に失敗してけっきょく六人とも死なせてしまったらどうなるのか？　みなさんが逮捕されて医師たちが健康な患者を殺す場合もあることが明るみに出たら、長期的には医療現場にどんな影響があるだろうか？

だが、ここではこのたとえ話の微調整をしようとはしないで、単に、こういった細かい部分はいずれ解決できるとにしよう。フレッドを切り刻んだほうが本当に結果は良いとしよう。では、それは正しい行ないだろうか？

功利主義なら、それは正しい行ないだと言うべきであるように思える。だがまさに、それだからこそ道徳性には功利主義が主張すること以上のものがあると、私たちのほとんどは言いたくなるだろう！　とはいえこの反論が有効かどうかはやたらに複雑な問題だし、追究したいなら道徳哲学の入門書を何冊か見てみると良い。

だがとりあえず、単にこう想定することにしよう。すなわち、道徳性には最良の結果をもたらすこと以上のものがあるという点で、私たちのほとんどが義務論者と同意見であるとするのだ。

仮定によればこちらのほうが結果が良いだろう（今回の例では、一人を犠牲にするだけで五人の命が救われる）としても、少なくとも直感的には、罪のない人を殺すのは誤りだ。人には生きる権利があり、殺されない権利があるというわけだ。

もっと広く言えば、罪のない人を害することを義務論者が道徳的に禁じるのを、たいていの人が受け容れる。害したほうが実際には結果が良いだろうとしても。

自殺は、「私という罪のない人間」を殺す反道徳的行為であるか?

これが道徳哲学の本なら、この禁止について多くの重要な問いをすぐにでも投げかけたいところだ。たとえば、その根拠は何か? 厳密には何を認めないのか?

だが、とりあえず、こう問うだけで良いだろう。すなわち、このような義務論者の禁止を現に受け容れるとして、それは自殺が道徳的であるかどうかにはどんな意味合いを持つのか?

その疑問への答えはこうであるように思える。自殺は誤りだと言わなくてはならない。道徳的に受け容れられない。なぜなら、自殺をすると誰かを殺していることになるからだ。そして、先ほど義務論者に同意して、罪のない人を殺すのは道徳的に誤りだと言ったばかりではなかったか? そう、私は人だ。しかも、罪のない人だ。だから、私を殺すことは道徳的に間違っている。したがって、私が私自身を殺すのは道徳的に誤りだ。

また、そう言うとしたら、ここで取り上げているようなケースで、自分は死んだほうがましであることを指摘したところで、実際には何も変わらないだろう。自殺したほうが全体としては結果が良いと仮定したとしても、それは関係ない。

なぜなら私たちは義務論者の立場をとり、生きる権利はとても強力なので結果よりも重要だと言ったからだ。結果が良いだろう（一人を犠牲にするだけで五人の命が救われる）としてもフレッドを切り刻むのは誤りだったように、たとえ自分を殺すほうが結果は良いだろうとしても、それは誤りだ。

ようするに、自殺が痛みに終止符を打つ唯一の方法で、全体として良い結果を生むとしても、それは関係ない。生きる権利のほうが、結果がどうなるかよりも重要だからだ。義務論者の立場に立てば、自殺は禁止、議論の余地なし、と言わなくてはならないように思われる。

自分の扱いは「道徳の範囲」に含まれるのか

とはいえ哲学の常で、事はそれほど単純ではない。道徳性とは、自分が他者をどう扱うかだけにかかわるものであり、自分をどう扱うかは関係ないと主張する人がいる。自分をどう扱うかは完全に道徳性の対象外だというのだ。

私たちがそのような主張を受け容れたら、生きる権利は（たとえ良い結果が見込まれるときでも）他者を殺すことを認めないものの、自分を殺す場合にはこの権利がまったく当てはまらないという結論に直結することは明らかだ。そしてもちろん、生きる権利が自殺を排除しないとしたら、自殺はけっきょく道徳的に受け容れられるかもしれない。

とはいえ、道徳性にかかわるのは他者をどう扱うかだけだという主張を受け容れるべき理由は少しも明白ではないことには注意するべきだ。なぜ私がみなさんを殺すのは誤りなのか、私たちが説明役を買って出たとしよう。間違いなく私たちは、次のようなことを指摘するだろう。

みなさんは人格を持った人間であり、したがって単なる物として扱うことはできない。たとえどれほど価値のある目標であろうと、何らかの目標を達成するための単なる手段として扱うことはできない。みなさんは人間だから、みなさんに対してしてはならないことがある。たとえそれをしたほうが全体として結果は良いだろうとしても、だ。

だがもちろん、私も人間だ。自殺を考えるとしても、人を殺すことを考えていることに変わりはない。そして、自分を殺すことを考えているというだけで、人を殺すことを考えているという事実がなぜ突然、道徳的な重要性を失うのかは理解に苦しむ。

たしかにこの問題は入り組んでいて、公平に評価するには、道徳性の究極的な根本原理を巡って競合するさまざまな理論も考察する必要があるが、この複雑なテーマの検討はここでは割愛する。そこで、話を進めるために、ともかく道徳性は他者を扱うことだけに限定されないと仮定しよう。それが正しいなら、少なくとも自殺は不道徳だということに同意できないだろうか？　道徳性が実際、自分が自分をどう扱うかに（少なくとも部分的には）関係があるなら、そして、道徳のルールのなかに、罪のない人を害することに対する義務論的な禁止が含まれるなら、自殺は誤りだということにならないだろうか？

自殺は自分の、自分による、自分のための死？

だがこの時点で、臓器移植のケース（フレッドを切り刻んで五人を助ける場合）と自殺のケースの重大な違いを指摘するのが肝心であるように思える。フレッドを殺すときには、他者のためになるように一人の人を害している。だが自殺する場合は、自分自身のためにそうしている。その事実は、自殺が道徳的かどうかを考えるときに、とても重要であるように思える。

たしかにそのとおりだ。だが、この考え方をどう扱ったら良いかは一〇〇パーセント明快とは言えない。

提案できそうなことは二つある。まず、自分のために自分を害しているという発言の重要性は次のように考えられるかもしれない。ここで注目しているようなケースでは、自己利益という観点からは自殺は合理的だ。その人は死んだほうがましだろう。つまり、もし自殺したら、たしかにある面では自分を害してはいるが、全体としては自分を害してはいない。それどころか、じつのところ全体として自分自身のためになっている。

これは言うまでもなく、臓器移植のケースで起こることとの重大な違いだ。そのケースでは、全体としてフレッドを明らかに害するからだ。

この事実は重要だ。害することを義務論に従って禁止しても、それは実際のところ、人を全体として害してはならないということにすぎないと考えられるからだ。

たとえば、みなさんの脚に病原菌が入り、脚を切断しない限り命が助からないとしよう。そこで病院に行き、外科医に脚を切断してもらう。医師のしたことは道徳に反するだろうか？　そうは思えない。

だが、ちょっと待ってほしい。医師は脚を切断した！　みなさんを害したのだ！　あって当たり前だった脚が今はもうない。これは明らかに一種の害だ。それなら、医師の行為は不道徳なのではないか？

とはいえおそらく私たちは、医師はみなさんを害したけれど、全体としては害したわけではないと言うだろう。全体としては、(その医師が選びえた他の選択肢に比べて)みなさんの境遇を悪化させたのではなく、良くしたのだ。

そして、全体として害したわけではないので、害してはならないという義務論上のルールを実際に破ってはいない。

これが言い分として正しければ、けっきょく自殺は道徳に反すると考える必要はないかもしれない。たとえ、罪のない人を害することが義務論で禁止されているとしても、その場合の禁止とは、じつは相手が前より全体として悪い境遇に陥るような形で害してはならないという意味なのだろう。それならば、もし私が、死んだほうが本当にましな場合には、自殺しても自分を全体として害するわけではなく、自分に恩恵を与えていることになる。だから、全体として害してはならないとする禁止に反してはいない。これが正しいなら、義務論の観点から考えても、自殺は特定のケースでは道徳的に正当と言える。

「自分自身の賛同」という重み

自殺をするときには自分のために行動するのだという考えに基づいて議論を進めたときに言えることの一つが、今述べたことだ。

言えることは他にもある。自殺をするときには自分のために行動していることを考えれば、本人は明らかに自分の行ないを良しとしている。自分の行動を承認している。自分の行動に賛同済みなのだ。

これが臓器移植のケースとは大違いであることに注目してほしい。私がフレッドを殺すときには、おそらくフレッドの承認を得ることはない。私はフレッドの意思に反して行動する。だが、自殺は自らに対してすることであり、自分の意思に反してできるものではない。自分自身の行動には必ず同意している。そして、これもまた道徳的に重要に思える。

ここまでに述べた考えを受け容れるというのはすなわち、義務論的理論に新たな要因をさらに加える必要があるということだ。結果が道徳的に重要なことはすでにわかっているし、そうした結果をもたらすために罪のない人たちが害されているかどうかという問いが重要なこともわかっているが、今や同意の重要性も考慮に入れなくてはならなくなった。

そしてよく考えてみると、もし同意がなければ人の扱い方として間違いと言える方法でも、同意があれば受け容れられることには、ほとんどの人が賛成する気になるのではないだろうか？

とくに、人を害するのは通常は間違った行ないだが、害される側の同意を得ている場合にはまったく話が違う。たとえば、切断手術のケースでは、外科医はみなさんから手術の許可を得ていることが、たしかに重要な意味を持つように思える（見知らぬ人が許可も得ずにみなさんの脚を切断し始めたら、それが道徳的に許されるとは思わないだろう！）。

同意の重要性を示す例は他にもある。私がみなさんに詰め寄って鼻面を殴ったりするのは道徳的に許されないだろう。同じように、みなさんが私に近づいてきて腹に一撃を食らわせて良いわけはない。

それにもかかわらず、ボクシングの試合は道徳的に受け容れられているようだ。それはなぜか？思うに、その答えのカギとなるのは、ボクシングをするときには当事者が合意している点だ。

私を殴っても、あるいは少なくとも殴ろうとしても良いという許可を私はみなさんに与える。それと引き換えに、みなさんを殴っても良いし、あるいは少なくとも殴ろうとしても良いという許可をみなさんからもらう。そしてその同意があるからこそ、私がみなさんを害しても、みなさんが私を害しても許される。

だから、同意があるならば人を害することが道徳的に正当化される。ただし、同意がなければ正当化されないが。そしてそれが正しいなら、これは自殺が道徳的かどうかにも関係する。

たしかに、私は自殺するとき、罪のない人を害することになる。だが自分自身を殺すのだから、殺す許可を自分に与えてあるのは明らかだ。私は「犠牲者」の同意を得て行動している。だから、通常は禁じられるだろうことでも同意を得た上でならやっても良いというのなら、同意があるから私は自分を殺しても許される。

このように、義務論的理論を十分に発展させた観点（同意の重要性を考慮に入れた観点）に立つと、自殺はけっきょく道徳的には許されると言わざるをえないようだ。

同意さえ得られれば、何をしても許されるのか

じつのところ、このように考えていくとたちまち、自殺が道徳的かどうかについてかなり極端な立場に立たされかねない。犠牲者の同意なしでは道徳的に許されないことでも、同意があれば必ず

許されるのなら、自殺は常に道徳的に許されることになる。なぜなら、どんな自殺のケースでも、自ら命を絶つ人は自分に対してしていることに、すでに同意していると思えるからだ。

だが、同意の力がこんな具合に無制限であることには賛成するべきでないだろう。ある日、みなさんが私と会い、

「シェリー、私を殺して良いですよ」

と言ったとしよう。そこで私は銃を取り出し、みなさんを撃ち殺す。みなさんが私に許可を与えたとはいえ、これは間違いなく道徳的に受け容れられないだろう。

あるいは、みなさんは自分がジョン・スミスという人を殺害したと思い込み、そのために罪悪感を抱えているとしよう。だが、みなさんはたまたま正気を失っているだけだ。スミスを殺してなどいない。スミスは死んでさえいない。それなのにみなさんは錯乱状態で、自分が殺したと思っており、こう言う。

「シェリー、お願いだから、私を殺してください」

私はみなさんが錯乱状態なのを知っているけれど、それでもみなさんを殺すとしよう。やはり、これも受け容れられないのは明らかだ。

はたまた、みなさんが三歳の甥っ子と遊んでいると、その子がこう言うとしよう。

「生きているのが嫌なの。僕を殺してよ」

だからといって甥っ子を殺して良いことにはならないのも明白だ。

同意の効力を無制限に受け容れれば、とうてい信じ難い結論に導かれる。だから、私たちはよく考えると、無制限の同意原則を取り入れたいとは思わないだろう。それならば、自らの立場を見直

し、同意の重要性を全面的に否定するべきなのか？　当初、同意に備わっていると思えた道徳的意義は、じつはないのかもしれない。真の道徳的重要性は、じつはまったくないのかもしれない。

とはいえ、そう主張したら逆方向に行き過ぎてしまうのではないだろうか？　私たちにはある種の同意原則が必要だ。

戦場で、ある兵士が入っている防空壕《ぼうくうごう》に手榴弾《しゅりゅうだん》が投げ込まれたとしよう。ただちに何かの手を打たなければ、手榴弾が爆発して五人の仲間の命を奪うだろう。あいにく仲間は手榴弾には気づいていないが、仲間に警告する時間はない。

このとき、この兵士の選択肢は以下のとおりだ。

何もしない。その場合、五人の仲間は命を落とすが、自分はさほどのけがを負わないだろう（この兵士自身は手榴弾から最も離れた所にいる）。

手榴弾が爆発すれば命を落とすはずの五人のうちの一人を突き飛ばして、手榴弾を覆う。するとあとの四人の命は助かるだろう。

あるいは、自分が手榴弾の上に身を投げ出すこともできる。その場合、兵士自身は爆発による衝撃を自らの体で一手に引き受け、命を落とすが、仲間は助かるだろう。

兵士が自ら手榴弾に覆い被さると仮定してみよう。

仲間のために自らを犠牲にできる人はごくわずかだろうが、驚くべきことにゼロではない。そして私たちは、彼らの英雄的自己犠牲という信じ難い行為に敬意を表し、称賛を惜しまない。そのような行動は道徳的に称賛に値し、職務の範囲をはるかに超えていると言う。

だが、ちょっと待ってほしい。どうして称賛に値するのか？　その兵士は、結果として自分が命を落とすことを知った上で、手榴弾の上に身を投げ出したのだ。そして人（罪のない人）を殺し、罪のない人を殺してはならないという義務論による禁止に明らかに反した。

この兵士が自分の命を差し出すことで結果がましになることを指摘しても、助けにはならないだろう。たしかに結果はましではある（たった一人ではなく五人が生き残るのだ）が、私たちは義務論を信じる気分になっているので、結果に左右されるべきではない。なにしろ、兵士が手榴弾を見て他の兵士を手榴弾の上に押し倒すことも想像できるのだから！　それは明らかに許されない。たとえ結果（一人ではなく五人が生き残る）が同じであっても。罪のない人を意図的に殺す行為だからだ！　そこで義務論者は、たとえましな結果が出ても、その行為は間違っていると考える。

では、その違いはどう説明できるだろう？　兵士が手榴弾の上に自ら身を投げ出すのは道徳的に正当で、他の誰かを押し倒すのはそうではないのはどうしてか？　思うに、最も妥当な答えは、兵士が自ら身を投げ出すのが許されるのは、本人がそれに賛同しているから、というものだ。兵士は自ら身を投げ出すとき、害されることに同意している。そのため、同意がなければ許されないだろう行為も許されるようになる。

この同意原則をまったく認めないなら、兵士の自己犠牲の行為は道徳的に称賛するべきことではないと言わざるをえない。それは道徳的にぞっとするものであり、許されないことになる。だが、私にはそんなことは信じられない。

彼は、英雄か悪魔か？――同意の効力

仲間のために自分の命を差し出した兵士の行為を道徳的と認めるためにも、義務論者には、何らかの同意原則が必要になる。だがその一方で、

「どうか私を殺してください」

と言われたというだけでその人を殺してかまわないと主張するような大胆な原則は支持したくない。

そこで、必要なのはもっと穏健な形の同意原則だ。許されないことも同意があれば許されうるものの、それはあくまで特定の条件の下でだけだと言う必要がある。


その肝心の条件とはいったい何だろう？　もちろん、これもまた議論の余地のあるテーマだ。だが、妥当性の高い提案をいくつか挙げてみよう。

同意は自ら進んでしなくてはならないと主張できる。

それから、当該の行動の結果がどうなるか（あるいはどうなる可能性があるか）を理解している人が与えなくてはならない。

正気で理性的でこの種の決断を下す能力のある人が判断しなくてはならない。

最後に、決断を下す人は同意する正当な理由を持っていることを条件とするべきかもしれない（誰かがただやって来て、どうか殺してほしいと頼んだ場合には、その条件が必要かもしれない。けっきょくその場合には、その人は必ずしも正気を失っている必要はない。殺してほしいと言う合理的な理由がないというだけのことだ。同意の効力を失わせるには、それで十分かもしれない）。

哲学はけっきょく、自殺に対して無力でしかない⁉

では、同意原則が適切に改められたとしよう。最終的に自殺について何が言えるだろうか？私たちが行き着く先は、またも自殺についての穏健な見方だと思える。ある人が自ら死にたがっているというだけでは、その人には自殺が許されることになるとは必ずしも言えない。というのはもちろん、たとえその人が自分に自殺を許可しても、本人が正気ではないかもしれないし、その瞬間にそのような決断を下す能力がないかもしれないし、あるいは、単に自殺する真っ当な理由がないかもしれないからだ。

とはいえ、誰かが合理的に状況を評価し、死んだほうがましだと判断し、その件をよく考え、あわてて結論を出さず、確かな情報に基づいて自由意思による決断を下し、その背景にきちんとした理由もあるというケースがありうるなら（私はそのようなケースはありうると思っている）、改訂版の同意原則が適用でき、その場合には、同意が、罪のない人を害してはならないという義務論による禁止の力に優先したり、その力を無効にしたりする。

だからやはり、自殺はすべてのケースでとは言わないものの、特定のケースでは受け容れられるだろう。

自殺の道徳性に関するシェリー先生の結論

そして、功利主義の立場を受け容れようと、義務論的立場を受け容れようと、これが私には正しいと思える結論だ。自殺は常に正当であるわけではないが、正当な場合もある。

とはいえ、なおも重大な疑問が残る。自殺しようとする人に出会ったらどうするべきなのか？その場合には、相手が同意原則の肝心な条件を全部満たしていると自信を持って言えるかどうか、自問するのが妥当に思える。

しつこいほど念には念を入れ、その人が苦悩に苛まれて振る舞っているのであって、明晰に考えているわけではなく、情報に通じているわけでもなく、あまり有能なわけでもなく、それなりの理由があって行動しているのでもないに違いないと想定するべきだ。

だがこのように初めに否定的な推定をしてみることと、自殺をけっして許可してはならないという強硬な結論を受け容れることは同じではない。

相手がよく考え、妥当な理由を持ち、必要な情報を得ていて、自分の意思で行動していることを確信できたとしよう。そんなケースでは、その人が自殺することは正当であり、本人の思うようにさせることも正当だと思える。

死についての最終講義
これからを生きる君たちへ

本書の冒頭で私は、死の本質について考えるように読者のみなさんを促した。ほとんどの人は、そんなことはするまいと躍起になる。死は不快なテーマであり、私たちはそれを頭から追い出そうとする。たとえ死に直面したときにさえ、それについては考えない。たとえば、墓地の前を通り過ぎたのに目を留めさえしないということが、これまでどれほどあったことだろうか？

私たちはほんの束の間この地球上にいるだけで、やがていなくなるという現実について腰を据えて考えることが、どれほど頻繁にあるだろうか？ たいていの人は、どうしても死について考えたくないのだ。

もちろん、みなさんはその限りではない。死についての本をまる一冊読み終えようとしているところなのだから。そして、読みながら時間をかけてじっくりと、自分が信じていることを吟味してくれたのであれば、私としては執筆者冥利に尽きる。私が示してきたさまざまな主張に、みなさんが最終的に同意するかどうかはわからないが、それよりも大切なことがある。

それは、この機会にみなさんが自分の信念を批判的に検証できたかどうか、つまり、何が真実であることを自分が望んだり、願ったり、当然と思ったりしているかだけではなく、何が実際に擁護できるかも自問することができたかどうかだ。

だがそうは言ったものの、死について私が信じていることを、みなさんが最終的に信じてくれたかどうかなど気にもしないなどという顔をしたら、それは嘘になる。もちろん気にしている。なぜなら、当然ながらみなさんには、本当のことを信じてほしいからだ。

巻頭で説明したように、大半の人は、生と死の本質に関する、ある一連の信念のすべてを、あるいはほとんどすべてを受け容れている。すなわち、私たちには魂がある、何か身体を超越するものがあると信じている。そして魂の存在を前提として、私たちには永遠に生き続ける可能性があると信じている。

言うまでもなく、死は究極の謎であることに変わりはないが、不死はそれでもなお正真正銘の可能性であり、その可能性を私たちは望み、ぜがひでも手に入れたいと思う。というのも、死は一巻の終わりであるという考えにはどうしても耐えられないからだ。それはあまりにも恐ろし過ぎる。だから私たちは、それについて考えまいとする。身の毛がよだつようなことなので、仮に死について考えたら考えたで、不安と恐怖と心配に呑み込まれる。

また、これが生と死という現実に対して人が示しうる唯一の分別ある反応なのが、火を見るよりも明らかに思えてしまう。

人生は信じ難いほど素晴らしいから、どんな状況に置かれていても命が果てるのを心待ちにするのは筋が通らない。死なずに済めばどんなに良いか。だから、自殺はけっして理にかなった判断にはなりえないと考えるわけだ。

私はこれをすべて否定する。この一連の信念は広く受け容れられているかもしれないが、(ほぼ始めから終わりまで)間違っていると主張してきた。

魂など存在しない。私たちは機械にすぎない。もちろん、ただのありきたりの機械ではない。私たちは驚くべき機械だ。愛したり、夢を抱いたり、創造したりする能力があり、計画を立ててそれを他者と共有できる機械だ。私たちは人格を持った人間だ。だが、それでも機械にすぎない。

そして機械は壊れてしまえばもうおしまいだ。死は私たちには理解しえない大きな謎ではない。つまるところ死は、電灯やコンピューターが壊れうるとか、どの機械もいつかは動かなくなるといったことと比べて、特別に不思議なわけではない。

私たちが現在のような死に方をするのは残念ではないなどと言おうとしてきたわけではないことは、わかってもらえていればと願っている。

不死について論じたときに主張したように、人生が価値あるものをもう提供できなくなるまで生きる力が私たちにあったほうが、間違いなく望ましいだろう。

少しでも長い人生を送ることが本人にとって全体として良い限り、死は悪い。そして少なくとも多くの人にとって、死は早く訪れ過ぎる。だがそうは言っても、不死が良いということには絶対にならない。実際には、不死は災いであり、恵みではない。

そんなわけで、死について考えるとき、死を深遠な謎と見なし、恐ろしくて面と向かえず、圧倒的でぞっとするものと捉えるのは適切ではない。適切ではないどころか、死に対する比類なく合理的な応答にはほど遠い。思うに、死を恐れるのは不適切な対応だ。

それに、私たちがあまりに早く死んでしまう可能性が高いことはたしかに悲しみうるが、私たちがこれまで生きてきたのはまさに信じられないほど幸運であることに気づけば、その悲しみの感情は相殺されてしかるべきかもしれない。

同時に、生きてこられたのは幸運だったと気づいても、生き続けるほうが必ず幸せだということにはならない。残念ながら、生きているほうが良いとは、もう言えなくなる時を迎える人もいる。そしてそうなったら、人生は何が何でも、いかなる状況下でもしがみついていなければならないものだとは言えない。手放すべき時が来るかもしれない。

だから、私は本書を通じて、生と死にまつわる事実について自ら考えるように読者のみなさんを促してきた。だがそれ以上に、恐れたり幻想を抱いたりせずに死に向き合うよう促してきたのだ。

本書を通して、みなさんがそれぞれ死と向かい合ってくれたなら、私にとって幸せなことである。そして、日本語版では割愛せざるをえなかった原書の前半部分も、いつかオリジナルに近い形でお伝えできることを願ってやまない（編集部注：前半部分は弊社ウェブサイトにて無料公開しております。詳細は24ページを参照）。

訳者あとがき

本書のタイトルには「講義」という言葉が使われている。そして、すでに本書を読み終えた方や、目次を見たり、ぱらぱらとページをめくったりした方は、普通の本のように第1章、第2章……というふうに章が続くのではなく、第1講、第2講……というふうに「講」が並んでいることにお気づきのことと思う。これはただの趣向ではない。この作品は、イェール大学のシェリー・ケーガン教授による正真正銘の講義に基づいているからだ。

道徳・哲学・倫理の専門家として知られる著者が、着任以来の二十数年間、毎年のように「死」をテーマにして行なっているこの講義は、イェール大学でも常に指折りの人気コースとなっている。学生時代にこんな講義があったら、ぜひ受けてみたかった。今さら昔には戻れないが、幸い今では、インターネット上でも見られるし、内容をまとめたものが、こうして書籍でも読めるのだからありがたい。本書は、イェール大学出版局が同大学のさまざまな分野の教員による卓越した講義を紹介するために刊行しているシリーズの一冊だ。

もともとは学生向けの講義だが、このシリーズは、学生に限らず、好奇心や興味のある人なら誰にでも読んでもらう目的で企画された。だから、もちろん若い学生の方々にも読んでいただきたい。とはいえ本書は、若かろうが、そうでなかろうが、死について考えてみる気が起こったときが、読む潮時だろう。そして、「死」がテーマとなれば、年齢を重ねるうちに関心が高まるのは自然なことだから、二〇代より上の方も、あるいはむしろそういう方のほうが、味わい深く、そしてまた切実な思いで読んでいただけるという気がする。

著者は哲学の教授だが、だからといって、この本が難解な観念論に終始するのではないか、などと心配することはない。目次や見出しを見ればわかるが、死とは何か、私たちには魂があるのか、死は悪いものなのか、永遠に生きるのは良いことなのか、死ぬという事実をどう受け止めるべきか、死ぬという事実を踏まえてどう生きるべきか、自殺は許されるのか、など、死について考えるときに避けて通れない具体的で大切な問題が、入門レベルの学生にも十分理解できる言葉で取り上げられている。

じつは、原書はところどころに図があるとはいえ、それ以外は細かい活字がびっしり並ぶ、本文だけでも３６０ページを超える大著なのだが、これはその縮約版だ（原書の１６４ページ分を割愛。詳しくは24ページからの「日本の読者のみなさんへ」の項を参照。なお、現在は未収録部分の訳文を文響社ウェブサイトにて無料公開しています）。しかも、割愛したのが主に形而上学的な部分だし、編集過程で見出しや改行やスペースも多数加わったので、原書よりはかなり軽く、読みやすくなった。逆に、それでは物足りないという方がいらしたら申し訳ないが、本書が日本の方々のための入門書という位置づけであることに免じて許していただき、原書やより高度な書物をお読みくだされればと思う。

さて、著者は本書の目的について、こう述べている。

「大切なのは、みなさんが自ら考えることだ。突き詰めれば、私がやろうとしているうちで最も重要なのは、死をしっかりと凝視し、私たちのほとんどがけっしてしないような形で死と向き合い、死について考えるよう促すことだ」

「もしみなさんが本書の終わりに来たときに、あれやこれやの点で私に同意していなくても、かまいはしない。……みなさんが最終的に同意するかどうかよりも大切なことがある。それは、この機会にみなさんが自分の信念を批判的に検証できたかどうか、つまり、何が真実であることを自分が望んだり、願ったり、当然と思ったりしているかだけではなく、何が実際に擁護できるかも自問することができたかどうかだ」


これまで世間には、死はタブーという風潮があった。そして、たしかに死には今なお、親や子、配偶者や友人と、面と向かってはなかなか話題にしづらいところがある。もちろん、真正面から取り組むのに抵抗がない方は、ぜひそうしていただきたい。

だが、少しためらいがある方が、他人にどう思われるかを気にせずに、このテーマに取り組むには、本書のような書物をひもといて、自分と向かい合うというのが、比較的気楽な第一歩となるのではないか。

そして、本書のように、もともと講義という形で割にあっけらかんと死について語っているもののほうが、取りつきやすいかもしれない。また、著者の意見の批判や、著者の主張の粗探しでもするというつもりで読めば、なおさら気が楽だろう。そうしているうちに、逆に、自分の見方や考え方が浮かび上がってくる。だとすれば、そうした読み方も著者は歓迎してくれるはずだ。

ここまでは個人の視点で考えてきたが、社会全体に目を向けても、死について考えるべき機が熟してきている。一つには、テクノロジーや科学や医学の進歩で、不死というものがＳＦではなく現実の可能性として語られ始めている。まあ、今の世代が全員、不死に手が届くとはとうてい思えないから、それは脇に置くとしても、高齢化はすでに大きな社会問題になっている。病気になる可能性や余命を遺伝子検査などで統計的に予測できる時代に入りつつある。臓器移植、植物状態、脳死、延命措置、尊厳死、安楽死、自殺、リビングウィル、老前整理、終活、遺言など、死に関連した話題には事欠かない。

社会が成熟していくにつれて、人はこうした事柄について、これまでよりもさばさばと、あるいはいやおうなく語り、行動をとるという気運が高まるのだろう。人生をどう生き、どう終えるかを考えるのが若いころから当たり前にさえなるかもしれない。そんな流れにふさわしい本の一冊としても、本書が受け容れられれば幸いだ。

最後になったが、本書に関する質問に丁寧かつ詳細に答えてくださった著者に深く感謝したい。そして、編集や校正やデザインに当たってくださった方々をはじめ、刊行までにお世話になった大勢の方々に、この場を借りて心からお礼を申し上げる。

二〇一八年九月

柴田裕之

注

第2講

注1　フレッド・フェルドマンは、著書 *Confrontations with the Reaper* (Oxford, 1992) の第6章で、身体説の持つこの言外の意味に触れ、その状況を悪い冗談になぞらえている。

第3講

注1　ジグムント・フロイトの言葉は、*The Faith of a Heretic* (Doubleday, 1961), pp. 356-357 所収の Walter Kaufmann の小論 "Death" からの引用。

注2　Loudon Wainwright III, "Last Man on Earth." 彼のアルバム *Last Man on Earth* (Red House Records, 2001) より。

注3　Christopher Paolini, *Eldest* (Knopf, 2005), p. 441. ［『エルデスト——宿命の赤き翼　上下』大嶌双恵訳、静山社、２０１１年、他］

注4　宗教的な解釈はどうなのか？　私たちはみな独りで死ぬという主張は、私たちは独りで天国に行くということの、言い方の一つなのだろうか？　あるいは、私たちの言い分を申し立ててくれる人抜きで、神の前に立って裁きを受けるという意味なのだろうか？　ひょっとすると、そのようなことを教えてきた宗教があるのかもしれない。そして、もしそうならば、それがこの考え方の起源なのかもしれない。だが、いずれにしても、私たちはみな独りで死ぬという主張は、それに関連した宗教的見解を否定すれば、妥当な（そして正しい）解釈を見つけることは困難だ。

第4講

注1　Walter Kaufmann, *Existentialism, Religion, and Death* (New American Library, 1976), p. 227 所収の小論 "Death Without Dread" の中でカウフマンが訳した "Separation" by Friedrich Klopstock.

注２　Epicurus, *Letter to Menoeceus*〔「メノイケウス宛ての手紙」、『エピクロス——教説と手紙』出隆・岩崎允胤訳、ワイド版岩波文庫、２００２年、他収録〕. *The Oxford Book of Death*, edited by D. J. Enright (Oxford, 1983), p. 8 からの引用。

注３　Lucretius, *On the Nature of Things*.〔『物の本質について』樋口勝彦訳、岩波文庫、１９６１年他〕

注４　Thomas Nagel, *Mortal Questions* (Cambridge, 1979)〔『コウモリであるとはどのようなことか』永井均訳、勁草書房、１９８９年〕所収の "Death."〔「死」〕

注５　Fred Feldman, *Confrontations with the Reaper* (Oxford, 1992), pp. 154-156.

注６　この例は、Derek Parfit, *Reasons and Persons* (Oxford, 1984), pp. 165-166 より。ただし、これは指摘しておかなければならないが、パーフィットはここではっきりとルクレーティウスの主張を検討しているわけではない。私は単に、彼の考えの一部をこの難問に当てはめているにすぎない（この難問に関するパーフィット自身の考察は、*Reasons and Persons*, pp. 174-177 に見られる）。〔『理由と人格——非人格性の倫理へ』森村進訳、勁草書房、１９９８年〕

第５講

注１　Jonathan Swift, *Gulliver's Travels*, part III, chapter 10.〔『ガリバー旅行記』山田蘭訳、角川文庫、２０１１年、他〕

注２　Michel de Montaigne, *The Complete Essays*〔『エセー　１〜７』宮下志朗訳、白水社、２００５〜２０１６年、他〕所収の "That to Philosophize Is to Learn to Die."〔「哲学をきわめるとは死ぬことを学ぶこと」〕

注３　私が考えているのはピーター・クックとダドリー・ムーアが出演した１９６７年の素晴らしいオリジナル版だ。その後のリメーク版にもこの場面が残っているのかどうかは知らない。

注４　Bernard Williams, *Problems of the Self* (Cambridge, 1973) 所収の "The Makropulos Case: Reflections on the Tedium of Immortality."

注５　Julian Barnes, *A History of the World in 10 1/2 Chapters* (1989)〔『10½章で書かれた世界の歴史』丹治愛・

丹治敏衛訳、白水Uブックス、１９９５年、他〕所収の"The Dream."〔「夢」〕

第6講

注1　Robert Nozick, *Anarchy, State, and Utopia* (Basic Books, 1974), pp. 42-45.〔『アナーキー・国家・ユートピア――国家の正当性とその限界』嶋津格訳、木鐸社、１９９５年他〕

第7講

注1　フレッド・フェルドマンは *Pleasure and the Good Life* (Oxford, 2004) の第6章で、私たちはこれら２つの人生の違いに無頓着であるべきだと主張している。だが、フェルドマンも、直感的には即座に最初の人生を選ぶのではないかと私は思う――たとえ彼が、最終的にはその直感を否定するにしても。

注2　じつは、チョコレートで覆われたピザがご馳走と考えられている国々があると聞いている！　だが、私の知る限りでは、このご馳走には、私が思い描いていたチーズやトマトソース、標準的なトッピングが載っていない。

注3　Orson Scott Card, *Maps in a Mirror* (Tor Books, 1990), pp. 440-445 所収の"Mortal Gods."

第8講

注1　Kurt Vonnegut, *Cat's Cradle* (1963).〔『猫のゆりかご』伊藤典夫訳、ハヤカワ文庫、１９８２年他〕

注2　ここでの考察は、Derek Parfit, *Reasons and Persons* (Oxford, 1984), part IV に依拠している。その箇所でパーフィットは、人の集団全体について、類似の疑問を検討している。〔『理由と人格――非人格性の倫理へ』森村進訳、勁草書房、１９９８年〕

注3　"To the Parcae" by Friedrich Holderlin. Walter Kaufmann, *Existentialism, Religion, and Death* (New American Library, 1976) 所収の随筆"Death Without Dread," p. 231 でのカウフマンによる翻訳。

注4　Arthur Schopenhauer, *The World as Will and Representation.*〔『意志と表象としての世界　１〜３』西尾幹二訳、中公クラシックス、２００４年、他〕Jeff McMahan, *The Ethics of Killing* (Oxford, 2002), p. 96 で

の引用。

注5　主要な宗教伝統はみなそうなのだが、仏教にも多くの流れとさまざまな解釈がある。悲観主義的な流れが仏教思想の唯一の流れではないことは間違いない。だがここでは、完全に、微妙な差異まで捉える形で仏教を概観することは目指してはない。死と向き合うアプローチの候補を一つ、手短に概説しようとしているだけだ。

第9講

注1　人生の価値は全体の形にも影響されうるという可能性（第7講で言及）を受け容れるなら、私が述べようとしていることを説明し、論じるために、少しばかり異なるグラフが必要だろう（手短に言うと、そのようなグラフでは、Y軸は、いかなる時点でも、人がどれだけ良い境遇にあるかではなく、その時点で人生が終わるとしたら、その全体的な価値がどれほど良いか悪いかを示すことになる。そして死んだほうがましという状況は、線がX軸の下まで行くことではなく、急に下降することで示される）。とはいえ、私がここで述べている、重要で哲学的な点は全体の形に影響されないので、これ以上この代替のアプローチは追究しないことにする。

注2　本書の目的に沿って変更を加えてあるが、おおまかには、この例はドナルド・「ダックス」・コワートの実話に基づいている。

注3　David Hume, *Essays: Moral, Political, and Literary*. [『ヒューム　道徳・政治・文学論集』田中敏弘訳、名古屋大学出版会、２０１１年] 所収の "Of Suicide." [「自殺について」]

注4　豚肉については、「レビ記」第11章4－7節を参照のこと。交ぜ織りの生地については、「レビ記」第19章19節と「申命記」第22章11節を参照のこと。石を投げつけて殺す刑については、「申命記」第21章18－21節を参照のこと。

注5　この例（私のお気に入りの一つ）はフィリッパ・フットが、*Virtues and Vices* (University of California, 1978) 所収の小論 "The Problem of Abortion and the Doctrine of the Double Effect" で紹介したものだ。

著訳者紹介

Shelly Kagan
（シェリー・ケーガン）

イェール大学哲学教授。道徳哲学、規範倫理学の専門家として知られ、着任以来二十数年間開講されている「死」をテーマにしたイェール大学での講義は、常に指折りの人気コースとなっている。本書は、その講義をまとめたものであり、すでに中国、台湾、韓国など世界各国で翻訳出版され、25万部を超えるベストセラーとなっている。

柴田裕之
（しばた・やすし）

翻訳家。早稲田大学、Earlham College卒業。訳書に、マイケル・S・ガザニガ『人間とはなにか』（筑摩書房）、ジョン・T・カシオポ他『孤独の科学』、ユヴァル・ノア・ハラリ『サピエンス全史』（以上、河出書房新社）、フランス・ドゥ・ヴァール『動物の賢さがわかるほど人間は賢いのか』、ベッセル・ヴァン・デア・コーク『身体はトラウマを記録する』（以上、紀伊國屋書店）、ウォルター・ミシェル『マシュマロ・テスト』、マット・リドレー『進化は万能である』（共訳）（以上、早川書房）、ジェレミー・リフキン『限界費用ゼロ社会』（NHK出版）など多数がある。

「死」とは何か［日本縮約版］
イェール大学で23年連続の人気講義

2018年　10月10日　第１刷発行
2024年　５月23日　第16刷発行

著者　シェリー・ケーガン
訳者　柴田裕之
編集　宮本沙織
本文デザイン　小木曽杏子
校正　株式会社文字工房燦光
発行者　山本周嗣
発行所　株式会社文響社
〒105-0001
東京都港区虎ノ門2丁目2－5　共同通信会館9階
ホームページ　http://bunkyosha.com
お問い合わせ　info@bunkyosha.com
印刷・製本　中央精版印刷株式会社

ISBNコード：978-4-86651-077-4　Printed in Japan
この本に関するご意見・ご感想をお寄せいただく場合は、郵送またはメール(info@bunkyosha.com)にてお送りください。